教育部人文社会科学研究规划基金项目"青少年微社群集群行为实证研究"（20YJA840003)成果

青少年
微社群集群行为
实证研究

董金权　高娇娇　著

中国出版集团 | 全国百佳图书
中国民主法制出版社 | 出版单位

图书在版编目（CIP）数据

青少年微社群集群行为实证研究／董金权，高娇娇
著 . —北京：中国民主法制出版社，2022.11
ISBN 978 - 7 - 5162 - 2999 - 6

Ⅰ.①青… Ⅱ.①董… ②高… Ⅲ.①青少年–互联
网络–社会交往–研究 Ⅳ.①C912.3

中国版本图书馆 CIP 数据核字（2022）第 218322 号

图书出品人：刘海涛
出 版 统 筹：石　松
责 任 编 辑：张佳彬　刘险涛

书　　　名/青少年微社群集群行为实证研究

作　　　者/董金权　高娇娇　著

出版·发行/中国民主法制出版社

地址/北京市丰台区右安门外玉林里 7 号（100069）

电话/（010）63055259（总编室）　63058068　63057714（营销中心）

传真/（010）63055259

http：//www.npcpub.com

E-mail：mzfz@npcpub.com

经销/新华书店

开本/16 开　710 毫米×1000 毫米

印张/15.75　字数/242 千字

版本/2022 年 11 月第 1 版　2023 年 1 月第 1 次印刷

印刷/三河市龙大印装有限公司

书号/ISBN 978 - 7 - 5162 - 2999 - 6

定价/66.00 元

| 目　录 |

第一章 导 论

一、研究缘起

研究青少年微社群集群行为这一课题，基于以下几个原因。

第一，近几年互联网取得了巨大发展，越来越多的人开始习惯使用互联网应用来联系好友，分享自己的动态，了解时事，寻找感兴趣的东西。随着生活水平的不断提高，我国人民使用互联网的比例也在不断增加。2022年2月25日，中国互联网络信息中心（CNNIC）在京发布的第49次《中国互联网络发展状况统计报告》显示，截至2021年12月，我国网民规模为10.32亿，较2020年12月新增网民4296万，互联网普及率达73.0%（见图1-1），较2020年12月提升2.6个百分点。截至2021年12月，我国手机网民规模为10.29亿，较2020年12月新增手机网民4298万，网民中使用手机上网的比例为99.7%。[①]（见图1-2）可见，我国数字经济蓬勃发展，数字经济正在成为重组生产生活要素资源、重塑社会经济结构、改变全球竞争格局的关键力量，推进网民规模增长。网络为集群行为的发生提供了新的途径，网络集群行为也因此而兴起，然而，近些年来，网络集群行为呈现一个非常明显的发展趋势，那就是由传统的虚拟社群转向数量众多的小众化的"微社群"，"微社群"在青少年群体中流行起来。

---

① 中国互联网络信息中心（CNNIC）. 第49次中国互联网络发展状况统计报告［R/OL］.（2021—08）［2021—12—23］.

网民规模和互联网普及率

万人（单位）

55.8%　59.6%　64.5%　70.4%　73.0%

77198　82851　90359　98899　103195

2017.12　2018.12　2020.3　2020.12　2021.12　（时间）

▨ 网民规模　✕ 互联网普及率

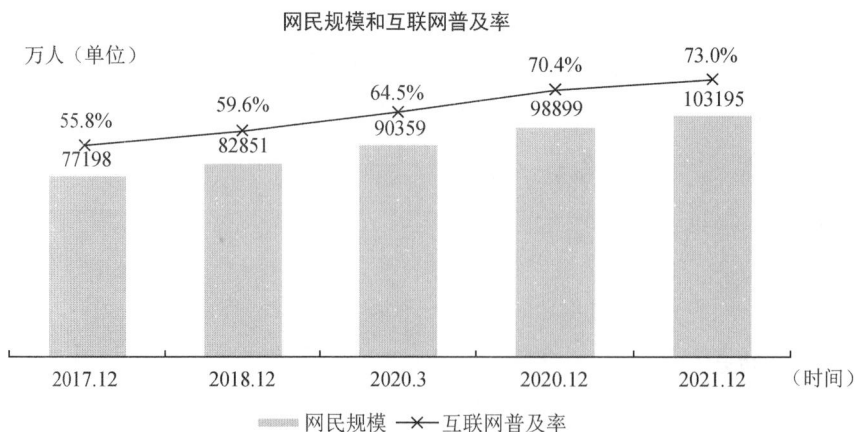

图1-1　网民规模和互联网普及率

资料来源：CNNIC第49次中国互联网络发展状况统计调查

手机网民规模及其占网民比例

万人（单位）

97.5%　98.6%　99.3%　99.7%　99.7%

75265　81698　89690　98576　102874

2017.12　2018.12　2020.3　2020.12　2021.12　（时间）

▨ 手机网民规模　✕ 手机网民占整体网民比例

图1-2　手机网民规模及其占网民比例

资料来源：CNNIC第49次中国互联网络发展状况统计调查

第二，社会现实类突发事件不断发生，如"江歌案""徽州宴案"等，这些事件背后反映了目前国内外社会的焦点矛盾，能够在短时间内引起众多网民的经验认同和情感共鸣。微社群正是在这样的社会背景和技术环境之下于网络空间中悄然兴起的一种新型的社会群体，是人的"结社"需求在网络空间的实现，也是网络社会在微观层面的缩影和映照。马克思认为，"人的本质不是单个人所固有的抽象物，在其现实上，它是一切社会关系的总和"。① 基于马克思的观点，人是有社交需要的，网络技术的发展，克服了地缘、业缘、血缘及时间、空间等的限制，为人们提供了空前的集聚空间和表达空间的契机。

第三，对处于求学阶段或刚迈出校园进入社会，经济不独立的青少年而言，现实中的他们面临着学业压力、就业压力，工资低而物价、房价快速上涨，使他们这一相对弱势群体的兴趣爱好、利益诉求在现实生活中得不到满足，他们就在"微社群"中迅速集聚起来，将突发类事件转发到各类"微社群"并进行评论与回复；针对某一突发事件专门建立群，以此来表达自己的话语权。同时，"微社群"关系搭建具有便捷性和快速性，成员组合的自由度高、社群成员来源多样且异质性程度高、对于事件的反应比一般的网络社群也更具有即时性特点，能够在短时间内迅速集群。另外，微社群因既有网络空间的开放性特征，又有相对于其他社群和整个网络空间而言的内部封闭性，这样的社群"闭环"无形中又会将青少年"圈"于"群"中，群外人对群内人情况的不易知晓、不易介入、不易引导，一定程度上影响主流思想价值观念的有效传播，给社会、国家带来了新的挑战。

第四，青少年是最容易受到微社群中亚文化影响的群体，青少年处在价值观形成和确立的重要时期，青少年的价值取向决定了未来整个社会的价值取向。因此，有必要在网络环境下对青少年微社群集群行为进行研究，以便相关部门在网络信息阵地、内容、队伍、监管等方面切实采取有效举措，塑造青少年正确的价值观。

二、微社群集群行为概述

1. 微社群的概念

最早的"社群"研究起源于拉丁语，本意指非常友好和密切的合作关系，1993 年，美国学者霍华德·莱茵戈德将"社群"定义为，多人、多时、多讨论、共情感，并在一定空间范围内集结成群，即是社会集群现象，简称

---

① 马克思恩格斯选集，第 1 卷 ［M］. 北京：人民出版社，1995：135.

"社群"①。国内学者把"社群"定义为,"社群是在一定地域聚合在一起,进行生活资料共享、情感利益互通的群体"②。21世纪互联网的广泛应用,使得"网络社群"迅速成长,原欣伟(2020年4月)将"网络社群"定义为,"一群具有共同兴趣和价值观的人,通过互联网平台进行交流和互动,最终聚集在一起形成的整体的群体关系,并认为社群有五大特点,信息技术、网络空间、共同话题、社区人际关系、成员之间互动"③。刑征宇(2018年5月)在其论文《网络社群中意见领袖的商业价值研究》中指出,"'网络社群'是用户在以趣味为纽带,以知识分享和情感交流作为主要功能的虚拟空间"④。

随着手机移动端的普及,"微社群"概念出现,"微社群"是指基于共同的兴趣爱好或共同的临时事务,通过微信、微博等社会化微媒体平台而进行关系搭建的,具有共同目标的,数量众多的,小众化的,成员兴趣爱好、思想倾向同质性高的网络社群,具有小众、封闭的特性,有明显的"圈子文化",与一般的网络社群相比而言,其成员认同感和排他性更强。它一部分是直接集群结社的;还有一部分是从一般的网络社群层层"筑圈"形成。前者如微博"微话题"圈、"饭圈"等;后者典型代表如从"B站"筑圈出来的19个社区和7000余个垂直兴趣社群。微社群呈现出"壁垒"和"部落化"现象,存在唯我独尊、排斥异见、审美固化、党同伐异等问题和"群体盲思"的短板,其集群行为更可能"极化"或"恶化";微社群蕴藏着重要的结构性因素,把同一代的青少年区隔在不同的"圈层"和"折叠空间"里。本书所涉及微社群包括网络社区、弹幕、短视频、网络直播间、微信群等。

2. 集群行为

美国学者波普诺对集群行为作出的界定为:"集群行为(Collective Be-

---

① HOWARD RHEINGOLD. *The virtual community*: *Home-steading on the electronic frontier* [M]. Cam-bridge: MIT Press. 2000.

② 张东进. 微博群体性事件的抗争性话语研究 [D](硕士论文). 陕西师范大学, 2014: 14.

③ 原欣伟, 李延, 窦天苗, 李雨萌. 消费者虚拟社区参与对创新产品采用意愿的影响研究 [J]. 生产力研究, 2018(05): 109—114.

④ 邢征宇. 网络社群中意见领袖的商业价值研究 [D](硕士论文). 江西财经大学, 2020: 6.

havior/Action），又称为群体行为、集体行动。集群行为是社会公众在无组织的、相对自发和不稳定的情境下，受到某种普遍的影响和鼓舞而发生的行为"①。

3. 青少年微社群集群行为

本书将"微社群"中青少年集群行为定义为一群具有共同兴趣爱好、利益诉求的青少年，在"微社群"中聚集、发言、互动等，通过在线的或离线的方式共同参与的集体行动。

4. 青少年微社群的主要特征

微社群本身的特征：去个性化、隐匿性、虚拟性，同质性强，闭环性等特征对集群行为的发生是一种催化剂，推动微社群内青少年集群行为的发生、发展。

（1）去个性化、隐匿性、虚拟性

微社群最大的特点就是隐匿性、虚拟性，现实生活的约束不能扮演的角色在微社群中可以扮演，因此每个成员的身份真假难辨。虽然在微社群中是实名认证的，但每位成员在群里的身份都有一定的迷惑性，只要事后迅速删帖，删评论，注销账号，就可以做到销声匿迹。美国社会心理学家费斯廷格提出去个性化（指在群体活动中个体的性别、年龄、职业、社会地位等身份特征消失，个体淹没在群体之中丧失个性自觉的现象）。② 缺失现实情境的监督，个人在群体中隐藏自己的真实身份，个体特征在群体中被淹没，在群体的掩护下，个体责任意识被淡化，成为青少年在微社群中集群行为产生的温床。

（2）同质性强

微社群的建立就是基于共同的信念、兴趣爱好、利益、目标。每个人都自觉把自己归属于群体，个体对群体互为镜像，群体像我，我像群体。群内保持高度一致性，具有强大的凝聚力而且这种凝聚力完全不用在群内号召。

---

① ［美］戴维·波普诺. 社会学（第10版）［M］. 李强，等，译. 北京：中国人民大学出版社，1999：566—566.

② 参见倪建均. 青少年学生参与网络集群行为的社会心理机制和风险管控［J］. 当代青少年研究，2018（5）：81.

如，以"粉丝群"为代表的兴趣爱好群，偶像的海报、代言的产品，成员都会抢着买，抢到偶像的海报，买到偶像代言的产品，会欣喜若狂，而另外一边，没有抢到海报，没有买到偶像代言产品的粉丝则灰心丧气。成员之间相互讨论偶像，做数据分析已成为在群内生存的最基本准则，不积极讨论偶像，不进行数据分析，就面临着被清离群聊的危险。基于群内的"优胜劣汰"，留下来的都是兴趣爱好高度一致的——忠粉，这些人也会使群内同质性更强。利益诉求型群内成员为了自己或他人的利益会在群中主动发声，而群内也是百口同声，借助其他网络平台（抖音、知乎、微博、快手等）扩大事情的影响力，更有甚者组织线下活动，现实生活中的集体行动，以引起政府或有关部门的关注。同样的兴趣、爱好、偶像（粉丝群）、目标（利益诉求群）使人们聚集在微社群中，同质性强是微社群与生俱来的特征，与一般的网络社群相比，它最显著的特点就是同质性更强，因为高度一致的爱好、利益、目标，人们会心有灵犀地从网络社群中分化出来组建目标更为一致的微社群。

（3）闭环性

微社群具有明显的"圈子文化"，形成闭环效应。当新成员想要加入群聊时，群内成员保持高度的警觉性与排他性。比如，粉丝群会检测、核对你是否是忠粉，你为偶像做出了哪些贡献，一系列的审核通过后，才有资格进入群聊，成为合格的成员。对于利益群更是如此，群内的百口同声抵制外面不一致的"声音"，要想入群，就必须承认群内的文化，并内化于心，外化于行。成功进群之后，群内有严格的规章制度，必须保守群内"秘密"。在这种制度与文化氛围的影响下，形成了他人难进入、难了解，信息交流仅限于"群内圈子"。对于关键信息必须严格保密，与群外成员禁止交流关键信息。因此，微社群的闭环性、排他性比一般的网络社群更强。

（4）从意见领袖到全民狂欢

微社群中每位成员都有"麦克风"，每个成员都有平等发表言论的权利，但每位成员在发声之前都不谋而合地观察其他人的言论，而群内有些成员思想敏锐，知识面广，对问题发表意见也能直击"要害"，又是网民身边人，使网民更愿意相信与自己身份相似者的言行，意见领袖的观点得以产生并像快速扩散和传播。短时间内，"意见领袖"观点汇成"羊群效应"，形成以"意见领袖"为中心的群体意见。

（5）负面信息更能在微社群中快速传播

传统媒体坚持主流意识形态灌输理论，其议题的选择、产生直至最终呈现到大众面前都有严格的把关。相对传统媒体而言的微媒体，突破了时间、空间的限制，人们可以随时随地地发表议题、评论和回复。借助网络快捷的特点，议题生成的自发性，人们对负面信息关注的心理偏好，在微社群中对负面信息加上引人注目的标题，吸引人们关注（特别是青少年群体的关注），影响更多人意见的形成。在传统媒体发声之前，给网民营造一种先入为主（社会不公等）的错觉，沉醉在自己的群体信息里面，并不断向自己拥有的其他类微社群传播，形成强大的网络舆论场。在传统媒体发声之后，网民却发现和自己之前接受的观点存在偏差，而之前的观点已刻骨铭心地印在自己的脑海里，在真相的扑朔迷离中进一步激发了网民的好奇心。

（6）"多对一"的传播方式

一群人对个体的影响比一个人对个体的影响要强很多，通过"多对一"的说服方式，人们的判断会受到影响，并最终产生共识。在微社群中成员因利益、兴趣聚集在一起，彼此之间是相互信任的。马克思认为，"一个人的发展取决于和他直接或间接进行交往的其他一切人的发展"[1]。基于马克思的观点，人是有社交需要的，对偏离的恐惧，合群似乎成为微社群中每个成员必须遵守的最基本原则。大学生以兴趣爱好、思想观念的相似性而集聚在各类微社群里，根据"群体极化"理论（指"当想法相似的人聚在一起的时候，他们最后得出的结论会比交谈之前的想法更加极端"），[2] 在群体极化的同时，"沉默的螺旋"[3] 也在发挥着作用。势单力薄的劣势"声音"，会使赞同此声音的部分成员保持沉默，声音越来越弱，直至消失；而处于优势的声音，会使他们的声音比交流之前更强，成为主导言论。大家都"报团

① 马克思恩格斯全集，第3卷 [M]. 北京：人民出版社，1960：515.

② 董金权，潘昕. 微社群中流言传播特点与传播机制 [J]. 内蒙古农业大学学报（社会科学版），2020（3）：80.

③ [美] 卡斯·R. 桑斯坦. 谣言 [M]. 张楠，迪扬，译. 北京：中信出版社，2010：3—8.

取暖"在短时间内产生巨大的"蝴蝶效应",从而较容易形成强者越强、弱者越弱(马太效应)的两极分化。

三、微社群发展历程

1. 网络社群的发展历程

网络社群的发展历程大致可以分为以下三个阶段。

第一,虚拟社群(2000—2005 年)

这一时期,作为新媒体的发展初期而形成的虚拟社群,具有明显的中心化特征,社群成员多是现实生活中有着共同目标或兴趣的好友在网络上聚集,其中,互动形式多为文本、语言。

第二,网络社会(2005—2014 年)

这一时期,虚拟社群冲破了原本以地理区域为界限的社群形式,在互联网上打造了更大的虚拟空间,这改变了原有的互动传播模式,具有去中心化的特征。同时因不受限于户籍、身份等的制约,社群成员只需要在相应的网站或应用内注册成为用户即可,融入社群变得更加便捷,个体有着极强的自主选择权,个体可以同时加入多个不同类别的社群,也可以因自身对某一事物失去兴趣而离开社群,弱化了社群归属感,其中,互动形式多为文本、语言、图片。不同于以地缘、业缘、血缘而构成的现实社群,虚拟社群因网缘而聚集,网络中个体可以选择隐藏自己的现实身份、坐标、年龄等涉及隐私的问题,只是对某一问题进行发表自我意见,因而虚拟社群的成员多积极参与社区的建设,信息的流动性更强,同时也满足了成员的自我成就感和满足感。随着各路新媒体平台的快速发展,步入 21 世纪移动互联网时代以后,网络社群呈爆发式的成长。《新媒体和权力》中认为,"每个时代新媒介的出现能够带来权利的转移"①。2017 年,《中华人民共和国网络安全法》正式实施并提出"构建和平、安全、开放、合作的网络空间,建立多边、民主、透明的网络治理体系"。随之,网络后台实名制也已悄然开展。

---

① 转引自沈怀勇. 网络群体的生成机制[D](硕士论文). 浙江师范大学, 2019:10—15.

第三，网络社群（2015 年至今）

2015 年以后，网络社群呈现出再中心化的倾向，网络社群类型更加精分与多元，个体也更愿意加入网络社群，相信社群，在网络社群内倾诉自己的观点，其中，互动形式更加多样化，包括文本、语言、静态图片、动态图片、视频、音频、直播等呈现方式。其社群类型、内容对社群文化产生影响，网络社群文化更加丰富和多元化，而网络社群文化是吸引个体加入的中心点，文化带来情感上的共鸣，使个体产生群体归属感。

2. 网络社群的进化版——微社群

微社群是网络社群的进化版，近年来，网络社群呈现出一个非常明显的发展趋势，那就是已由传统的网络社群转向数量众多的小众化的"微社群"。如，微信中的"朋友圈"、各类微信群、QQ 群、QQ 讨论组、微博中的"微话题"圈、数量众多的各类微应用（App 程序）等。"微社群"外部既相互区隔又通过节点相互连接，在"微社群"内部，其成员以兴趣相投而聚集，身份地位上有较大的异质性，而兴趣爱好、思想观念等具有更大的同质性，因而更容易产生"群体盲思"的短板，其集群行为更具"极化"和"恶化"的可能性。梳理近年来，尤其是 2010 年以来，网络集群行为恶化为网络群体性事件的典型个案，会发现其中大多数是通过"微社群"集群结社并发展为线下群体性事件的。

四、微社群的类型

随着微社群使用人群和范围的广泛与普及，出现以下三大类微社群：兴趣型微社群、利益诉求型微社群与事务型微社群（见表 1 - 1）。

表 1 - 1　微社群的种类与形态

种类	形态
兴趣型微社群	游戏群、购物旅游群、摄影群、粉丝群、跑步健身群等
利益诉求型微社群	为了自己利益的小团体群、为了他人利益的维权群
事务型微社群	班级群、学生会群、干部群

1. 兴趣型微社群

这类微社群是成员基于共同的兴趣、爱好而组建的微信群。例如，游戏群、购物旅游群、摄影群、粉丝群、跑步健身群等。

2. 利益诉求型微信群

这类微社群是成员为了争取某种利益而组建的微社群，一般有以下两种，第一种为了自己的利益诉求：比如，部分学生因学校评选奖学金感到不公而聚集起来组建的微社群，宿舍发生矛盾几个人单独建立的小群而排挤一个人的群等；第二种针对某事件为维护事件某一相关利益方的权益或自己的潜在利益而聚焦组建微社群。实际上，他人的利益同时也是自身的潜在利益。如，留学生江歌被害，网民为请愿而组建的各类微社群。

3. 事务型微社群

这类微社群是成员基于一定事务需要而组建起来的，某些活动需要而临时建立的群。如，班级群、学生会群、干部群等。

然而，这些微社群在给大学生提供便利的同时，也容易成为集群行为发生的"温床"。微社群作为一个少则拥有几十人多则几百人的群组，群内任何成员的消息一经发出，其群内的其他成员只要在有互联网触及的地方都能看到、转发，传播效果不断放大，甚至组织线下的活动，尤其是利益诉求型微信群集群行为发生所导致的后果远远超过传统的传播方式所导致的危害。

五、青少年与微社群集群行为

1. 青少年的概念界定

关于青少年的年龄范围目前学界没有统一的界定，"不同社会、不同时期对青少年现象的关注焦点不同，导致青少年概念的内涵不同，因而所划定的年龄标准自然也有所不同"①。

中国封建社会较少有对新生代年龄的具体界定。孔子在《论语·为政篇》中将人生划分为学习、而立、不惑、知天命、耳顺、从心等几个不同的发展阶段。清末梁启超曾参照当时日本的教育制度，拟定了以年龄区分阶

---

① 风笑天. 从青少年社会学的视角认识青少年与研究青少年 [J]. 广东青少年研究，2022，36 (01)：30—45.

段的教育方案：5 岁以下为幼儿期，接受家庭教育或幼稚园教育；6—13 岁为儿童期，接受小学教育；14—21 岁为少年期，接受中学教育或寻常师范及各种实业教育；22—25 岁为成人期，接受大学教育。①

在现代中文辞书中，大都设有"青年""少年"等条目，但"青少年"的条目几乎没有，对青少年年龄的界定也极不一致。如，1991 年出版的《张氏心理学辞典》中关于"青少年期"的解释是："由青春期开始到身心渐臻成熟的发展时期，女性自 12 岁到 21 岁之间，男性约 13 岁至 22 岁之间，儿童后期到成年期之间的大约十年期称为青少年期。"在上海辞书出版社 2022 年出版的《辞海》（第 7 版）中，"青年"是"指 18—25 岁由青春期过渡到成人的阶段"；"少年"是"年轻男子"；而在"少年儿童人口系数"条目中，"亦称'少年儿童人口比重'。一国（或地区）少年儿童人口占总人口的百分率。是按人口年龄构成反映人口年龄结构类型的指标之一。计算时必须确定少年儿童的年龄界限，世界各国的规定不尽一致。国际上通常指 14 岁及以下各年龄组人口为少年儿童人口。以此为标准时，计算公式为：少年儿童人口系数 = 14 岁及以下人口数/人口总数 * 100%，计算结果大于 40% 为年轻型人口，处于 30%—40% 为壮年型人口，小于 30% 为老年型人口。在少年儿童的年龄组别死亡率基本不变时，出生率水平较高，少年儿童人口系数就高；反之则低"。"青少年越轨"条目的解释为："一般指年龄在 12—20 岁或 14—25 岁的青少年，因违背当地重要的社会行为规范而发生偏差行为"②。

在学术界，有学者认为，青少年的起始年龄约为 12—13 岁，终止年龄为 25—30 岁。③ 陆士桢、王玥编著的《青少年社会工作》（第 3 版）中则将青少年的年龄界定为 14—30 岁。

现实中，各领域对青少年的年龄界定同样出现了不一致的现象，如，共青团组织确定共青团员的年龄为 14—28 岁，全国青联将青年的年龄上限定为 40 岁，"中国五四青年奖章"等青年奖项将获得奖项的青年人的年龄定

① 刘秀生，杨雨青. 中国清代教育史 [M]. 北京：人民出版社，1994：234.
② 上海辞书出版社. 辞海（第 7 版）[M]. 上海：上海辞书出版社，2020：11.
③ 王思斌. 社会工作概论 [M]. 北京：高等教育出版社，2004：168.

在14—40岁；而各种研究机构的青年项目课题负责人的年龄上限定为39岁；法学界以18岁作为划分成年人与未成年人的界限，但在现实的调查或对外公布的青少年犯罪情况中所指的青少年年龄有时限定为30岁以下，有时限定为25岁以下；而在职业中界定青年教师、青年职工、青年干部、青年知识分子等的年龄也出现了明显的差异。

中国香港地区将青少年期的时间定为：由十二三岁至二十一二岁的年龄阶段。① 中国台湾地区青年辅导委员会所发布的《青少年白皮书》中，将10—24岁的男女，定为"青少年"。② 中国台湾地区相关法规中所称的少年，指12岁以上未满18岁的人。

共青团章程第一条对团员的年龄作出了明确规定：年龄在14周岁（含14周岁）以上，28周岁以下（含28周岁）的中国青少年，承认团的章程，愿意参加团组织并在其中积极工作、执行团的决议和按期交纳团费的，可以申请加入中国共产主义青少年团。本书参照共青团对青少年年龄的界定范围，即14—28周岁的群体作为本书的研究对象。本书所涉及的所有调查中使用的"青少年"概念除在少数地方做出修正说明外，均指年龄在14周岁（含14周岁）以上、28周岁以下（含28周岁）的人口群体。③

2. 青少年的发展特点

青少年身心发展逐渐成熟，社会交往逐渐增加。外界社会对青少年已经提出独立思考等一系列要求，内部主观条件和外部客观条件的变化，青少年的心理发展表现出以下特征。

第一，青少年已经认识到自己不再是小孩子，产生了"成人感"。其生理发育十分迅速，但心理发展的速度则相对缓慢，心理发展水平尚处于从幼稚向成熟的过渡时期。这样，青春期少年的身心就处在一种非平衡状态，引起种种心理发展的矛盾。

第二，青少年思维品质的发展表现在独立性、批判性，然而他们对待问

---

① 香港青年协会编. 香港青年与青年工作. 香港：广角镜出版社有限公司，1989：3.
② 香港青年协会编. 今日青年——五地青少年发展状况分析. 香港：香港青年协会，1996：94.
③ 董金权，洪亚红. 爱与疼的边缘：青少年使用社会化媒体调查研究［M］. 北京：光明日报出版社，2016：20.

题的看法往往因经验、知识、处理问题的能力不足表现出只看到部分，忽视了整体；只看到了表面，忽视了内在本质，即片面化和表面化。青少年思维发展的独立性和批判性，表现出青少年开始批判地接受他人或书本上的建议，开始有意识地区别事情的正确与否，并能够主动调节、支配、论证自身的思维过程和思考结果。

青少年时期思维的批判性，同时也表现出始终以一种怀疑的态度对待问题，由于他们知识水平、经验、辩证思维发展尚不成熟，常常陷于论据不足而又固执己见的僵局，导致了片面、孤立地看待问题，容易走向极端，往往出现对某一事物全面的肯定或否定。

第三，青少年时期的成人意识产生、自我独立意识萌芽，主动适应社会要求的特点，决定了其社会性发展。家庭关系、师生关系和友谊关系作为青少年社会关系最主要的三个方面中，友谊关系因建立于选择和承诺基础上，虽然没有家庭关系稳定，但更具平等性。因此，在寻求别人支持与维持亲密关系等方面，他们"钟意"的对象不再是父母和老师，而是同性朋友，青少年已经开始意识到友谊关系的重要性，并开始意识到与朋友保持友谊关系的决定因素，青少年向朋友倾诉秘密的过程，是自身情感成长、人生目标定位、自我价值实现的过程，是青少年向成人式友谊的过渡。

第四，青少年时期的道德品质发展，表现为能够自觉运用一定的道德观念、原则、信念来主动使自己的行为与一般道德规范相适应，并逐渐形成世界观。同时，青少年品德发展还有不稳定性。道德意识虽已形成，但仍很脆弱，渴望独立、自主的愿望与行动又存在一定距离，因此，极易发生道德行为的两极分化，这也是青少年品德不良、走上歧路的多发时期。① 因此要认知青少年的成长需求，正确引导青少年认清网络世界的本质，帮助他们在微社群中提高辨别是非和自我控制能力，理性发言，养成良好的网络生活习惯，摆脱网络成瘾。

3. 青少年与微社群集群行为

据中国互联网络信息中心（CNNIC）在京发布第 50 次《中国互联网络

---

① 赵芳，黄宇新. 青少年身心发展特点及网络成瘾的成因分析［J］. 三峡大学学报（人文社会科学版），2010，32（S2）：22—23.

发展状况统计报告》显示，截至 2022 年 6 月，20—29 岁、10—19 岁网民占比分别为 17.2% 和 13.5%，[①] 比例合计达 30.7%（见图 1 - 3），可以看出青少年群体成为互联网使用率较高的群体。而随着网络社群、微社群相继地出现、发展，青少年对网络的使用也越来越多地体现在微社群中。

网民年龄结构

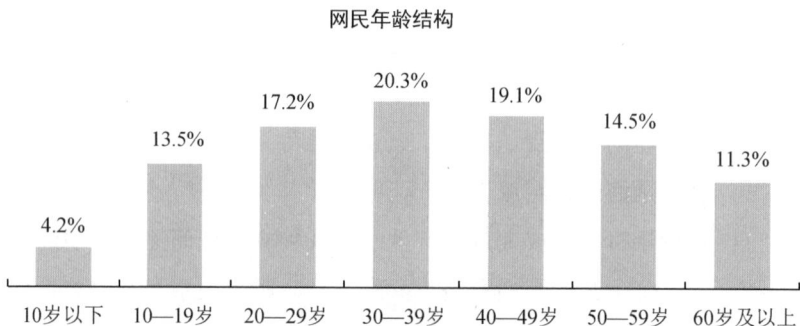

图 1 - 3 网民年龄结构

资料来源：CNNIC 中国互联网络发展状况统计调查

六、学术史回顾

　　网络的迅速发展与日益普及在影响及改变人们日常生活方式和价值观念的同时，也为人们形塑了一个新的社会行动的"场域"，人们集群结社的方式因此而发生新的变化。在兴趣爱好、价值观念、心理需求和生活诉求等方面具有较大同质性的群体越来越多地连接于网络社区，形成集群状态，进行社会互动，表达利益诉求。传统的集群行为正从现实生活场景转向网络社群，形成网络集群行为。近年来，一些网络集群行为演化为网络群体性事件，考验着政府相关部门及社会力量应对的能力与智慧，也引起学界尤其是新闻学与传播学、社会学、心理学、政治学等学科学者的关注与讨论，形成了诸多研究成果，本书尝试对其中的一些代表性观点进行梳理与总结，并提出今后应进一步重点关注的方向。

---

　　① 第 50 次《中国互联网络发展状况统计报告》［R］. 中国互联网络信息中心（CNNIC），［2022—8—31］.

1. 国外相关研究

（1）关于网络社群基本理论的研究

美国学者霍华德·莱茵戈德（Howard Rheingold）于 1993 年较早提出"虚拟社区"（Virtual Community）的概念用来表述网络社群，并认为网络社群是"一种当足够多的人以足够的人类感觉去进行公众性的讨论并形成网络空间里的人际关系网络时出现在网络上的社会聚合体"①；美国学者尼葛洛庞帝于 1996 年在《数字化生存》一书中，把网络社群看成是"虚拟"和"现实"对等的两半，认为"virtual reality"是重复修饰的概念；② 英国学者琼斯（Jones，Q.）则认为，"许多网站更像是'虚拟居所'（virtual settle-ment），而并非'虚拟社区'"③；美国学者刘正福（Geoffrey Z. Liu）在琼斯研究的基础上，分析了基于即时通信软件上的群组，如 QQ 群、MSN 群等，并在此基础上提出"网络社群理论"④。

（2）关于网络社群的信息传播与意见表达研究

西班牙学者曼纽尔·卡斯特（Manuel Castells）认为，"在网络社会里是空间组织了时间，并提出新空间逻辑即'流动空间'，其中包含了多种形式的流动"⑤，在一定程度上解释了网络空间的社群意见的信息流动。美国学者凯斯·桑斯坦（Cass R. Sunstein）擅长于网络意见尤其是网络意见极化现象的研究，他在《极端的人群：群体行为的心理学》一书中提出了"群体极化"理论，认为"网络社群对某一问题的讨论出现某一个倾向点，经过该社群成员在网络的自由观点的商讨后，形成极端的观点"，并认为"线上群体的极化现象甚于线下"⑥。加拿大学者文森特·莫斯可（Vicent Mosco）

① Howard Rheingold. *The Virtual Community*：*Home-steading on the Electronic Frontier*［M］. Cambridge：MIT Press. 2000.

② ［美］尼葛洛庞帝. 数字化生存［M］. 胡泳，译. 海南：海南出版社，1996：140.

③ Jones，Q.. Virtual-communities，virtual settlements & cyber-archaeology：A theoretical outline ［J］. *Journal of Computer-Mediated Communication*，1997（3）.

④ Liu，G. Z. Virtual community presence in Internet Relay Chatting［J］. *Journal of Computer-Mediated Communication*，1999（1）.

⑤ ［西班牙］曼纽尔·卡斯特. 网络社会的崛起［M］. 夏铸九，等，译. 北京：社会科学文献出版社，2006：68.

⑥ ［美］凯斯·桑斯坦. 网络共和国：网络社会中的民主问题［M］. 黄维明，译. 上海：上海人民出版社，2003：47.

对"互联网时代人们对赛博空间迷思的坚定信念作了批判性的思考"①。

（3）关于网络集群行为发生的条件与机理研究

学界一般认为，"网络集群行为本质上是传统集群行为在互联网上的复制、延伸和创新"②。所以，对网络集群行为发生的条件与机理的研究往往建立在对集群行为发生条件与机理的研究基础之上。美国学者尼尔·斯梅尔塞（Smelser，N. J.）早在20世纪60年代提出的集群行为发生的"六条件论"至今依然受到学界普遍认可，这六个条件即"环境条件、结构性紧张、普遍情绪的产生和共同信念的形成、诱发因素、参与者的行动动员、社会控制"③；美国学者斯坦莱·米尔格拉姆认为，"集群行为依赖于参与者的相互刺激"④；美国学者安德鲁·基恩（Andrew Keen）分析了从个人主义的网络意见到"网民的狂欢"⑤的形成机制；美国学者克莱·舍基（Clay Shirky）揭示了网民意见和群体思维在网络的投射形成的"无组织的组织力量"⑥等。

2. 国内相关研究

（1）关于网络集群行为的含义及特点研究

关于网络集群行为的概念界定，代表性的观点有：网络集群行为是"发生在网络中自发的并且是不符合网络规则的、人数众多的行为"⑦；是"一定数量的、无组织的网络群体，围绕特定的现实主题，在一定诱发因素的刺激下产生的，以意见的强化与汇聚为特点的，具有现实影响力的网民聚集"⑧；是"一定数量的、相对无组织的网民针对某一共同影响或刺激，在网络环境中或受网络传播影响的群体性努力"，包括"网络上的言语或行为

① ［加］文森特·莫斯可. 数字化崇拜［M］. 黄典林，译. 北京：北京大学出版社，2010.

② 邓希泉. 网络集群行为的主要特征及其发生机制研究［J］. 社会科学研究，2010（1）：103.

③ Smelser, N. J. *Theory of Collective Behavior*［M］. New York：FreePress，1963.

④ 转引自巴克. 社会心理学［M］. 南开大学社会学系，译. 天津：南开大学出版社，1984：176.

⑤ ［美］安德鲁·基恩. 网民的狂欢：关于互联网弊端的反思［M］. 丁德良，译. 海口：南海出版公司，2010.

⑥ ［美］克莱·舍基. 人人时代：无组织的组织力量［M］. 胡泳，沈满琳，译. 北京：中国人民大学出版社，2012.

⑦ 史宇鹏. 网络集群行为——集群行为的新形式［J］. 社会学，2001（1）：34—37.

⑧ 魏娟，杜骏飞. 网络集群事件的社会心理分析［J］. 青少年记者，2009（10）：75—76.

表达和由网络聚集行为引发的现实集群行为两个方面"①。关于网络集群行为的特点，学者认为网络集群有自发性、无组织性和不可预期性特点，容易引发新的社会危机②；网络社群"兼具了传统社会学所区分的群体和社会两者的特性，人们可以在网络社群中同时得到社会性关系，但又兼具群体性意识"③；具有发展成为现实集群行为的趋势，甚或与现实集群行为互为诱发因素。④

（2）关于网络集群行为发生的条件与诱发因素研究

关于网络集群行为发生的条件，代表性的观点是认为网络集群行为发生需要社会环境要素、网络信息要素、心理行为要素等三个方面的条件。⑤ 认为网络集群行为的诱发因素有以下几个方面：一是网络社群的匿名性特点。"网络这个虚拟的外衣，使人们把在现实生活中无法显现的本性、无法扮演的社会角色在网络上尽情发挥，网络成了网民狂欢的天堂，在这样的背景下，极容易使人无理性，从而滋生网络集群行为"⑥。二是网民的结构特征。网民的结构特征导致了"他们的行为易过激，有充分的上网时间，对社会的认同感较低，自我控制能力较差，从而极易成为大规模网络集群行为的主要参与者"⑦。三是现实社会环境⑧等。

（3）关于网络集群行为发生机制的研究

关于网络集群行为发生机制方面的研究主要有过程分析和话语分析两种范式。前者的代表性观点是认为网络集群行为的发生是信息刺激（外因）

① 乐国安，薛婷，等. 网络集群行定义和分类框架初探 [J]. 中国人民公安大学学报：社会科学版，2010（6）：99—104.
② 周湘艳. 从传播学视角反思网络群体行为 [J]. 东南传播，2007（8）：53—54.
③ 翟本瑞. 虚拟小区、多元文化与身份认同 [M]. 台北：扬智出版社，2001.
④ 孙凤，郑欣. 理性与非理性之辨：网络集群行为的产生及其演变 [J]. 南京邮电大学学报：社会科学版，2009（3）：41—48.
⑤ 郑欣. 集群行为：要素分析及其形成机制 [J]. 青少年研究，2000（12）：33—37.
⑥ 刘生琰. 网络集群的集合行为与建构合理的网络秩序——"艳照门"事件的社会学思考 [J]. 内蒙古农业大学学报：社会科学版，2009（6）：237—238.
⑦ 王道勇. 匿名的狂欢与人性的显现——对2006年网络集群事件的分析 [J]. 青少年研究，2007（3）：21—27.
⑧ 孙凤，郑欣. 理性与非理性之辨：网络集群行为的产生及其演变 [J]. 南京邮电大学学报：社会科学版，2009（3）：41—48.

和网民认知（内因）相互作用的共同结果，如有论者认为，"从时序上来看，网络集群行为的发生过程包含四个阶段：信息的制造与控制、网民信息认知产生偏差、唤起网民共同情境和暴力倾向逐级攀升，其中阶段三和阶段四存在互为因果和互相促进的关系"①；也有论者认为，"网络群体性事件的演变过程大体上分为三个阶段，即潜舆论、显舆论和行为舆论，主要涉及两个群体——利益群体和情绪群体，因此网络群体性事件大都是由利益群体发起，在情绪群体的逐渐加入后使得事件更大范围发酵引发"②。后者代表性成果是揭示了网民的个性化复制而形成的话语传染机制达致一种视觉和思想上的集体话语行为。③

（4）关于网络集群行为的预防与治理对策研究

在网络集群行为的预防与治理对策方面，学界提出要构建网络秩序体系、网络集群事件预警机制、宣传机制和协调机制、对弱势者的救助机制④；治理的关键在于"建立起一套系统的危机传播管理体系，努力争取公众和媒体的认同和支持，并且提高政府执行力，进而使得政府公信力得到提升"⑤；要"尊重民意慎下结论、重视核心人物的作用、堵疏结合且以疏为主、建立新闻发言人制度等"⑥；要开展网民的认知—行为矫正，认为"认知因素是网络个体行为演变成网络集群行为乃至带有暴力倾向网络集群行为的关键因素，因此，我们要改变网民的三种认知：对信息的认知、对情绪的认知和对行动的认知。社会管理工作者在介入和干预网民的偏差行为时，需针对这三种认知采取对应的矫治策略"⑦。

① 孙凤，郑欣. 理性与非理性之辨：网络集群行为的产生及其演变 [J]. 南京邮电大学学报：社会科学版，2009（3）：41—48.

② 苏晓伟. 群体性事件网络舆情逻辑过程与特征及对策建议 [J]. 贵州学院学报（社会科学版）. 2015（2）：110—113.

③ 汤景泰. 网络社群的政治参与与集体行动 [J]. 新闻大学，2016（3）：96—101.

④ 谢建芬. 论网络集群事件中的社会控制机制构建 [J]. 前沿，2010（22）：80—82.

⑤ 李华君. 网络舆情危机中政府形象修复的影响维度与路径选择 [J]. 现代传播（中国传媒大学学报），2013（5）：69—72.

⑥ 严峰. 网络群体性事件与公共安全 [M]. 上海：上海三联书店，2012：27.

⑦ 李晓娟. 网络集群行为演化机制及其调控策略的研究综述 [J]. 法制与社会，2012（8）：285.

（5）关于微社群相关的研究

笔者在研究"微行动"时对微社群下了这样的定义，"'微社群'更为'小组化'，关系搭建更具便捷性和快速性，成员更具同质性，以青少年群体为主体，他们因兴趣相投而聚集，其兴趣爱好、思想观念、行为方式等同质性强，遵循一定的社群规范和行动逻辑，同时又与外界保持清晰的区隔"①。提出了在微社群内部"极易产生'群体盲目'的短板，形成'群体极化'，信息因此而病毒式传播，迅速蔓延"②的观点；提出了微社群中一种典型的、常见的集群行为是传播流言；③对青少年在微社群中采取表演式抗争的原因进行了探讨。④相关学者也对微社群进行了其他的研究，如对微社群的动员机制进行了研究；⑤对微社群秩序构建进行了研究；⑥对微社群流动聚合效应进行了研究；⑦对大学生思想政治教育工作在微社群新环境下的路径进行了探讨；⑧提出强化"微社群"建设；⑨学者王雪冰研究了大学生微社群的生存样态及教育引导。⑩

（6）从思想政治教育视角下对网络集群行为的研究

关于网络集群行为，相关学者已从思想政治教育视角进行了探讨，有学

---

① 董金权，朱蕾．微社群空间中的青少年亚文化研究：以网络剧和短视频用户圈为例［M］．北京：九州出版社，2021：1．

② 董金权．媒体视野中的青少年研究［M］．北京：金城出版社，2017：192．

③ 董金权，潘昕．微社群中流言传播特点与传播机制［J］．内蒙古农业大学学报（社会科学版），2020，22（03）：78—81．

④ 朱一帆，董金权．"微社群"中青少年"表演式抗争"的缘起［J］．佳木斯大学社会科学学报，2021，39（01）：65—67．

⑤ 李春雷，凌国卿．环境群体性事件中微社群的动员机制研究——基于昆明 PX 事件的实地调研［J］．现代传播（中国传媒大学学报），2015，37（06）：61—66．

⑥ 凌国卿．环境群体性事件中微社群秩序的构建研究——基于昆明 PX 事件的实证分析［D］（硕士论文）．江西师范大学，2015：1．

⑦ 曹珊．环境群体性事件中微社群流动聚合效应研究——基于"茂名 PX 事件"的实证分析［D］（硕士论文）．江西师范大学，2016：1．

⑧ 张舒满，高国富，苗嘉宇．论大学生思想政治教育工作在"微"社群环境下的新路径［J］．法制与社会，2017（23）：231—232．

⑨ 汪兴和．强化"微社群"建设增强县级融媒体传播力［J］．中国广播电视学刊，2020（08）：43—45．

⑩ 王雪冰．大学生微社群的生存样态及教育引导研究［J］．新闻研究导刊，2021，12（17）：51—53．

者提出，网络信息"圈层化"对主流话语传播的困境及出路；① 在此基础上也有学者提出了"圈层文化"，认为"圈层文化给青少年党史学习教育带来的挑战"及提出要"破壁入圈：加强青少年网络党史学习教育的着力点"。②

3. 结语

综上所述，可以看出国外相关研究起步较早，在20世纪中后期就开始涉及集群行为及网络社群的研究，相对国内研究显得更为成熟，在理论和应用层面的研究均较为宏观；国内的研究起步相对较晚，研究的成果集中在微观性、局部性和热点性问题上。这些研究均弥足珍贵，但依然存在一些缺陷，如，核心概念像微社群、网络社群、虚拟社区、虚拟社群，网络集群行为、网络群体性事件、网络集体行动、网络聚合行为等界定不清，相互混用，本土化的理论探索较薄弱；研究的结论一定程度上滞后于社会的变迁与时代的发展，尤其是对于"微传播"迅速发展的新形势下"微社群"集群行为的研究较单薄；缺少对不同群体的网络集群行为的针对性研究。因而，我们倡导今后国内的相关研究一方面要进一步澄清及明晰核心概念，并加强本土化的理论构建；另一方面，要紧跟时代节奏，对集群行为的新变化、新特点、新趋势作出有力的回应与科学的预见，以下两个方向值得重点关注。

一是"微社群"中的集群行为研究。网络集群行为呈现出一个非常明显的发展趋势，那就是已由传统的虚拟社群转向数量众多的小众化的"微社群"。"以微介质为社会化平台而进行关系搭建的微传播活动构建出了微传播网络，在此关系网络中，一种区别于虚拟社群传统概念的新社群身份逐渐凸显，这种新社群即为微社群"③，如，微信中的"朋友圈"、各类微信群、QQ群、QQ讨论组、微博中的"微话题"圈、数量众多的各类微应用（App程序）等。"微社群"外部既相互区隔又通过节点相互连接，在"微社群"内部，其成员以兴趣相投而聚集，身份地位上有较大的异质性而兴

---

① 廖卢琴，谢爱林. 圈层与连接：思政教育网络话语传播困境与出路——基于矩阵传播的视角 [J]. 教育学术月刊, 2021（07）：48—54.

② 刘望秀，王歆玫. 党史学习教育如何"破壁"青少年圈层文化 [J]. 思想教育研究, 2021（09）：80—85.

③ 李春雷，凌国卿. 环境群体性事件中微社群的动员机制研究 [J]. 现代传播, 2015（6）：61—66.

趣爱好、思想观念等具有更大的同质性，因而更容易产生"群体盲思"的短板，其集群行为更具"极化"与"恶化"的可能性。梳理近年来，尤其是 2010 年以来，网络集群行为恶化为网络群体性事件的典型个案，会发现其中大多数是通过"微社群"集群结社并发展为线下群体性事件的。"微社群"中集群行为的发生机制与传统网络社群中的集群行为虽有一定的相似性，但更存在较大的差异。目前关于"微社群"中的集群行为发生机制的研究相当薄弱，学界虽在"微传播"框架中有时会触及关于"微社群"的探讨，但鲜见专门研究"微社群"集群行为的成果，此方面的研究有相当大的空白，同时也意味着有巨大的探索空间与潜力，应引起学界的高度关注。

二是特殊群体网络集群行为的针对性研究。网络集群行为的发生与演化是社会现实问题在网络上的集体表达，其背后隐匿的往往是不同利益群体之间的矛盾，所以，研究网络集群行为应从不同利益群体的特征、成长环境、利益诉求等方面把握他们各自集群行为的规律性。譬如，相对弱势群体如农民、农民工、患者群体等是如何通过网络集群结社达成一致行动对抗不利地位、表达利益诉求、争取支持和资源的？作为在网络社群中集群结社十分活跃的青少年群体其网络集群行为又究竟有何特殊性？梳理 2010 年以来一些典型的"微社群"集群行为尤其是群体性事件，发现青少年群体是其主体力量，这是为什么？仅仅是青少年群体本身的活跃性促成了其网络集群的活跃性吗，其背后是否存在社会结构的因素？诸如，这些特殊群体的网络集群行为均需要进一步开展有针对性的研究。

七、研究意义

习近平总书记在全国高校思想政治工作会议上强调，"要运用新媒体新技术使工作活起来，推动思想政治工作传统优势同信息技术高度融合，增强时代感和吸引力"[①]。"高校思想政治工作关系高校培养什么样的人、如何培

---

① 习近平. 在全国高校思想政治工作会议上的讲话. 人民日报, 2016—12—8.

养人以及为谁培养人这个根本问题"①。从"事""时""势"三方面深入推进大学生、青少年微社群集群行为的引导工作，切实做到因事而化、因时而进、因势而新。因此，深入研究和准确把握微社群中青少年集群行为的现状，积极探寻当前高校思想政治教育主动应对微社群的形成发展及微社群内大学生集群行为的教育引导的思路举措，具有重要理论意义和现实意义。

---

① 习近平. 在全国高校思想政治工作会议上的讲话. 人民日报，2016—12—8.

第二章 微社群中流言传播特点与传播机制

一、引言

流言可理解为流传的"言说"或信息，但此言说、说法或信息在流传之时尚无根据，不能确定为真实信息，或者已被证明为不实信息。"微社群"是指通过微信、微博等现代社交微媒体平台而进行关系搭建的网络社群，[①] 如，微信"朋友圈"、微信群、QQ群、抖音等短视频交流区、QQ讨论组、微博"微话题"圈、各类微应用（App程序）用户圈等。不同于一般的网络社群最明显的特点是，"微社群"关系搭建更具便捷性和快速性，成员以兴趣相投、立场相同、观点相似聚集而形成"小群组"，这些"小群组"构成封闭的自我世界，形成鼓胀的自我强化，其集群行为更具突发性、非理性和不可预知性，而传播流言现已成为微社群中一种典型的集群行为。

当前中国社会正在进行政治、经济、文化等各方面的"深度转型"和深入改革，进入"深水区"的"全面深化改革"带来各方面、各群体利益的大调整，不可避免的社会矛盾由此接踵而来；同时，新媒体使各类社会政策和突发公共事件变得迅速公开化和透明化，尤其在通过微媒体进行关系搭建的微社群里，人人都成为其中的"发声者"和"传话筒"，使在社会矛盾和公共事件刺激下生产的各类信息在微社群迅速传播，给政府公共舆论的监测、指导和治理工作带来挑战，如何应对"微媒体"时代"微社群"中流言传播成为当前社会治理面临的一个重要课题。

---

① 董金权. 媒体视野中的青少年研究 [M]. 北京：金城出版社，2017：187.

二、微社群中流言传播的特点

1. 议题生成具有较强的自发性

相较于微媒体，传统媒体具有很强的主导社会舆论能力，其生成的议题大都聚焦在与主流意识形态和价值观念相符合的事件上，从而表现出一种建立在对客观环境反思基础上的自觉性，在这样的情况下往往是媒体立场先于公共舆论出现。而微媒体时代，很多情况下特别是在突发公共事件时，往往更多是公共舆论的出现先于传统媒体的议题设置。在通过微媒体进行关系搭建的微社群中，其信息主要是由用户你一言我一语的过程中自发创造生成的，政府或政府授权的机构及微媒体平台本身相对缺乏对这些信息的把控和约束，一般而言，议题的个性化特征显著，显得比较凌乱和琐碎，网络空间信息的高度流动性会让这些零散琐碎的议题迅速聚合、放大，进而形成公众普遍关注的议题，而后，传播媒体和官方媒体才陆续介入。

2. 舆论空间具有广阔的延展性

传统媒体时代，受版面和节目时长等客观因素的限制，报纸和电视节目等大众媒介必须对呈现的信息或报道内容等进行严格选择和排序。受众通过媒体预先设定的框架，获取信息后对某些议题形成自己的看法，而后通过有限的渠道发表出来，舆论空间比较狭窄，影响范围和规模都有很大限制性。微媒体是基于互联网技术产生的，互联网强大的转发功能和交互作用赋予了通过微媒体进行关系搭建的微社群广阔的舆论空间，人们既可以在这个微社群空间中全面获取到形成舆论的各种信息素材，同时还有机会突破物理空间的限制使得自己的意见通过跟帖、讨论、转发等形式，在其独特的虚拟环境下延展开来，以影响更多人意见的形成，进而影响舆论的整体趋势。

3. 意见汇聚及时性强、舆论发酵期短

有研究表明，"在传统媒体议程设置影响下，公共舆论开始萌发一般是在新闻报道后的第五到七周，呈现显著变化的时期往往是新闻报道后的第八到十周"[①]。而微媒体环境下舆论形成和发酵的周期大大缩短，甚至在相关

---

① 董金权. 媒体视野中的青少年研究 [M]. 北京：金城出版社，2017：187.

信息发布的同时，舆论就迅速生成，出现同样情况的主要原因在于传统媒体的信息准入门槛较高，对信息源的筛选、审核及信息内容的编辑、发布需要较长的时间，而且传统媒体受众之间的交流在时间和空间上存在许多局限。而在微媒体搭建起的微社群中，其内容生成发布简单快捷，意见发表一点即出，且能充分利用碎片化时间，成为民众跨时空交流的有效平台。

三、微社群中流言传播机制

1. 社会矛盾：流言生成的"刺激源"

实质上，各种社会矛盾与问题的存在有助于滋生流言，流言盛行以各类矛盾冲突激化与诸多政治、经济和社会问题频发为基础。目前，我国经济社会发展面临转型，各种社会矛盾更为突出，为流言的传播提供了"可靠的刺激源"。

美国当代政治学家亨廷顿指出，"一个高度传统化的社会和一个已经实现了现代化的社会，其社会运行是稳定而有序的，而一个处在社会急剧变动、社会体制转轨的现代化社会中往往充满各种冲突和动荡"①。当前，我国进入"深度社会转型期"和全面深化改革的关键时期。一方面经济依然以"中高速"发展，信息技术突飞猛进；但另一方面群体利益调整、社会阶层差距拉大、越轨行为频发、生态环境恶化等社会问题、社会矛盾。各类矛盾和利益冲突，公共事件作为"刺激源"引发流言传播。流言在微社群中的传播本质上反映的是人们试图通过虚拟微社群表达对现实问题的集体情绪、集体焦虑和集体恐慌。近年来，在微社群中传播的"最具争议的市委书记——仇和案""穷生奸计、富长良心""考8门挂7门"等流言，其引发议题的社会问题就指涉到"贪污腐败""贫富差距"和"教育不公平"等。

2. 微媒体及其责任缺失：流言传播的低风险渠道

微媒体提供了流言传播的低风险甚至零风险技术渠道。首先，微媒体的重要特征是匿名性，互联网用户进行网络信息传播时的用户认证可以是非真

---

① [美]塞缪尔·亨廷顿. 变化社会中的政治秩序 [M]. 王冠华，刘为，译. 上海：上海世纪出版集团，2008：40.

实的。这种匿名性为民众的言论创造自由，为网络流言创造者和传播者提供了一定的"保护"，大大降低了网民在通过微媒体进行关系搭建的微社群中发布和传播流言的风险，少数网民肆意发布流言的现象不可避免。其次，伴随着网络的普及和触网技术的人性化，网民在通过微媒体进行关系搭建的微社群中发布和传播流言时，几乎没有门槛，非常方便快捷，只要免费下载相关程序，轻击鼠标或屏幕即可发布或传播流言。再次，在通过微媒体进行关系搭建的微社群中发布和传播流言后，网民也可随时迅速地退出流言的传播过程，只需删除传播的流言信息即可，退出后若注销账号便可"销声匿迹"。通过微媒体进行关系搭建的微社群的这些功能特性为网民在微社群中发布和传播流言提供了一个风险极低且迅速便捷的传播渠道。

而对于微媒体的技术提供商来说，其赋予了普通网民发布和传播信息的快捷渠道，却没有对其进行有效控制，往往以"技术中立"为由，推卸其对传播内容所应负的法律责任和社会责任，由于网民发布传播信息的不负责性和非真实性，进一步滋生了流言在微社群中的传播。而相关部门对于微媒体的技术供应者也缺乏适当监管，目前这方面的法律法规存在不足，微媒体的这种责任缺失和立法监控的不足使流言在微社群中传播变得"畅通无阻"。正如瑞士喜剧作家马特·罗勒说，"一场灾难发生 12 小时后 Twitter 就开始帮倒忙"[①]。以流言"病毒链接"为例，"我和微信的故事"被流言传播者称为"病毒链接"。此流言传播过程中，微媒体责任的缺失为"病毒链接"的扩散创造低风险渠道，成为流言传播、扩散、极化的驱动力量，使用户面对朋友圈传播的信息，降低了对流言的怀疑。在这种状态下，公众失去判断能力，流言更易扩散传播。

3. 真相的暧昧性与社会流瀑：流言的接受

流言在微社群中产生和传播之后，若真相表现得"暧昧"，不能及时公开，这会导致大众宁愿相信和接受"流言"，并加入进一步传播扩散流言的

---

① 转引自付雪松. 社会化媒体时代地方政府应对公共舆论的策略研究［D］（硕士论文）. 华东师范大学，2016：40—41.

队伍中来。法国著名流言问题研究专家诺埃尔·卡普费雷（Jean-Noel Cape-rer）指出，"流言作为最古老的大众传播媒体，可以定义为是未经官方公开证实或者已经被官方辟谣了的信息，因此其实质是反权力"①。流言在微社群间的传播过程中，与真相相互"较量"，相关部门若不能快速地作出反应，未能及时公布真相，甚至有意隐瞒真相，则公众的不满情绪、联想猜测能力、各种荒唐的自保措施都会导致流言被广泛接受并进一步扩散，甚至引起社会恐慌，形成"社会流瀑"（Social cascades），即在接收和传播网络流言过程中，流言被微社群成员不断接受，从而使得其观念和行为如同"流瀑"逐渐趋向一致。美国学者卡斯·R.桑斯坦指出，"社会流瀑之所以发生，是因为我们倾向于相信别人的所信和所为"②。"获取信息，了解真相"是置身于事件中的当事者的基本需求和应对事件的逻辑起点。在真相迟迟不来的时间里，人们就偏向于利用新媒体时代的有利条件，依靠微社群中的流言来传达信息，表达自己情绪，缓解自己的焦虑和恐慌，借助流言寻求心理寄托。

以流言"公务员离职潮"为例，智联招聘发布一则消息称，最近公务员跳槽率大幅度上升，短暂几个月，已有万名以上公务员在网站上向企业雇主递交简历，政府、事业单位的跨行业跳槽人数也比往年同期上涨好多。这个消息一经发出便引起了社会关注，大众纷纷在微社群中转发传播此消息，后经证实此消息并非事实。然而相关部门在该流言发布后的 30 天后才作出回应，开始辟谣，否定了这一错误说法。在这则流言传播时期，由于真相的"迟到"导致受众的思想观念改变，大量失实信息传入使受众逐渐接受这一"事实"，达到众多成员社会行为的一致性，从而引起"社会流瀑"。

4. 群体极化与沉默的螺旋：流言的强化

群体极化（Group polarization）就是指"当想法相似的人聚在一起的时候，他们最后得出的结论会比交谈之前的想法更加极端"③。网民以兴趣爱好、思想观念的相似性而集聚在各类微社群里，如，微信朋友圈、QQ 群、

---

① 转引自周亚越.网络谣言的传播机制分析［J］.江苏社会科学，2016（04）：80—84.
② ［美］卡斯·R.桑斯坦.谣言［M］.张楠，迪扬，译.北京：中信出版社，2010：3—8.
③ 周亚越.网络谣言的传播机制分析［J］.江苏社会科学，2016（04）：80—84.

各类论坛等，由于他们的思想观念有很大的同质性，当某一信息在社群里传播时，就更易形成"群体极化"现象，强化流言的传播。此时，流言的制造者、发布者、转载者与接受者互相转化，如果缺乏权威的信息干预，微社群中的流言不仅会替代真相，还会使流言传播的各类参与者形成极端的态度，有可能在现实中形成群体性事件，从而强化流言传播，使流言的传播呈现出群体极化现象。

在群体极化的同时，"沉默的螺旋"（The Spiral of Silence）[①]效应也会对流言的传播起到进一步强化作用。真理有时候往往掌握在少数人手中，但由于人们思路上存在的默认逻辑——"少数服从多数"，于是持有真相、掌握真理的少数人反而选择沉默，迫于群体压力而屈从大多数人的观点，最终越来越多的人都相信流言、传播流言，使流言得以强化。

5. "疯狂"的网民：传播主体的"合流"

如前文所述，微社群中集聚的成员在思想观点、兴趣爱好等方面具有高度的同质性。每个社群既通过其中的成员与其他社群形成网状交连，社群之间相互发布、分享和转载信息；但与此同时，每个社群又有明确的边界，形成自我封闭的小群组，对异己的思想形成排斥，导致微社群极易形成"群体盲思"，内部各成员之间形成相互投射效应，强化自我认知和群体认知。也就是说，微社群搭建了一个"众声喧哗"而又"众声归一"的空间；同时，通过与其他微社群的网状连接，寻找"志同道合"的相似微社群，发布、讨论和转载信息，形成微社群成员的"合流"，使流言加速传播。

法国学者古斯塔夫·勒庞曾在其代表作《乌合之众：大众心理研究》中详细研究和描述过人们在群体中心理状态的表现"人一到群体中，智商就严重降低，为了获得认同，个体愿意抛弃是非，用智商去换取那份让人倍感安全的归属感"[②]。实际上，有时候参与其中的人们在对某一事件发表言论时很可能并不是源于理性的认知和判断，而仅仅是为了换取一份"参与"

[①] ［美］卡斯·R. 桑斯坦. 谣言［M］. 张楠，迪扬，译. 北京：中信出版社，2010：3—8.

[②] ［法］古斯塔夫·勒庞. 乌合之众：大众心理研究［M］. 冯克利，译. 北京：中央编译出版社，2005：35.

带来的归属感，或者源于瞬间冲动而造成情绪上的宣泄。许多人对事实的掌握并不全面，对事件和议题缺乏独立的思考，甚至仅仅是浏览了几条网络意见领袖对热点问题的相关评价就开始"发表高见"，使公共舆论在微社群中呈现显著的情绪化和非理性特征。"在一个身份不确定、交往者行踪飘浮、道德失效的环境中，极度的自由导致极度的非理性"①。微社群的不受约束和自我封闭为其成员制造了脱离实际的自我放纵感，虽然观点在微社群中是猖獗盛行的，但它的制造者、发布者和传播者却很少察觉到他们的观点是消极负面的。这种非理性和情绪化加速了流言的传播与事态的进一步恶化。例如，四川什邡群体性事件中有很多网友在微博中使用了带有强烈情绪色彩的漫骂性言语，姚晨等人的微博遭到无端指责，事件中还有网友抱着凑热闹的心理上传旧有的交通事故死伤者照片，做出什邡警察打死群众的假象。

四、小结

通过对微社群中流言传播特点和传播机制的分析，我们认为要治理微社群中的流言传播，首先，应加强立法控制，在保障网民合法权益不受侵害的前提下对微媒体环境及微社群动态和成员行为进行监管，细化立法内容，寻求言论自由与造谣滋事间的合理边界。其次，强化信息公开及沟通协商治理，及时公布事件真相和事件进展，确保信息公开权威性和真实性，"加强媒体与政府的沟通"②，以及政府与民众的沟通，打通政府和民众沟通的"中梗阻"，缓解诸多不满的负面情绪，找出流言产生的诱发原因。再次，要加强媒体控制，防止"群体效应"和"沉默的螺旋"引起的流言强化，将实时监控与理性引导相结合。不管是传统媒体还是新时代的微媒体，都必须遵守传播规范和法律法规，担负起把关人的角色和使命，严格自我监控，防止流言向社会传播，媒体及公众平台应加强自律，要保证信息合理的筛选过滤与媒体行为的自律性，确保信息真实，切断流言传播的低风险渠道。最

---

① ［法］古斯塔夫·勒庞. 乌合之众：大众心理研究［M］. 冯克利，译. 北京：中央编译出版社，2005：35.

② 郑小青，陈力予. 灾害危机事件中的政府语言运用——政府应对地震传言的策略研究［J］，内蒙古农业大学学报（社会科学版），2012（4）：231.

后，要加强社会控制，提高公众道德与媒介素养。崇尚"道德根治"与优化教育机制相结合。在微社群中，大众网民作为流言传播的主体和受众，则必须加强自身的媒介素养，合理利用微社群与公众间的交流互动，树立健康文明的媒介生活价值观，做积极合格的新媒介参与者和行动者。

第三章 青少年在"微社群"中表达、追星、打赏，使用短视频与弹幕状况

一、引言

截至 2021 年 12 月，我国 10—29 岁网民规模达 3.72 亿，占网民整体的 30.6%。青少年是国家的未来，互联网对青少年群体的影响也一直受到社会各方广泛关注。网络的虚拟性和匿名性给人提供了一种充分展示自己另一面的空间，现实生活中难以表达的观点和看法到网络空间中去表达，但是这也带来了一些问题，有些人利用网络的匿名性，肆意表达不利于他人和社会的言论和观点，散播负面舆论。在网络空间过度"追星"，已严重影响到了青少年的价值观，也影响到了他们的健康成长。使用抖音短视频、弹幕及在网络上的打赏行为也经常发生，给青少年造成了一定的影响。网络空间是虚拟的，但是运用网络空间的主体是真实的。网络生活也是人的真实生活，因此网络社区也是公共领域，需要公共秩序。青少年相较于中年人和老年人缺少辩证看待的理性，容易被一些错误的观点所影响，往往对一个观点或看法容易情绪化，不太考虑后果。为更好地引导青少年上网，为青少年营造健康清朗的上网环境，政府部门、群团组织、企业、学校等社会各界需要积极行动、持续发力。本章以网络社区使用情况为例，以青少年群体为研究对象，探讨其在"微社群"中表达、追星、打赏，使用短视频与弹幕状况。

二、研究方法

1. 调查实施

本章主要运用问卷调查研究方法，在兼顾样本代表性的情况下采取判断抽样。此次调查问卷设计主要包括人口背景问题：如，被调查者的年龄、性别、学历，是否为在校生等个人基本情况；被调查者在微社群中表达偏好、偶像偏好、观看网络直播基本情况、是否观看弹幕、使用弹幕、使用短视频现状；被调查者在微社群中表达、追星情况，如，主要调查表达、追星的途径、频率、动机、理性与否及是否会将线上表达转为线下活动等情况，打赏情况、使用弹幕的现状、在抖音短视频中发布、评论、参加线下活动等基本情况。通过微信朋友圈、QQ空间、问卷填答群等渠道随机向年龄在14—28周岁不同职业、不同学历、不同专业的青少年发放了问卷，最终共获有效调查问卷2423份。在调查网络社区青少年追星情况时，除了运用问卷调查法外，还采用了网络民族志；在调查青少年不良的打赏行为时，除了运用问卷调查法外，还采用了访谈法。

2. 样本分布

样本中，在校生1785人（73.67%），非在校生638人（26.33%）；最高学历中，初中及以下有106人（4.37%），高中或中专有252人（10.40%），大专有324人（13.37%），本科有1605人（66.24%），硕士及以上有136人（5.62%）（见表3-1）。

表3-1　样本分布

变量	指标	频数	频率
是否在校生	在校生	1785	73.67%
	非在校生	638	26.33%
最高学历	初中及以下	106	4.37%
	高中或中专	252	10.4%
	专科	324	13.37%
	本科	1605	66.24%
	硕士及以上	136	5.62%

3. 概念操作化

（1）网络社区

网络社区也称虚拟社区，由美国学者霍尔德·瑞恩高德在其著作《虚拟社区：电子疆域的家园》中首次提出，他将其界定为："一群主要以计算机网络为媒介彼此沟通的人们，彼此有某种程度的认识、分享某种程度的知识和信息、相当程度如同对待友人般彼此关怀，所形成的团体。"① 姜明在《大众文化视域下的中国粉丝文化研究》中认为，网络社区是基于互联网技术的网络空间场所，由人们相同的爱好与兴趣结成。移动网络设备的普及和网络连接速度的提升加剧了网络社区互动程度，粉丝实践由个人行为转变为网络线下和线上的集聚和互动，极大地推动了粉丝文化发展。② 因此，本章将"网络社区"界定为：以互联网为依托，因人们的共同兴趣和相似观点而聚集起来的微博、贴吧、微信、论坛、BBS 及各类 App 应用评论区等即时性垂直社区平台。可以看出网络社区属于微社群的一种。

（2）网络社区表达

网络社区表达，简称网络表达，是指网民在网络社区中发表自己对时事或社会事件的看法和评论③。本书研究的网络社区表达仅指发表对时事或社会事件的看法和评论，不包括日常生活、交往、兴趣等的看法或评论。

（3）粉丝

粉丝（fans）是一个外来语，在中国俗称追星族，指迷恋、崇拜某明星、艺人或事物的一种群体。粉丝圈层可以分为普通粉丝、活跃粉丝、铁杆粉丝和迷热粉丝四种。粉丝群体特征有：成员众多、分工明确、互动频繁快捷、凝聚高、等级分明等。作为粉丝的消费者的消费行为具有以下三点特征：持续全面的信息搜集、集邮式商品消费、粉丝的社群聚集。

---

① 郭佳欣. 网络社区中"养成系"偶像粉丝的群体身份认同建构［D］（硕士论文）. 西安外国语大学，2020：2.

② 姜明. 大众文化视域下的中国粉丝文化研究［D］（博士论文）. 吉林大学，2016：28.

③ 赵联飞. 70 后、80 后、90 后网络参与行为的代际差异［J］. 中国青少年研究，2019（02）：65—72.

（4）青少年追星行为

青少年追星是指青少年对偶像产生羡慕、敬佩、欣赏的情感而导致的偶像崇拜行为，青少年追星是青少年成长过程中普遍存在的社会现象。"我国学者邵道生认为：青少年追星现象实际上是商品社会中由商人推动的一种较为普遍的大众流行现象。我国学者路云亭指出：追星现象并不完全是一种现代思潮，它是世俗文化冲破原有文化框架与现有文化共存的一种文化现象。"① 青少年追星的表现形式多种多样，比如，看演唱会、网上投票打榜、购买专辑等具有一定持续性和情感投入性的行为。

（5）弹幕

用户在观看视频时，能够及时地把自己的观点和看法通过文字加表情符号的形式发送到视频上，做到一边看视频一边同步发表评论。当大量的字幕在屏幕里以飞行的方式横穿屏幕时，就像无数导弹飞过的效果，这就是所谓的"弹幕"。

弹幕最早为军事用语，在日本兴起了弹幕射击游戏最先把该词语带到ACGN 文化界，又因为 niconico 播放器的评论功能很像是横版弹幕射击游戏，之后这种评论功能在中国地区得名为弹幕，在日本的"弹幕"只用作军事用语，在某些军事游戏中使用，没有中文中等同于评论的用法，也就是说"弹幕"一词的读音最早是来自军事用语，最早用作评论的是在中国。②

在国内通常被认为本意是军事用语中密集的炮火射击，过于密集以至于像一张幕布一样。英文称"Bullet Hell"（子弹地狱）或"Bullet Curtain"（弹幕）。其实弹幕在军事上指的是炮兵战术而非步兵战术或防空射击时的战术。弹幕已经成为一种特殊播放器的特色，弹幕系统则是弹幕播放器的核心。

---

① 转引自王艳玲. 网络时代高中生追星问题及教育引导研究 [D]（硕士论文）. 哈尔滨师范大学，2021：5.

② 袁之砚. 当代青少年亚文化视角下的弹幕文化探析 [J]. 科技传播，2020，12（16）：168—169.

（6）短视频

短视频是指在各类新兴媒介及网络平台上播出的、适宜于移动状态或在短时休闲状况下浏览的、以高频发布的短视讯信息内容，时长在几秒至数分钟之间。具体内容主要融入了技术分享、幽默搞怪、时装潮流、社区热点话题、街头专访、公益教学、广告创意、商品定制设计等题材。也因为具体内容相对较短，可独立成片，也可能形成系列节目。区别于微影视与直播网络录像，短视讯制作并不是像微影视一样具备特殊的内涵形式与队伍配备条件，具备制造过程简洁、制造门槛低、群众参与性强等优点，也比直播网络录像更有宣传市场价值，但超短的制造时间及其丰富趣味化的内涵，对于短视频制造队伍的文案能力和规划设计功底仍存在着巨大挑战，而优质的短视频制造队伍则往往依靠于熟练运作的自媒体或 IP，除高频固定的信息内容产出之外，又拥有庞大的粉丝渠道；短视频的诞生，丰富了新兴媒介原生广告的表现形式。

（7）网络直播

"网络直播"大致分两类：一类是在网上提供电视信号的观看，例如，各类体育比赛和文艺活动的直播，这类直播原理是将电视（模拟）信号通过采集，转换为数字信号输入电脑，实时上传网站供人观看，相当于"网络电视"。另一类是人们所了解的"网络直播"：在现场架设独立的信号采集设备（音频＋视频）导入导播端（导播设备或平台），再通过网络上传至服务器，发布至网址供人观看。而"网络直播社区"是指因为网络直播而组成的一个社区，他们对网络直播有着共同的喜好和兴趣。

（8）打赏行为

"打赏"是中国本土化的产物，古时指身份尊贵的人给低层、下属的赏赐或为报答别人的服务而给予的钱、小费。网络用语中译为给楼主赏钱。在新兴的网络直播行业中，观看者给主播刷礼物也常称打赏，打赏所用礼物一般偏向于带有现金性质。

三、青少年微社群集群行为的特点

1. 共性

（1）集群行为的普遍性

调研发现，青少年在微社群中集群具有普遍性的特点。在网络社区表达方面，超八成受访者（80.63%）进行过网络社区表达；近一半（49.32%）的青少年会偶尔通过网络来发表对社会事件的看法或评论；有7.83%的青少年网民经常在网络空间发表对事件的看法或评论；23.48%的青少年网民有时会通过网络来发表对社会事件的看法或评论。图3-1中可以看出，网络社区表达将成为青少年网民及其他各群体网民发表观点或看法越来越重要的渠道。

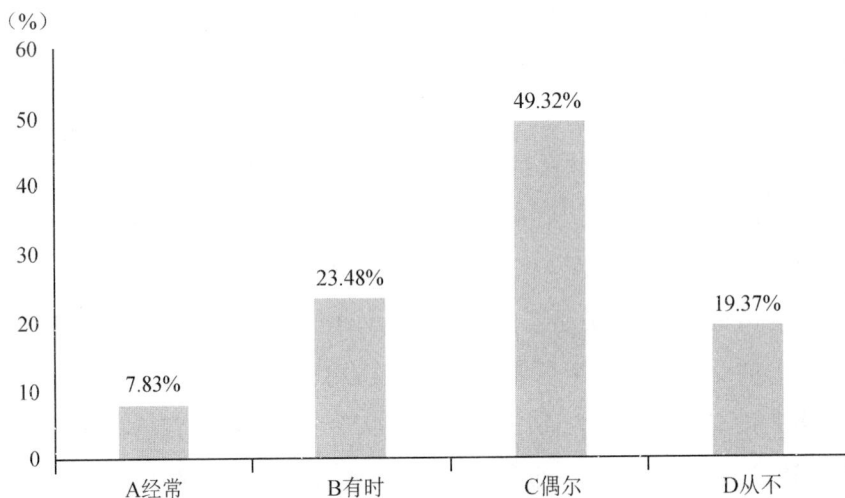

图 3-1　网络社区表达频率

通过 SPSS 相关性，作进一步分析，可以发现受教育程度与网络社区表达频率呈现显著相关性，Spearman 等级相关系数值 $r = -0.141 < 0$，统计推断的显著性系数为 $0.001 < 0.01$（见表3-2），个体的网络社区表达的频率与受教育程度呈负相关关系。总体而言，受教育程度与网络社区表达频率呈负相关关系，即受教育程度越低，网络社区表达的频率越高。

表3-2　受教育程度与网络社区表达频率的相关性

			您目前最高学历是	您是否会通过网络来发表对社会事件的看法或评论
斯皮尔曼 Rho	您目前最高学历是	相关系数	1	-.141
		Sig.（双尾）	.	0.001
		N	511	511
	您是否会通过网络来发表对社会事件的看法或评论	相关系数	-.141	1
		Sig.（双尾）	0.001	.
		N	511	511

（表头为"相关性"）

在网络社区追星方面，近一个月平均每天在网络社区中进行追星行为的时间状况：半小时及以下的占比8.23%，半小时至1小时的占比9.97%，1—2小时的占比9.72%；2—4小时的占比30.92%，4—7小时的占比32.41%，8小时以上的占比8.75%（见图3-2）。可以看出青少年存在不同程度的网络社区追星，在网络社区中追星具有普遍性。

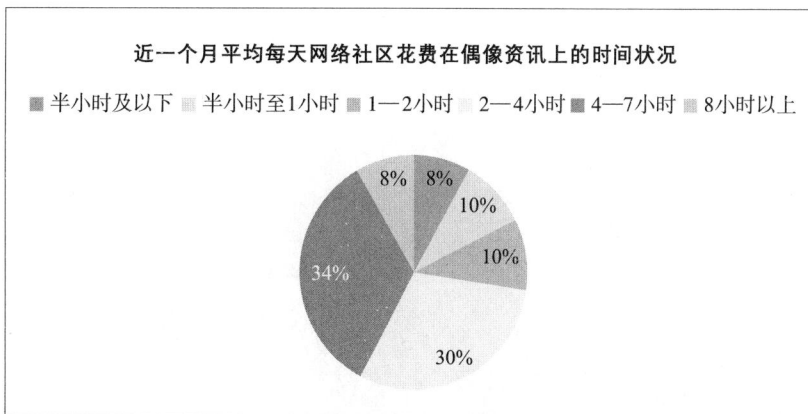

近一个月平均每天网络社区花费在偶像资讯上的时间状况

■半小时及以下　■半小时至1小时　■1—2小时　■2—4小时　■4—7小时　■8小时以上

（8%，8%，10%，10%，30%，34%）

图3-2　网络社区中青少年追星花费时间

通过SPSS相关性分析发现，受教育程度与近一个月平均每天在网络社区中花费在偶像资讯上的时间呈不显著不相关性。采用英国心理学家斯皮尔曼等级相关系数对以上两种变量进行分析，分析结果（如表 3-3）显示：斯皮尔曼等级相关系数值 r = 0.201 > 0，统计推断的显著性系数为 0.019 > 0.01，则不显著。总而言之，青少年粉丝近一个月平均每天网上花费在偶像资讯上的时间与受教育程度不相关。

表 3-3　受教育程度与网络社区中追星花费时间的相关性

相关性				
			您目前最高学历是	近一个月平均每天在网络社区中花费在偶像资讯上的时间
斯皮尔曼 Rho	您目前最高学历是	相关系数	1	0.201
		Sig.（双尾）	.	0.019
		N	516	401
	近一个月平均每天在网络社区中花费在偶像资讯上的时间	相关系数	0.201	1
		Sig.（双尾）	0.019	.
		N	516	401

在网络社区使用短视频方面，超过一半的青少年（57%）基本每天都使用抖音（见图 3-3）。

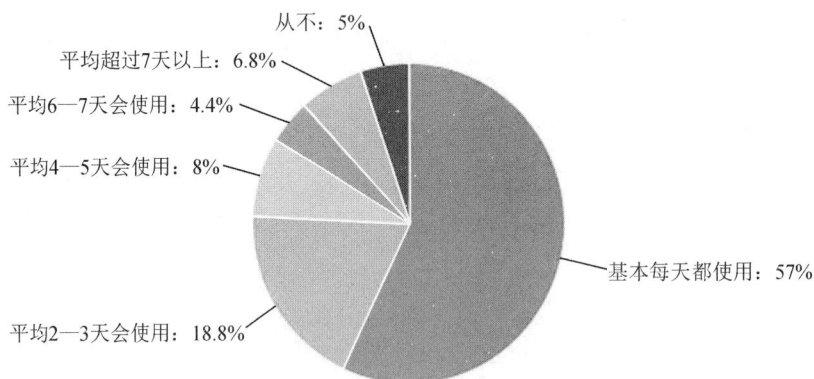

图 3-3　使用频率

超九成的青少年（95.37%）在抖音中有关注的作品（见图3-4）。

（个）

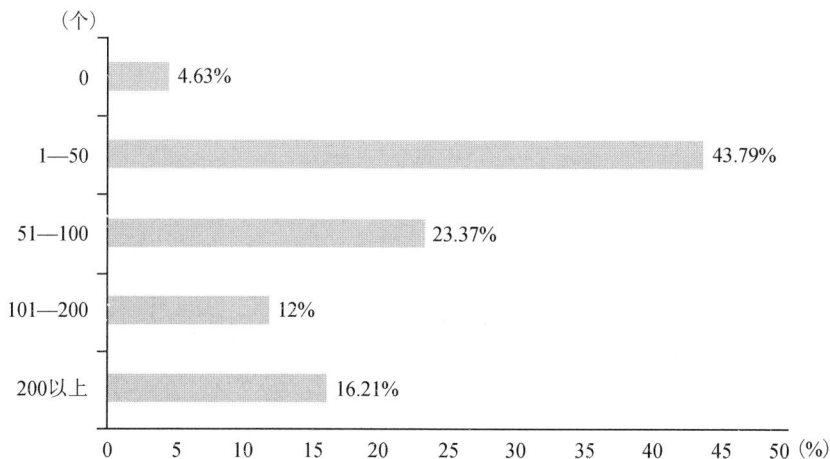

图 3-4　关注数量

进一步分析使用频率与社群互动的关系，发现使用抖音频率与抖音关注的作品数量有显著性关系，斯皮尔曼相关系数为0.109，显著性系数值为0.018＜0.05，（见表3-4）说明使用抖音短视频的频率与目前在抖音 App 关注的作品数量具有相关关系。即使用抖音的频率越高，抖音 App 关注的作品数量越多。

表 3-4　频率与关注作品数量相关性

相关性				您使用抖音短视频的频率	您目前在抖音 App 关注的作品数量
斯皮尔曼 Rho	您使用抖音短视频的频率		相关系数	1.000	.109
			Sig.（双尾）	.	.018
			N	500	475
	您目前在抖音 App 关注的作品数量		相关系数	.109	1.000
			Sig.（双尾）	.018	.
			N	475	475

近九成的青少年（89.26%）在抖音中有使用抖音短视频进行评论（见表3-5）。

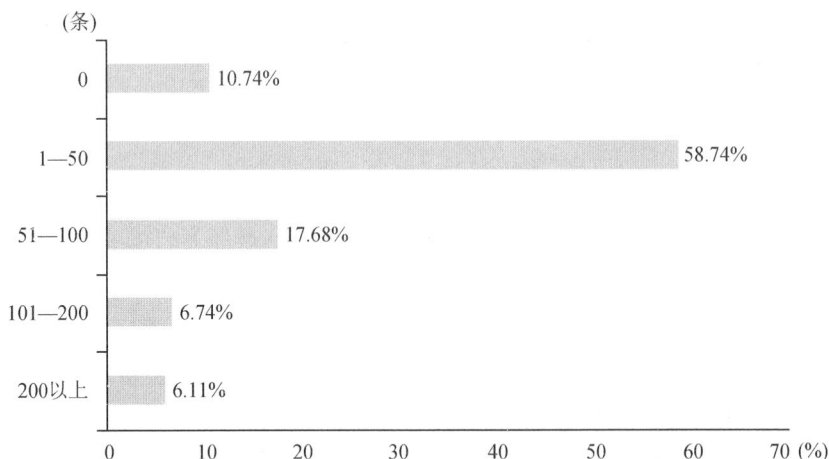

图 3 – 5　评论数量

进一步分析使用频率与社群互动的关系，发现使用抖音频率与抖音评论区发表的总数量有显著性关系，斯皮尔曼相关系数为 0.109，显著性系数值为 0.018 < 0.05（见表 3 – 5），说明使用抖音短视频的频率与在抖音 App 评论区发表评论的总数量具有相关关系。即，使用频率越高，抖音 App 评论区发表的评论越多。

表 3 – 5　频率与评论总数量相关性

相关性			您使用抖音短视频的频率	你在抖音 App 评论区发表评论的总数量
斯皮尔曼 Rho	您使用抖音短视频的频率	相关系数	1.000	.109
		Sig.（双尾）	.	.018
		N	500	475
	你在抖音 App 评论区发表评论的总数量	相关系数	.109	1.000
		Sig.（双尾）	.018	.
		N	475	475

在使用弹幕方面，约九成（87.65%）的青少年表示发送过弹幕，其中超三成（31.37%）偶尔发送弹幕，超四成（44.71%）很少发送弹幕，超一成（11.57%）经常发送弹幕（见图 3 – 6）。

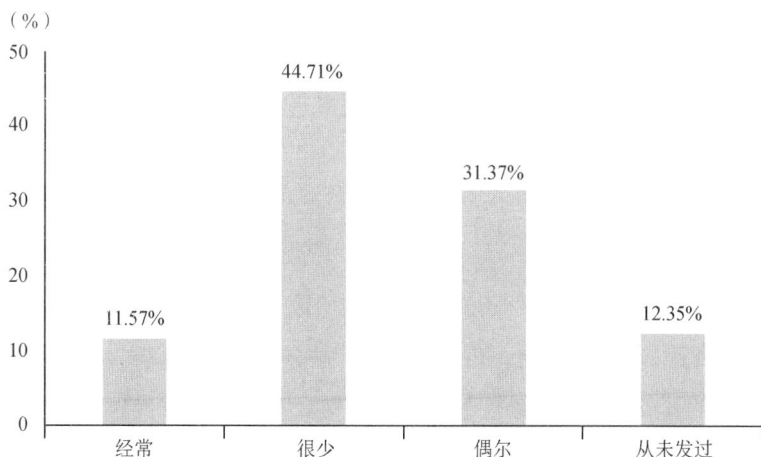

图 3 - 6　青少年使用弹幕的频次

通过 SPSS 相关性作进一步分析发现，受教育程度与青少年使用弹幕的频次并无相关性。采用 Spearman 等级相关系数对以上两种变量进行分析，分析结果显示：Spearman 等级相关系数值 r = 0.025 > 0，统计推断的显著性系数为 0.569 > 0.01（见表 3 - 6），即青少年使用弹幕的频次与受教育程度无显著相关性。

表 3 - 6　受教育程度与青少年使用弹幕的频次的相关性

相关性			您目前最高学历是	您发弹幕吗
斯皮尔曼 Rho	您目前最高学历是	相关系数	1	.025
		Sig.（双尾）	.	.569
		N	514	514
	您发弹幕吗	相关系数	.025	1
		Sig.（双尾）	.569	.
		N	514	514

在网络打赏方面，超七成（74.9%）的青少年观看过直播（见表 3 - 7）。

表 3 - 7　观看直播情况

看直播情况	比例
有	74.9%
无	25.1%

在观看直播的人中，超七成（70.3%）进行过打赏（见表 3 - 8）。

表 3 - 8　打赏情况

打赏情况	占观看直播人数比例
有	70.3%
无	29.7%

（2）兴趣爱好是集群行为发生的重要动机

在网络社区表达方面，近六成（个案百分比 58.12%，响应百分比 24.79%）的青少年表示对事件的兴趣是其对公共事件进行网络社区表达的原因；在使用抖音短视频方面，约六成（个案百分比 59.58%，响应百分比 17.44%）的青少年表示内容丰富有趣是其使用抖音短视频的动机之一，且超六成（个案百分比 63.58%，响应百分比 22.66%）的青少年表示兴趣类议题会使其更倾向在评论区评论。在使用弹幕方面，动机是兴趣吸引下的互动，超六成（个案百分比 67.56%，响应百分比 19.11%）的青少年会因为"视频中提及或出现自己喜欢的人或物"而使用弹幕，这表明大多数青少年是出于相同的兴趣爱好、审美志趣与其他用户进行互动交流，获得身份认同和获取信息。

而在网络社区追星行为本身就是出于对明星的喜爱，与自身的兴趣密切相关。在网络打赏方面，通过访谈可以看出有些青少年的爱好就是看直播，枯燥的生活让他们在看直播的过程中能获得乐趣，对直播更加痴迷。在观看直播时，对这个主播的感情越来越深，促进了打赏行为的发生。

（3）集群途径多元化

在网络社区表达方面，微博（36.79%）、微信（26.81%）是网络表达的主要渠道，各类 App（20.74%）成为青少年网民发表看法或观点的第三选择，此外，还有在新闻客户端和论坛上等其他途径发表看法或评论。在网络追星方面，可以加入 QQ、微信、微博粉丝群、打榜群、应援群等。在抖音短视频方面，可以加入各种各样的社区平台；在使用弹幕方面，45.72%的青少年通过爱奇艺、优酷、腾讯视频等各大传统视频网站使用弹幕，B 站、A 站是青少年又一使用弹幕的主要视频网站，占 43.97%，A 站是国内弹幕最早兴起的视频网站，B 站相比普通视频网站拥有更为独特的弹幕文化，无论是二次元文化、鬼畜文化等，青少年用户有相同的爱好，形成了专属的文化圈，有强大的凝聚力。在其他视频网站使用弹幕的占 9.53%。

（4）理性与非理性并存

理性是一种认识事物的状态也是处理事情的一种方式，理性是指能够在系统的思维方式之下，对自我意识和外在事物进行分析、判断、评价、综合的能力。而非理性是人类意识活动的另一种表现，与理性认识追求对事物的本质认识相反，非理性认识是对事物表象的认识，局限于自己的想法和思考之中。① 在网络空间里，网民倾向于对某一事件发表个人的评论与看法，但并不是每个人都能站在客观理性的角度去思考。大多数网民选择性地对自己感兴趣的人或事发表评论，随后会持续关注别人对自己评论的反馈并再次思考自己的评论是否存在错误，能够对自己发表的评论或看法负责，这就是一种比较理性的网络社区表达。然而仍有一部分网民，并没有认识到应该对自己的表达负责，没有理性地对待已发出的言论，无论对错只想一吐为快，发表了就不再去理会，这就是不负责且缺乏理性的表现。

在网络社区表达方面，通过设计"当您发表的观点受到他人质疑时，您会怎么做"一题，旨在了解青少年网民面对自己的观点受到质疑时是否会选择理性的处理方式。有以下五种情况：第一种再思考一下自己的观点是否正确，如果觉得正确会继续发言，以尽力让别人相信自己的观点，占38.75%；第二种再思考一下自己的观点是否正确，如果觉得正确，也不再继续发言，随便他人相不相信，占 24.85%；第三种再思考一下自己的观点是否正确，如果觉得错误，会继续发言，纠正自己的错误，占 25.24%；第四种再思考一下自己的观点是否正确，如果觉得错误，也不再会继续发言，错了就错了，占 5.68%；第五种发表了就不管了，不再思考自己的观点对与不对，占 5.48%。其中，第一种和第三种是理性，第二种是比较理性，第四和第五种是不理性的。调查结果显示，63.99% 的青少年网民的表达是理性的，24.85% 的青少年网民网络社区表达比较理性，但仍有 11.16% 的青少年网民不够理性，不能对自己的言论负责（见图 3 - 7）。

---

① 刘方方. 网络舆论非理性表达研究［D］（硕士论文）. 吉林大学，2020：8.

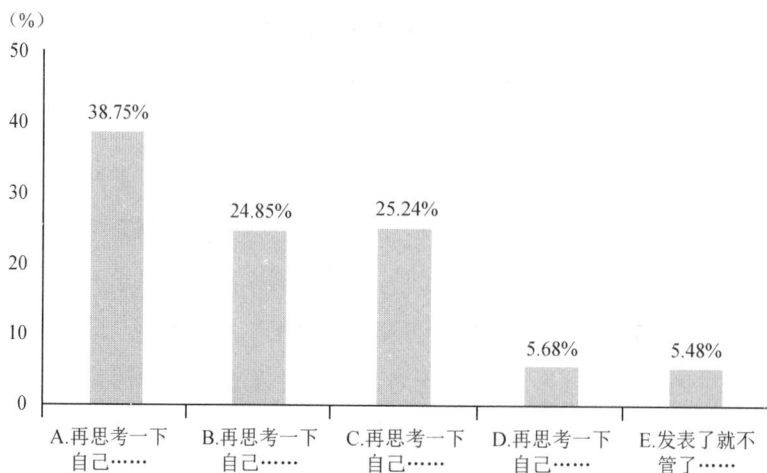

图 3 - 7　网络社区表达理性

在网络社区追星方面，对有偶像的受访者进行调研发现，面对偶像做了违法或违背道德的事，选择"不喜欢"占比 56.10%；只要事情不够严重依然会喜欢偶像占比 32.91%；不管发生什么事，依然会喜欢偶像的，占比 8.47%；另还有 2.52% 表示"看是哪个偶像"（见图 3 - 8）。

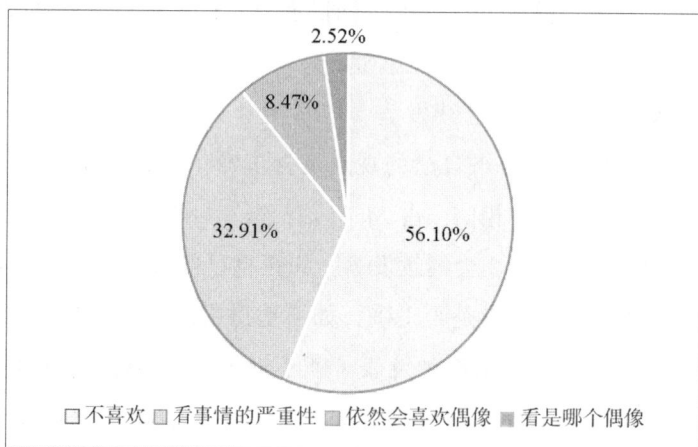

图 3 - 8　偶像做了违法或违背道德的事，您的态度

进一步调查还发现，在网络中看到对偶像的恶意言论会怎么做？其中，不予理睬的占比 58.85%（响应百分比 49.71%）；理性发言并纠正的占比 38.15%（响应百分比 32.23%）；激烈争论的占比 14.9%（响应百分比 12.59%），

没有看到对偶像的恶意言论占比6.48%（响应百分比5.47%）（见表3-9）。

表3-9 对偶像的恶意言论的做法

	不予理睬	理性发言并纠正	激烈争论	没有看到对偶像恶意言论	总计
响应百分比	49.71%	32.23%	12.59%	5.47%	100%
个案百分比	58.85%	38.15%	14.9%	6.48%	118.38%

在抖音短视频方面，不能理性、正确地使用抖音短视频。调查发现，超三成青少年在上课或下班时间（32.42%）、夜里11点后经常使用抖音短视频（35.79%），近一半（49.68%）的青少年躺在床上准备睡觉时经常使用抖音短视频（见表3-10）。

表3-10 使用短视频频率

	经常	有时	比较少	从不
上课或下班时间	32.42%	35.16%	26.74%	5.68%
夜里11点后	35.79%	36.63%	21.68%	5.9%
躺在床上准备睡觉	49.68%	31.79%	14.11%	4.42%

进一步分析人口变量与使用频率的关系，发现其他变量和使用频率无显著性关系。学历与使用频率有显著性关系，斯皮尔曼相关系数为0.115，显著性系数值为0.010<0.05，专业与使用抖音短视频的频率是具有相关关系的，其中，文科专业的使用频率最高（见表3-11）。

表3-11 专业与频率相关性

相关性			您的专业	您使用抖音短视频的频率
斯皮尔曼 Rho	您的专业	相关系数	1.000	.115
		Sig.（双尾）	.	.010
		N	500	500
	您使用抖音短视频的频率	相关系数	.115	1.000
		Sig.（双尾）	.010	.
		N	500	500

在使用弹幕方面，文明与不文明并存，大多数青少年能够理智发送弹幕内容，表达观点与情绪，文明使用弹幕，不过不文明弹幕也同时存在。调查

结果显示，92.62%的青少年未发送过不文明弹幕，7.38%的青少年发送过不文明弹幕。青少年群体使用弹幕的大多数是大学生和高中生，但其中也不乏未满18周岁的用户使用弹幕，青少年的价值观还未成熟健全，常常会受情绪影响、他人言语煽动，导致不文明弹幕现象的存在。可以看出青少年使用微社群及在其中集群存在理性与非理性并存的情况，少数青少年游离在越轨的边缘，滋生了非理性的行为。

（5）线上与线下交融

在网络社区表达方面，调查结果显示，有13.74%的青少年被别人动员过参与针对某事件的线下活动，9.15%的青少年参与过别人动员的线下活动，10.98%的青少年在网络社区里动员过其他人针对某事件进行线下活动，8.37%成功地在网络里动员到其他人针对某事件进行线下活动（见表3－12）。因此，存在从网络社区表达到线下行动。

表3－12　线上表达转线下活动情况

线上表达转线下活动情况		
	是	否
是否有人曾在网络里动员您针对某事件进行线下活动	13.74%	86.26%
你是否曾参与过别人在网络里动员的针对某事件进行线下活动	9.15%	90.85%
您是否曾在网络里动员过其他人针某事件进行线下活动	10.98%	89.02%
您是否曾成功地在网络里动员到其他人针对某事件进行线下活动	8.37%	91.63%

在网络社区追星方面，在粉丝群动员过，占比80.04%；没有动员的占19.96%。动员的线下活动类型状况：见面会占比61.84%（响应百分比32.45%），物资应援占比25%（响应百分比13.12%），演唱会等现场应援占比66.31%（响应百分比34.8%），接送机占比37.40%（响应百分比19.63%）（见表3－13）。

表3－13　粉丝群中动员的线下活动类型

	见面会	物资应援	演唱会等现场应援	接送机	总计
响应百分比	32.45%	13.12%	34.8%	19.63%	100%
个案百分比	61.84%	25%	66.31%	37.40%	190.55%

参加了他人动员的线下活动的占74.98%，没有参加他人动员的线下活动占25.02%。参加他人动员的线下活动的情况：见面会占比73.33%（响应百分比25.88%），物资应援的60%（响应百分比21.18%），演唱会等现场应援的83.33%（响应百分比29.41%），接送机的占比66.66%（响应百分比23.53%）（见表3－14）。

表3－14　粉丝群中参加他人动员的线下活动类型

	见面会	物资应援	演唱会等现场应援	接送机	总计
响应百分比	25.88%	21.18%	29.41%	23.53%	100%
个案百分比	73.33%	60%	83.33%	66.66%	283.32%

总的来说，青少年粉丝大多会在粉丝群中动员他人参加且积极响应关于偶像的线下活动，参加的活动形式多样，其中，演唱会现场应援深受广大青少年粉丝的喜爱。从线上交流到线下集体行动存在多数人的动员与多数人的响应。在抖音短视频方面，调查结果显示，21.68%的青少年表示曾在抖音App评论区动员针对某事件进行线下活动；78.32%的青少年表示没有在抖音App评论区动员针对某事件进行线下活动；18.11%的青少年表示曾参与过别人在抖音App评论区动员的针对某事件进行线下活动，81.89%的青少年表示没有参与过别人在抖音App评论区动员的针对某事件进行线下活动；17.26%的青少年表示曾在抖音App评论区动员过其他人针对某事件进行线下活动，82.74%的青少年表示没有在抖音App评论区动员过其他人针对某事件进行线下活动；17.26%的青少年表示曾成功地在抖音App评论区动员到其他人针对某事件进行线下活动，82.74%的青少年表示没有成功地在抖音App评论区动员到其他人针对某事件进行线下活动（见表3－15）。

表3－15　抖音短视频线下活动情况

	是	否
在抖音App评论区动员针对某事件进行线下活动	21.68%	78.32%
参与过别人在抖音App评论区动员的针对某事件进行线下活动	18.11%	81.89%
在抖音App评论区动员过其他人针对某事件进行线下活动	17.26%	82.74%
成功地在抖音App评论区动员到其他人针对某事件进行线下活动	17.26%	82.74%

可以看出青少年使用抖音短视频时，存在线上线下交融，但对动员或被动员对某件事进行线下活动的参与率较低。

2. 个性

在网络社区表达方面，存在以下特殊性。

（1）青少年在网络社区中表达的偏好

正面事件、负面事件分别占 41.88%、58.12%，因此，负面事件更易引起青少年在网络社区表达。正面事件中爱国典型类事件关注度最高，占 35.62%，紧跟其后的便是社会公德类正面事件占 19.77%，再者是国家发展类正面事件占 15.46%，职业道德善举正面事件关注度为 6.85%，家庭道德善举正面事件关注度为 8.81%，个人成功成才典型正面事件关注度为 5.87%，其他类占 7.63%，（见图 3-9）。由此可见，青少年对爱国主义事件、社会公德和国家发展类正面事件较为关注，尤其是爱国主义事件最易引起青少年网民在网络上发表评论或看法，体现了青少年作为中国公民的社会责任感，爱国主义教育正潜移默化地影响着青少年群体。因此，正面事件源偏好：爱国主义事件最易引起评论。

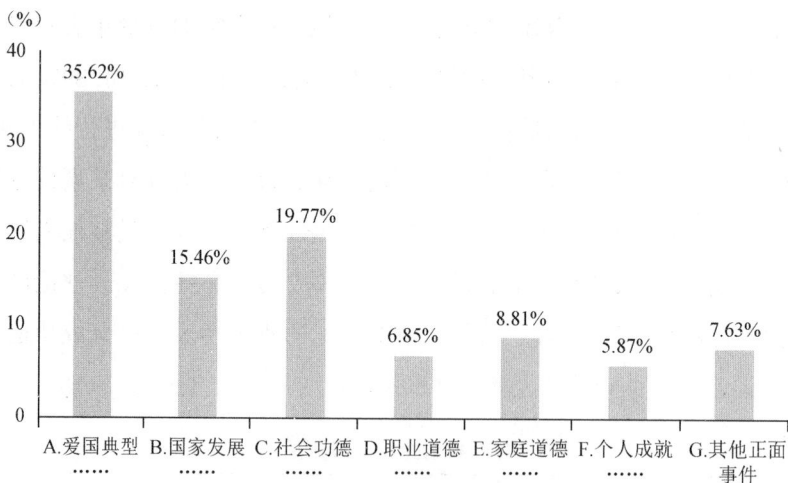

图 3-9　正面事件源偏好

近几年，高官落马的负面消息更是在网络媒体上快速传播，不少网民纷纷在评论区发表各自的看法和感受。青少年群体作为未来社会的接班人对此更是尤为关注，正可谓引以为戒，树立正向的价值观。除了政府官员外，娱乐明星则一直处于大众的视野中，光鲜亮丽的外表吸引了不少青少年粉丝。娱乐明星的八卦新闻更是吸引了不少"吃瓜群众"，近两年"娱乐圈乱象""饭圈乱象"更是热度居高不下，成为青少年群体茶余饭后不可或缺的谈资。娱乐明星的负面事件更是引发大量关注，如，吴亦凡、罗志祥事件一度在网上引起轩然大波，网友们议论纷纷。另外，还有范冰冰、郑爽、邓论等人也引起了不小的轰动，随之而来的是一片有关明星"艺德"的讨论，其中大部分是青少年群体。调查结果显示，青少年群体对娱乐明星群体的负面事件关注度最高，占30.33%；其次是政府官员群体的负面事件关注度较高，占25.83%；教师负面事件占7.44%，企业家负面事件占4.11%，青少年负面事件占11.94%，与自己身份一致的人负面事件占11.94%，其他人群的负面事件占8.41%（见图3-10）。可以看出，相较于其他群体，娱乐明星和政府官员的负面事件更加受网民关注。

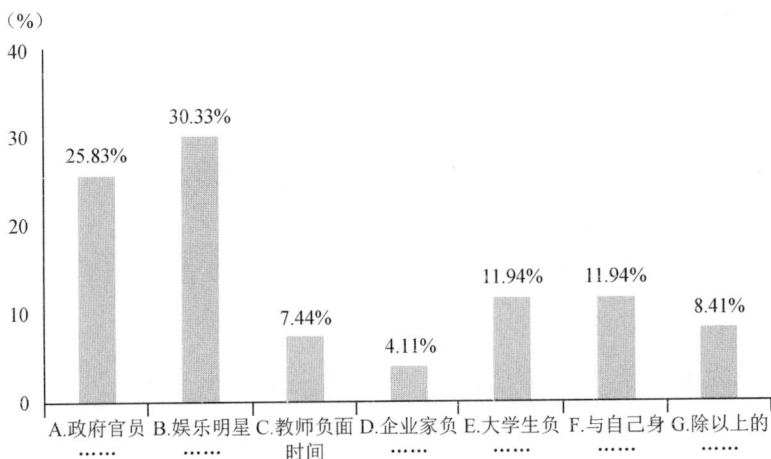

图3-10　负面事件源偏好

　　通过 SPSS 进一步分析，发现对于正面事件的关注类别存在着性别和专业的差异。对于社会公德类正面事件女性及文科专业青少年关注度较高，而男性及理工科专业青少年对国家发展类正面事件关注度较高。也不难理解，女性相较男性心思更为细腻敏感，尤其是学文科的女性则表现得尤为明显，所以对社会公德类（文明礼貌、助人为乐、爱护公物、保护环境和遵纪守法）负面事件更为关注。男性尤其是理工科的男性对国家的科技、经济等发展会比文科类女性更为突出。从调查结果中分析得出所关注群体的类别存在着性别的差异；从关注的群体可以发现女性普遍对娱乐明星更感兴趣，男性群体则更关注政府官员群体的负面事件。这也不足为奇，有研究显示，女性普遍比男性具有更高比例的偶像崇拜，她们通常对崇拜的偶像也更为痴迷。①这也正反映出女性更可能对娱乐明星群体类的负面事件更为关注，而男性较女性对军事和政治更为感兴趣，由此可知男性对政府官员这类群体的相关事件更加关注。从所收集的问卷中，还发现一个比较明显的差异，即对家庭暴力这一负面事件的关注度，女生远远高于男生，这与我国传统的女性本弱这一观念有着千丝万缕的联系。

（2）表达动机除了兴趣外，还有情绪、现实生活中缺少表达渠道、利益等多维动机

调研结果显示，表达动机是由于对此事件感动或憎恨占44.81%（响应百分比19.11%），也就是对调查者的情感产生一定影响，从而激起表达欲去发表评论或看法；由于现实生活中难以表达而选择在网络空间进行表达的也占了相当一部分，占30.72%（响应百分比13.10%），究其原因不难发现，在这个表达自由的时代，人们不缺少表达的渠道反而缺少可以相互表达的对象，随着网络空间的飞速发展及网络空间的虚拟性和互动及时性使那些在现实生活中无法表达的观点或看法在网络空间得到了释放；21.14%（响应百分比9.02%）的青少年网民认为他人的观点是错误的，所以选择去发表自己认为正确的观点或看法；19.37%（响应百分比8.26%）的青少年网民在网络上对事件发表看法或评论是因为事件内容与个人利益有关；16.63%（响应百分比7.09%）的青少年网民是想推动事件的进一步发展；14.09%（响应百分比6.01%）的青少年想通过发表看法或评论引起他人注意到自己；7.83%（响应百分比3.34%）的比较激进的青少年网民想要动员其他人将线上讨论转为线下活动；另外有8.02%（响应百分比3.42%）的青少年是因为无聊；还有13.7%（响应百分比5.86%）的是因为其他原

---

① 岳晓东，严飞.青少年偶像崇拜系列综述（之二）——偶像崇拜的性别差异［J］.青少年研究，2007（04）：15—20.

因（见表 3 - 16）。

表 3 - 16　网络社区表达动机

	兴趣	情感	现实生活中难以表达	他人的观点是错误的	利益	想推动事件的进一步发展	引起他人注意到自己	转为线下活动	无聊	其他	总计
响应百分比	24.79%	19.11%	13.10%	9.02%	8.26%	7.09%	6.01%	3.34%	3.42%	5.86%	100%
个案百分比	58.12%	44.81%	30.72%	21.14%	19.37%	16.63%	14.09%	7.83%	8.02%	13.7%	234.43%

在网络追星方面，存在以下特殊性。

关于偶像：近八成（78.87%）有偶像，偶像数量是 1 个的占 7.98%，2—3 个占 20.19%；4—6 个占 53.36%，7—10 个占 10.4%，10 个以上占 8.07%（见表 3 - 17）。

表 3 - 17　喜欢的偶像数量

偶像数量	比例
1 个	7.98%
2—3 个	20.19%
4—6 个	53.36%
7—10 个	10.4%
10 个以上	8.07%

偶像类型偏好：聚焦演艺明星；其中，偶像是演艺界的占 83.1%（响应百分比为 38.18%）；政府官员占 25.35%（响应百分比为 11.65%）；体育界占 43.66%（响应百分比为 19.26%）；企业界占 7.04%（响应百分比为 3.23%）；科技界占 14.08%（响应百分比为 6.46%）；电子游戏界占 14.08%（响应百分比为 6.46%）；医疗界占 11.27%（响应百分比 5.19%）；教育界占 12.68%（响应百分比为 5.77%）；国家级或省级劳动模范占 8.45%（响应百分比为 3.80%）（见表 3 - 18）。

表 3 - 18　偶像类型偏好

	演艺界	政府官员	体育界	企业界	科技界	电子游戏界	医疗界	教育界	国家级或省级劳动模范	总计
响应百分比	38.18%	11.65%	19.26%	3.23%	6.46%	6.46%	5.19%	5.77%	3.80%	100%
个案百分比	83.1%	25.35%	43.66%	7.04%	14.08%	14.08%	11.27%	12.68%	8.45%	219.71%

偶像性别偏好：在有偶像的男性青少年中，只有女性偶像的占28.75%，只有男性偶像的占8.12%，男女偶像都有的占63.13%。在只有一个偶像的男性青少年中，这一个偶像为女性的占54.55%，为男性的占45.45%。在有偶像的女性青少年中，只有女性偶像的占6.64%，只有男性偶像的占30.29%，男女偶像都有的占63.07%。在只有一个偶像的女性青少年中，这一个偶像为男性的占90.48%，为女性的占9.52%（见表3－19）。

表3－19　偶像性别分布

性别 ＊ 喜欢的偶像性别 交叉表

性别	偶像全是男	偶像全是女	偶像男女都有	总计百分比
男	8.12%	28.75%	63.13%	100
只有一个偶像的男性	45.45%	54.55%	\	100
女	30.29%	6.64%	63.07%	100
只有一个偶像的女性	90.48%	9.52%	\	100

通过 SPSS，采用卡方 Kendall 等级相关系数对以上两种变量进行分析，分析结果显示：sig 值为 0.014＜0.05（见表3－20），则粉丝性别与喜欢的偶像性别呈显著相关。女性偏向喜爱男明星，男性偏向喜爱女明星。

表3－20　粉丝性别与偶像性别相关性分析

相关性

			性别	喜欢的偶像性别
卡方 Kendall	性别	相关系数	1.000	0.081
		Sig.（双尾）	.	0.014
		N	401	401
	喜欢的偶像性别	相关系数	0.081	1.000
		Sig.（双尾）	0.014	.
		N	401	401

偶像的吸引因素：多元吸引中凸显才华、形象与性格。在之所以将某人作为偶像的原因中，调研结果显示，有88.73%的人选择了才华（响应百分比26.10%）；其次为形象，占75.06%（响应百分比22.13%）；性格占67.61%（响应百分比19.93%）；品德占60.56%（响应百分比17.79%）；对社会有贡献占40.85%（响应百分比11.99%）；说不清楚的占7.04%（响应百分比2.06%）（见表3－21）。

表 3-21　偶像吸引因素

	才华	形象	性格	品德	对社会有贡献	说不清楚	总计
响应百分比	26.10%	22.13%	19.93%	17.79%	11.99%	2.06%	100%
个案百分比	88.73%	75.06%	67.61%	60.56%	40.85%	7.04%	339.85%

（3）网络社区追星时间消耗

近三成每天 4—7 小时。其中，半小时及以下的占比 8.23%，半小时至 1 小时的占比 9.97%，1—2 小时的占比 9.72%；2—4 小时的占比 30.92%，4—7 小时的占比 32.41%，8 小时以上的占比 8.75%（见图 3-2）。通过 SPSS 相关性分析发现受教育程度与近一个月平均每天在网络社区中花费在偶像资讯上的时间呈现不显著不相关性。采用斯皮尔曼等级相关系数对以上两种变量进行分析，分析结果显示：斯皮尔曼等级相关系数值 r = 0.201 > 0，统计推断的显著性系数为 0.019 > 0.01，则不显著（见表 3-22）。总而言之，青少年粉丝近一个月平均每天网上花费在偶像资讯上的时间与受教育程度不相关。

表 3-22　受教育程度与网络社区中追星花费时间的相关性

相关性				
			您目前最高学历是	近一个月平均每天在网络社区中花费在偶像资讯上的时间
斯皮尔曼 Rho	您目前最高学历是	相关系数	1.000	0.201
		Sig.（双尾）	.	0.019
		N	516	401
	近一个月平均每天在网络社区中花费在偶像资讯上的时间	相关系数	0.201	1
		Sig.（双尾）	0.019	.
		N	516	401

（4）网络社区中青少年追星形式多样

在网络社区中观看偶像直播，收集和转发偶像信息，抢演唱会门票，动员参加见面会、接送机、微博打榜等线下活动，筹集应援资金，等等。但追星形式以转发资讯、应援打榜为主。在网络社区中为偶像做过某事的情况，调查数据显示：向朋友推荐偶像的占 41.89%（响应百分比 20.12%）；转发偶像生资讯活动消息的占 60.09%（响应百分比 28.86%）；为偶像制作音乐绘画等占 38.15%（响应百分比 18.32%）；动员粉丝应援打榜的占 47.13%

（响应百分比 22.64%）；什么都没做的占 20.94%（响应百分比 10.06%）（见表 3－23）。

表 3－23　在网络社区为偶像做的某事

	向朋友推荐偶像	转发偶像生资讯活动消息	为偶像制作音乐绘画	动员粉丝应援打榜	什么都没做	总计
响应百分比	20.12%	28.86%	18.32%	22.64%	10.06%	100%
个案百分比	41.89%	60.09%	38.15%	47.13%	20.94%	208.2%

调查数据还显示，偶像直播观看频率的情况：基本都会看占 19.70%，偶尔观看占 56.35%，从不观看占 10.97%，偶像从不直播的占 12.98%（见表 3－24）。

表 3－24　观看偶像直播情况

	基本都会看	偶尔观看	从不观看	偶像从不直播
观看偶像直播情况	19.70%	56.35%	10.97%	12.98%

（5）入群与互动

入群与互动是在网络社区深入追星的关键一步，调研结果显示，加入所有偶像粉丝群的占 14.96%，加入部分偶像粉丝群的占 69.82%，没有加入任何偶像的粉丝群的占 10.47%，偶像没有粉丝群的占 4.75%（见表 3－25）。

表 3－25　加入粉丝群情况

	加入所有偶像粉丝群	加入部分偶像粉丝群	没有加入任何偶像的粉丝群	偶像没有粉丝群
加入粉丝群情况	14.96%	69.82%	10.47%	4.75%

在粉丝群发言频率状况：经常的占 23.19%，偶尔的占 48.12%，从不的占 11.97%；有的偶像粉丝群经常、有的偶像粉丝群从不的占 16.72%（见表 3－26）。

表 3－26　在粉丝群发言频率状况

	经常	偶尔	从不	有的偶像粉丝群经常、有的偶像粉丝群从不
在粉丝群发言频率状况	23.19%	48.12%	11.97%	16.72%

在使用短视频方面，存在以下特殊性。

①类型偏好

调查显示，青少年对生活类（如购物、美食、美妆护肤）感兴趣人数最多，占69.47%（响应百分比19.94%）；其次，青少年对时政新闻或社会突发事件类感兴趣的占50.96%（响应百分比14.63%）；对兴趣类（如游戏、影视、综艺等）感兴趣的占76%（响应百分比21.81%）；对某个明星或主播的视频感兴趣的占41.05%（响应百分比11.78%）；对日常生活帅哥视频（非影视明星）感兴趣的占33.89%（响应百分比9.73%）；对日常生活美女视频（非影视明星）感兴趣的占46.95%（响应百分比13.47%）；对日常朋友、家人、同事发的视频感兴趣人数占26.74%（响应百分比7.67%）；对其他感兴趣的占3.37%（响应百分比0.97%）（见表3-27）。

表3-27　短视频类型偏好

	生活类	时政新闻或社会突发事件类	兴趣类	某个明星或主播的视频	日常生活帅哥视频	日常生活美女视频	日常朋友、家人、同事发的视频	其他	总计
响应百分比	19.94%	14.63%	21.81%	11.78%	9.73%	13.47%	7.67%	0.97%	100%
个案百分比	69.47%	50.96%	76%	41.05%	33.89%	46.95%	26.74%	3.37%	348.43%

进一步分析人口变量与类型偏好的关系，结果显示，斯皮尔曼相关系数为0.136，显著性系数值为0.003<0.01（见表3-28），说明性别与感兴趣的抖音短视频类型生活类（如购物、美食、美妆护肤等）具有相关关系。其中，女生更喜欢生活类和日常生活帅哥类视频；男生更喜欢兴趣类和日常生活美女类视频。

表3-28　性别与感兴趣视频类型相关性

相关性			您的性别	您感兴趣的抖音短视频类型有，生活类（如购物、美食、美妆护肤等）
斯皮尔曼 Rho	您的性别	相关系数	1.000	.136
		Sig.（双尾）	.	.003
		N	500	475
	您感兴趣的抖音短视频类型有，生活类（如购物、美食、美妆护肤等）	相关系数	0.136	1.000
		Sig.（双尾）	.003	.
		N	475	475

②动机

除了短视频内容丰富有趣外，还有超八成（个案百分比82.32%，响应百分比24.09%）的青少年表示观看抖音短视频的原因主要是为了打发时间和缓解压力；超七成（个案百分比73.26%，响应百分比21.44%）的青少年表示为了缓解生活压力；超二成（个案百分比24.63%，响应百分比7.21%）的青少年表示学习或工作性质需要；超一半（个案百分比51.58%，响应百分比15.10%）的青少年表示为了探索新鲜事物；超三成（个案百分比36.84%，响应百分比10.78%）的青少年表示为了看自己喜欢的明星或关注的人的视频；超一成是为了认识新的朋友（个案百分比11.58%，响应百分比3.39%）；少数是其他原因（个案百分比1.89%，响应百分比0.55%）（见表3-29）。

表3-29　使用短视频的动机

	内容丰富有趣	打发时间和缓解压力	缓解生活压力	学习或工作性质需要	探索新鲜事物	看自己喜欢的明星或关注的人的视频	认识新的朋友	其他	总计
响应百分比	17.44%	24.09%	21.44%	7.21%	15.10%	10.78%	3.39%	0.55%	100%
个案百分比	59.58%	82.32%	73.26%	24.63%	51.58%	36.84%	11.58%	1.89%	341.68%

③在抖音发布短视频

超一半（52.42%）的青少年在抖音发布的作品在50条以下，超四成（41.47%）的青少年表示在抖音上没有发布作品（见图3-11）。

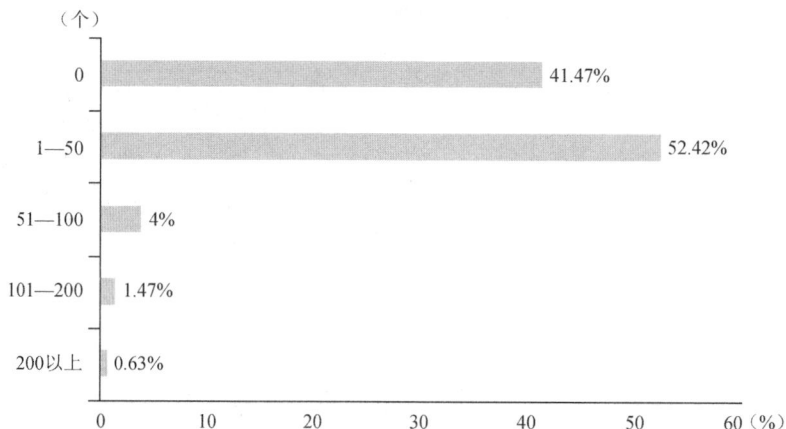

（个）

0	41.47%
1—50	52.42%
51—100	4%
101—200	1.47%
200以上	0.63%

0　　10　　20　　30　　40　　50　　60（%）

图3-11　作品数量

抖音短视频中发布的内容多为转发感兴趣类的和自己制作的分享生活的视频。

④关注作品数量

青少年使用抖音关注的作品数量：关注作品为 1—50 个的占 43.79%；关注作品为 51—100 个占 23.37%（见图 3 – 4）。前文已说明使用抖音短视频的频率与目前在抖音 App 关注的作品数量具有相关关系。即使用抖音的频率越高，抖音 App 关注的作品数量越多。

⑤使用抖音短视频的评论数量比较少

青少年使用抖音短视频发表 1—50 个评论占 58.74%；发表评论为 51—100 个占 17.68%（见图 3 – 5）。前文已说明使用抖音短视频的频率与在抖音 App 评论区发表评论的总数量具有相关关系。即使用频率越高，抖音 App 评论区发表的评论越多。

⑥评论议题

除了偏好兴趣类占 63.58%（响应百分比 22.66%），还有评论生活类（如购物、美食、美妆护肤）视频占 54.95%（响应百分比 19.58%）；评论时政新闻或社会突发事件类视频占 36.21%（响应百分比 12.90%）；评论某个明星或主播的视频占 35.58%（响应百分比 12.68%）；评论日常生活帅哥视频（非影视明星）占 22.32%（响应百分比 7.95%）；评论日常生活美女视频（非影视明星）占 26.74%（响应百分比 9.53%）；评论日常朋友、家人、同事发的视频占 37.26%（响应百分比 13.28%）；评论其他视频人数最少占比 4%（响应百分比 1.42%）（见表 3 – 30）。

表 3 – 30　短视频评论偏好

	兴趣类	生活类	时政新闻或社会突发事件类视频	某个明星或主播的视频	日常生活帅哥视频	日常生活美女视频	日常朋友、家人、同事发的视频	其他	总计
响应百分比	22.66%	19.58%	12.90%	12.68%	7.95%	9.53%	13.28%	1.42%	100%
个案百分比	63.58%	54.95%	36.21%	35.58%	22.32%	26.74%	37.26%	4%	280.64%

⑦评论内容偏好

日常生活调侃的占 61.68%（响应百分比 29.80%）；从未发表过评论的占 19.79%（响应百分比 9.56%）；评价内容是商品质量的占 30.95%（响应百分比 14.96%）；评论内容是社会突发事件的占 39.79%（响应百分比 19.23%）；评论内容是时政新闻的占 25.47%（响应百分比 12.31%）；评论内容是动员对某件事进行关注的占 18.32%（响应百分比 8.85%）；评论内容是动员对某件事进行线下行动的占 6.11%（响应百分比 2.95%）；评论其他内容人数最少，占 4.84%（响应百分比 2.34%）（见表 3 – 31）。

表 3 – 31　短视频评论内容偏好

	日常生活调侃	从未发表过评论	商品质量	社会突发事件	时政新闻	动员对某件事进行关注	动员对某件事进行线下行动	其他	总计
响应百分比	29.80%	9.56%	14.96%	19.23%	12.31%	8.85%	2.95%	2.34%	100%
个案百分比	61.68%	19.79%	30.95%	39.79%	25.47%	18.32%	6.11%	4.84%	206.95%

在使用弹幕方面：

①青少年使用弹幕的途径

超四成（45.72%）使用视频类发送弹幕（爱奇艺、优酷、腾讯视频）；超四成（43.97%）使用 B 站发送弹幕；其他视频网站占 9.53%，从未使用过视频网站占 0.78%（见图 3 – 12）。

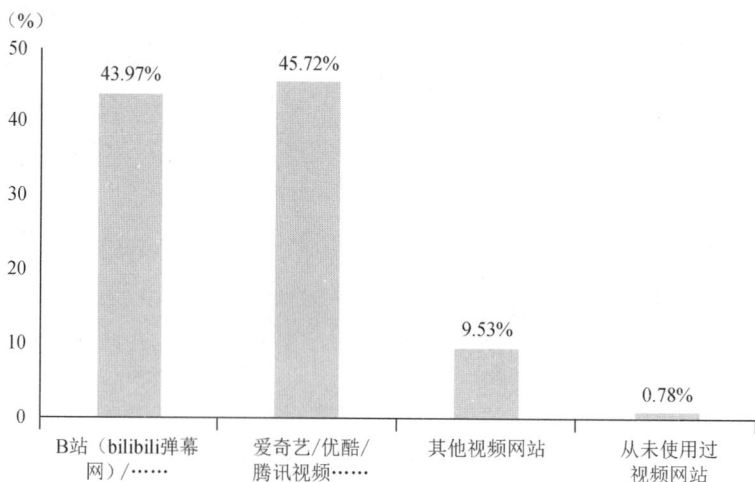

图 3 – 12　青少年使用弹幕途径

②青少年使用弹幕的频次

近九成（87.65%）发送过弹幕，超三成（31.37%）偶尔发送弹幕，超四成（44.71%）很少发送弹幕，超一成（11.57%）经常发送弹幕（见图3－13）。

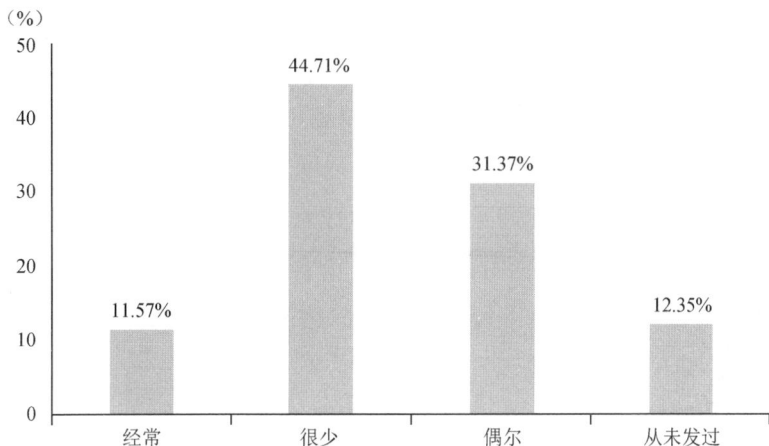

图3－13　青少年使用弹幕的频次

③青少年使用弹幕的视频类型偏好

影视剧占57.05%（响应百分比17.09%）、综艺占56.6%（响应百分比16.96%）、直播占41.39%（响应百分比12.40%）、动漫占39.82%（响应百分比11.93%）、up主自制视频占37.36%（响应百分比11.19%）。VLOG是用拍视频的方式记录一天或一段时间的生活，其个人特点极为鲜明、生活气息比较浓郁，深受青少年群体喜爱，在青少年群体偏好的视频类型中占29.31%（响应百分比8.78%）。其他各类鬼畜视频（个案百分比27.96%，响应百分比8.38%）、纪录片（个案百分比25.73%，响应百分比7.71%）、电竞视频（个案百分比17%，响应百分比5.09%）、其他（个案百分比1.57%，响应百分比0.47%）则受众范围较小（见表3－32）。

表3－32　青少年使用弹幕的视频类型偏好

	影视剧	综艺	直播	动漫	up主自制视频	VLOG	其他各类鬼畜视频	纪录片	电竞视频	其他	总计
响应百分比	17.09%	16.96%	12.40%	11.93%	11.19%	8.78%	8.38%	7.71%	5.09%	0.47%	100%
个案百分比	57.05%	56.6%	41.39%	39.82%	37.36%	29.31%	27.96%	25.73%	17%	1.57%	333.79%

④动机

除了兴趣吸引下的互动外，还有网络爱国主义的抒发；根据收集到的数据显示，视频中的正面故事情节较负面故事情节更易促使青少年使用弹幕，相比受视频中爱国主义、婚恋家庭、社会真实事件、社会公德负面故事情节气愤而使用弹幕青少年群体更倾向于受视频中爱国主义、婚恋家庭、社会真实事件、社会公德正面故事情节所感动而使用弹幕。在心理学的相关研究中，积极的情感体验是社交网站维持使用热度的重要因素，而感知到的快乐和内在的喜悦也被认为有助于持续的互动行为。在所有正面故事情节中，因网络爱国主义的抒发而使用弹幕的青少年高达 30.43%（响应百分比 8.61%）；紧跟其后的便是因社会公德正面故事情节感动占比 19.02%（响应百分比 5.38%）；再者是因社会正面真实情节感动占比 17.9%（响应百分比 5.06%），婚恋家庭正面故事情节感动占比为 13.87%（响应百分比 3.92%）。由此可见，基于抒发网络爱国主义的原因更易促使青少年使用弹幕，体现了青少年作为中国公民的社会责任感，爱国主义教育正潜移默化地影响着青少年群体。除了兴趣之外，还有以下动机："要对您觉得语言低俗或不实等信息的弹幕进行提醒或纠正""与他人互动，以增进对视频内容的了解""与他人互动，增加趣味""与他人互动，以回应别人的疑问"；这几个原因也是促使青少年使用弹幕的基础动机，人是社会性的动物，对社会性有着强烈的需求。在弹幕网站上，年轻人可以通过弹幕和别人进行互动，"共时性"的弹幕可以让他们有一种"实时交流"的时间和空间感觉，满足年轻人的社交需要（见表 3-33）。

表 3-33　青少年使用弹幕的动机

	个案百分比	响应百分比
视频中提及或出现自己喜欢的人或物	67.56%	19.11%
要对您觉得语言低俗或不实等信息的弹幕进行提醒或纠正	29.98%	8.48%
受视频中爱国主义正面故事情节感动	30.43%	8.61%
受视频中爱国主义负面故事情节气愤	14.99%	4.24%
受视频中婚恋家庭正面故事情节感动	13.87%	3.92%
受视频中婚恋家庭负面故事情节所气愤	10.51%	2.97%

	个案百分比	响应百分比
受视频中社会公德正面故事情节感动	19.02%	5.38%
受视频中社会公德负面故事情节所气愤	10.96%	3.10%
受视频中某个社会正面真实事件所感动	17.9%	5.06%
受视频中某个社会负面真实事件所气愤	11.86%	3.36%
实属无聊	7.16%	2.03%
调侃	21.03%	5.95%
与他人互动，增加趣味	45.41%	12.85%
与他人互动，以增进对视频内容的了解	23.27%	6.58%
与他人互动，以回应别人的疑问	18.12%	5.13%
日常打卡	6.94%	1.96%
宣泄情绪	3.8%	1.08%
其他	0.67%	0.19%
总计	353.48	100%

⑤话语类型（见表3-34）

表3-34　短视频话语类型

	对弹幕的回应	个人疑惑求解	科普知识	视频中社会真实事件评论	爱国主义话语	情感宣泄	恋爱家庭伦理话语	其他	总计
响应百分比	24.45%	17.36%	14.45%	15.13%	11.93%	10.57%	5.72%	0.39%	100%
个案百分比	56.38%	40.04%	33.33%	34.9%	27.52%	24.38%	13.2%	0.89%	230.64%

回应与疑惑，56.38%（响应百分比24.45%）的青少年在观看视频时发送弹幕的话语类型为"对弹幕的回应"；40.04%（响应百分比17.36%）的青少年在观看视频时发送的弹幕话语类型为"个人疑惑求解"，以求得到解答疑惑；回应与疑惑类型的弹幕通常是基于互动、发表个人见解，回应其他用户的弹幕也是在分享自己的想法，表现出青少年群体较强的交流与表达需求，满足了网络时代青少年寻求认同和社会交往的本能欲望。科普与评论，"科普知识"与"视频中社会真实事件评论"则是青少年观看视频时会发送弹幕的另外两种主要类型，分别占34.9%（响应百分比15.13%）、

33.33%（响应百分比 14.45%）；科普类的弹幕，主要是介绍一些关于视频中的生疏知识，让观众能够更好地了解故事。弹幕的评论主要是关于这段视频的内容，有正面的赞美，也有负面的评价，是来自个人的主观感受，与当前的视频内容有很大关系。此外，青少年发送弹幕的类型还包括"爱国主义话语""情感宣泄""婚恋家庭伦理话语"等会引起情感共鸣、引起热议的话语类型。问卷显示，其中爱国主义话语发送频率最高，占比 27.52%（响应百分比 11.93%）。

近年来，日益强盛的国力、快速发展变化的经济社会图景，以及一个个具体的重大社会热点事件，极大地吸引、刺激和感召青少年的内心情绪。这些或是激越或是感动，或是自豪或是共鸣的情绪，能够超越日常生活的个体感受，带来爱国主义情绪的抒发。

四、青少年微社群集群行为的问题

1. 现实生活中表达机会缺乏

网络拉近了人与人之间的距离却也疏离了人与人之间的关系，尤其青少年这一群体，从小便被网络围绕，网络社区表达、追星、评论、转发、点赞等占据着青少年大部分时间和精力。他们热衷于网络社区表达，因为网络社区表达有着线下表达不可比拟的虚拟性、开放性、互动性、公平性等特点，他们可以自由地表达自己的观点也不怕被其他人知道。然而在现实生活中，由于思考顾虑太多、表达途径较少等，很多观点或看法难以表达，也不知向谁表达。30.72% 的青少年网民之所以在网络上发表评论或看法是源于现实生活中难以表达。通过访谈，发现由于家庭、地理位置、生活环境、教育水平等客观条件，导致了打赏者在日常生活中经常处于"缺席"状态，缺乏与异性交流的机会，而他的被动也让他在人群中显得有些渺小，而现在，网络直播的兴起，让他突破了现实中的人脉障碍，从而沉迷于虚拟世界的社交关系，并且为了在虚拟世界里获得自己想要的身份地位，靠不断地刷礼物来包装自己。

2. 无门槛交流，言语低俗

调查数据显示，在发送弹幕的原因里"要对您觉得语言低俗或不实的弹幕进行提醒或纠正"比例为 29.98%。说明弹幕评论中确实存在低质量的言论，在调查用户是否发送过不文明弹幕一题中，发送过不文明弹幕的用户占比为 7.38%，也证实了青少年在发送弹幕行为中，存在言语低俗的情况。青少年处在虚拟的网络空间，没有身份的差异，人人都有一个面具，会使得用户发送弹幕时无所顾忌，发表过激言论去抨击他人，随意跟风引起骂战。因为网络的相对匿名性及发表不当言论并不会受到法律制裁，这就导致弹幕语言出现低俗化庸俗化现象。虽然可以选择屏蔽或举报不文明弹幕，但这并不足以对不当言论构成威胁。用户在使用弹幕交流的时候，可能会因为某些问题而争吵，导致言语上的"掐架"，这些谩骂、诋毁、侮辱性的弹幕形成极大语言暴力，侵犯和伤害人的精神和心理，玷污了网络文化环境。

3. 内容碎片化，思维能力退化

当今社会已经步入一种后现代的读图年代，更多的人已经渐渐放弃了阅览深奥晦涩文本的良好习惯，并慢慢形成了迅速阅览视觉符号的能力，所以我们现代人在了解作品时更多的首选是电影院，而并非纸质书本。使用抖音短视频是为了缓解压力，由于现代社会中各行各业压力的增大，导致了我们在上班之余得不到更多机会去系统化地开展定时性玩乐，而不得不挑选零散性的短视频进行玩乐。抖音等 App 都是一个个小视频，每个青少年的偏好各种各样，内容丰富有趣。在短暂的时间里提取出最典型的元素、瞬间或动作，从这样的片段中，人们得到了一个很短时间的愉悦，达到最直接的感受，不要求大脑过多地分析和思维。这样的内涵与表现形式，缺乏思索后的启迪，当然也就缺乏升华部分，缺乏太多的人文因子与现实意义。所以，作为广大受众人群，特别是青少年来说，长期接受这样的碎片化短视频，习惯了走马观花的内容，自己的思维能力、思考能力、想象能力都会在不同程度上受影响，久而久之，严重的时候甚至会慢慢退化。①

4. 关注领域较单一

从前面的调查数据可以发现，爱国主义事件正面事件、社会公德类正面

---

① 梁巧. 短视频对时代新人培养的消极影响及理性应对 [J]. 邯郸职业技术学院学报，2021，34 (01)：32—37.

事件、娱乐明星负面事件、政府官员负面事件是青少年主要的关注对象。然而对职业道德、个人成就类正面事件关注较少，分别占 6.85%、5.87%；对教师和企业家群体负面事件缺乏关注，分别占 7.44%、4.44%；对环境污染类负面事件关注度仅 5.4%。究其原因，一方面可能是由于青少年网民的兴趣偏好；另一方面可能是受网络"信息茧房"①的桎梏，使得网民接收到的信息被大数据偏好性处理，一直被同质性信息包围，关注领域较难拓展。

5. 负面偏好

当代青少年群体正处于网络快速发展时代，他们对社会文化、社会伦理和人的自由意志追求有很强的主观认识，并且思维活跃，心思敏捷，看待事情往往有自己的见解。因此，他们热衷于为不公不法的社会新闻而叫屈，负面情节也极易在微社群中引起青少年群体的关注。负面事件更容易引起青少年在网络社区表达。但实际上网络上负面事件的量要少于正面事件很多，但负面事件更易引起人们的好奇心，同时负面事件也会更易让人记忆。相较于正面事件，负面事件更能激发青少年的正义感，激起表达欲。光鲜而神秘的娱乐明星群体的负面事件更是频上热搜，引发青少年网民及其他网民群体的热议。在使用弹幕方面，问卷分析结果显示，视频中各类爱国主义负面故事情节、社会公德负面故事情节、社会负面真实事件、婚恋家庭负面故事情节等负面情节也是诱发青少年发送弹幕的原因。青少年正处于血气方刚的年纪，他们的价值观和选择往往是主观的，导致对现实状况的思考不足，过分关注负面情节可能会影响其心理健康的发展，使青少年出现思想异化、疏远、甚至憎恨社会，更严重的甚至会做出违法犯罪的行为，造成社会问题。

6. 泛娱乐化倾向

在网络表达方面，事件源偏好调查结果显示，青少年网民对娱乐明星群体负面事件关注比例为 30.33%，位居群体类事件榜首。可以看出，娱乐明星群体的负面事件最容易引起青少年网民在网络空间发表看法或评论，这也

---

① 郑满宁，李彪. 舆情治理视域下社交网络中的信息茧房现象与破茧之道 [J]. 西南民族大学学报（人文社会科学版），2022，43（04）：140—144.

表明青少年群体更多的关注点是当下的娱乐明星群体，也正与当下青少年群体追星现象相一致。尤其对当下一些比较有热度的明星的消息，无论好的或不好的都有网民在事件下面发表大量个人对此事件的观点或看法。因而也导致青少年过度关注和参与娱乐性新闻信息讨论，而对教育学习、时事热点、政治事件等则存在"高关注低表达"的现象。[①] 在网络追星方面，大多数青少年都有偶像，崇拜的偶像多为娱乐演艺明星。八成以上不止一个偶像，半数以上有 4 个及以上。除了才华外，外貌形象是青少年群体选择偶像的第二大吸引因素，且存在异性偏好，更容易对异性明星产生好感，追星过程中粉丝不分男女的喊偶像老公老婆，把偶像当成自己的另一半。一旦他们发现偶像有恋人或结婚之后，就会觉得自己被抛弃而感到绝望和痛苦。偶像将自己生活中发生的日常琐碎事通过网络社交平台展现给粉丝，还原自己作为"真实的人"的原貌。粉丝通过对偶像的这种"日常生活"的了解，去寻找自己与偶像的相似之处，与自己所关注的偶像之间建立一种自以为是的"亲密"关系，对自己的日常生活、价值观念、社会行为产生一定程度影响。

7. 非理性偏激

青少年网民在进行网络社区表达的过程中既存在理性的一面也存在非理性的现象。总体来说，绝大多数青少年网民在网络社区中能够理性地进行网络表达。分析结果显示，63.99% 的青少年网民的表达是理性的，有较强的责任感，他们通过网络来阐述自己的想法、表达自己的观点，并对自己发表的言论负责，有自己的立场，当自己的观点受到质疑时会再次确认自己的观点，如若错了会去纠正自己的观点。但仍有 11.16% 的青少年网民不够理性，不能对自己的言论负责，这部分青少年由于心理和思想还在发展中，缺乏社会经验，对很多公共事件和社会问题的解读较浅显，不能看到事情的实质。在网络社区表达过程中，面对质疑不能理性应对，有时存在冲动、偏激的现象。

---

① 董圆圆. 微时代大学生网络社区表达现状调查与结果分析 [J]. 大庆社会科学，2018 (05)：104—109.

在网络追星方面存在时间消耗过度，青少年在网络社区追星消耗 4—7 小时占 32.41%，2—3 小时的占比 30.92%，另外 8.47% 的青少年消耗在 8 小时以上。投入过多时间和精力在网络上追星会影响学习和工作及身心健康，尤其是青少年学生有较重的学习任务，然而他们却会花大量时间在以帖吧、微博和公众论坛为主的平台上，传播偶像的实时信息、制作与偶像相关的视频、创作与偶像相关的漫画、撰写偶像的同人小说等。他们在网络空间不断发布信息，并力图在整个群体内部甚至是大众中产生巨大影响。这样浪费大量时间，不利于学业和正常学习，影响学习时间合理安排。

同时，在网络社区追星易滋生网络暴力，网络暴力是指一种在网络上发生的霸凌事件，属于电脑犯罪的一种，是网络世代的新兴产物。站在道德制高点上的网络暴力，打着所谓爱国主义、民族主义的幌子，站在舆论和道德的制高点上去恶意侮辱、谩骂，攻击他人。网络社区微博、帖吧、抖音、微信、QQ 等社交媒体作为"饭圈"的主要聚集地，形成了众多具有共同利益的粉丝圈层。粉丝群体借助社交媒体，将"饭圈"内部简单的观点疯狂地扩散到整个网络。在"饭圈"中，最为常见的就是粉丝为偶像发声。笔者通过虚拟民族志调查方法，分别加入了胡歌、彭于晏、吴磊、刘亦菲、倪妮、刘诗诗的粉丝群，在群里观察发现：一旦出现对偶像不利的言论，群主管理员会组织群成员去反驳他人，会出现一些站在道德制高点上的言论，如果这时候有人带节奏，就会滋生网络暴力。比如，2022 年 3 月有黑粉造谣刘诗诗与吴奇隆婚姻不幸、刘诗诗惨遭抛弃、吴奇隆出轨之类的话。粉丝群里的粉丝随机对微博用户"吃瓜少女张小寒"进行语言轰炸，有些粉丝在群里炫耀自己运用法律知识去骂人，觉得自己很有才。站在道德制高点上的网络暴力很多都是出于自己内心的"正义感"，而这种"正义感"又蕴杂着他们自己的一些私心，他们往往会忽略自己网络言辞对他人带来的伤害。

在使用弹幕方面，非理性的网络爱国主义，青少年群体发送弹幕原因的调查结果显示，青少年受视频中爱国主义正负面故事情节感动或气愤而发送弹幕的比例分别为 30.43% 和 14.99%，位居同类正负面事件的榜首。这说明青少年在爱国情感表达上的主体性越来越彰显，他们开始通过以发表弹幕评论的方式抒发爱国主义情怀，但这其中也存在着非理性的网络爱国主义。一是缺乏责任感的民粹主义情感宣泄，例如，B 站上一则美国新冠死亡达到 100 万例的视频，其弹幕评论多为"过年咯""恭喜""哈哈哈好好好哈哈哈哈""喜闻乐见"等丧失个人理智与道德的话语。二是封闭保守主义的排外情绪。如，一些人的极端、侮辱性言论，不仅针对美国霸权、日本军国主义行径，而且蔓延到出于爱国愿望宣介西方文明的同胞身上，进行人身攻击和伤害。① 比如，在"抵制日货"的几次大游行中，"打砸抢"等不理性的爱国行为也屡次出现，给经济带来损失，对社会造成负面影响，存在相当程度的盲目性和非理性。

同时，在使用弹幕时，还存在非理性情绪宣泄引发的网络失范行为，3.8% 的青少年会出于宣泄情绪的目的发送弹幕，在发送的弹幕话语类型中情感宣泄占比为 24.38% ，可以看出不少青少年存在借助虚拟网络空间宣泄情绪的行为，而这种匿名发送弹幕的评论方式更易引发非理性情绪宣泄。在虚拟的网络空间里，彼此之间是相对匿名的，且发表不当言论的成本几乎为零，有些人便会把现实生活中不能轻易发泄的负面情绪完全带到弹幕中。在弹幕互动过程中放任自己的言行，言语偏激，缺乏社会责任意识。由于弹幕用户可能会被弹幕的瞬间情绪所感染，下意识地跟风，出现刷屏、谩骂与拉踩等现象。导致青少年容易做出造谣传谣、人身攻击、网络暴力等违反网络道德的失范行为。

在使用短视频时，不能理性对待，存在使用频繁，过度沉迷的现象。调查结果显示，青少年有超过一半的人数几乎每天都会使用抖音短视频，在下课或下班、夜里 11 点后、在等待（吃饭、排队等）和躺在床上准备睡觉的时间里经常和有时使用抖音短视频超过了 65% ，当代青少年本来是一个自制力相对较弱的小群体，对待事情的判断力和辨别力都还不是很完全成熟，言行容易受到影响。在接触到抖音等短视频时容易被其中丰富的内容吸引，比如，自己喜欢的明星、电影和游戏等感兴趣的视频，从而使用的时间越来越多，变得沉迷其中。因为青少年很容易对新鲜事情产生兴趣，而短视的内

---

① 孟威. 网络爱国主义的精神源流与现实特征［J］. 人民论坛，2016，（22）：20—22.

容又良莠不齐，所以很容易形成模仿与盲目跟风行为，严重影响了年轻人的学习，更严重时还会影响他们的人生观和价值观，妨碍了在现实生活中的健康成长。①

除了使用频繁，过度沉迷外，消磨时间，过度依赖现象也尤为突出。前文调查发现，大部分青少年使用抖音短视频首先是为了打发无聊时间，占比达80%以上；其次才是缓解生活压力、欣赏内容的丰富有趣和探索新鲜事物。随着抖音等短视频不断进入我们的生活当中，青少年作为一个思想超前、敢于追求新事物的群体，他们会通过使用短视频来打发时间及缓解压力，抖音作为当下最受欢迎的短视频App受到了当代青少年的喜欢与追逐，青少年对新事物的接受能力和适应能力较强，抖音短视频实时更新的节奏恰恰满足了青少年对于新颖、刺激的生活要求，一个简简单单的手机就能够充实他们的精神世界，促使他们慢慢地形成了一个与娱乐短视讯形影不离的共生伙伴关系，以手机为代表的移动终端用户也越来越变成了他们生活中不可或缺的组成部分，从而产生了过度的依赖感。一个一个小视频刷着，这些青少年在不知不觉间就耗费了不少时间。许多青少年也感慨，每次一有时间就会开抖音并开始刷视频，明明只是想通过刷短视频打发时光，但是一刷就再也停不下来。轻松诙谐的15—60秒的短片视频，虽然看起来时间并不长，但它就这么润物细无声地偷走了人们的时间，让人们潜移默化地被其所影响。对思想道德发展正处在关键时期的青少年而言，对于娱乐类资讯的过量浏览势必会耗费他们的宝贵时间，也因此荒废了学习与事业，造成不可挽回的影响。②

通过访谈，打赏者之所以愿意花大价钱给主播，很大程度上是因为他们的关系。运营公司会训练主播，因为他们和主播相处的时间越长，他们对主播的忠诚度就会越高，从而刺激他们进行无理智的打赏。通过和主播进行高强度的沟通，发现自己可以影响或改造主播，从而产生一种成就感。在用户和主播之间的互动中，用户体验到了虚拟礼物的"同在"。互动场景让服务

---

① 何秋红，周红. 眼见为虚：青少年短视频沉迷现象探究［J］. 当代传播，2021（05）：102—104.

② 王志昭. 短视频对青少年的利弊影响及治理［J］. 新闻爱好者，2019（11）：60—62.

对象有一种成就感，再加上主播和服务对象的互动，让服务对象觉得自己和主播的关系很好，这就是长久陪伴。感情上的暧昧，让打赏变得很常见，服务对象认为自己和主播之间的感情是真的，所以愿意花大价钱给主播送礼物，甚至想象他/她是自己的男/女朋友。为了博得用户的同情，用户会说服务对象很好，所以哪怕只有几个人，他也会默默地支持。尤其在主持人讲述自己的生活经历时，更是会激起用户的好奇心，让用户通过打赏来表达自己的兴奋。家庭关系的不和谐，造成了家庭对用户情感教育的缺位，造成了用户缺乏对事物的正确理解。此外，家庭矛盾也促使用户想要逃离不快乐的家庭环境，在外漂泊了这么多年，内心很孤独，而网络主播的存在则给了他一种心理上的安慰。其对服务对象"知心姐姐"般的悉心照料，营造出一种互相关爱的气氛，让服务对象感到"家"的温暖。在这种亲密关系的情绪表达下，用户常常表现出非理性偏激，进而做出不良的打赏行为。

8. 青少年价值观受到冲击

经调查发现，关于青少年群体发送弹幕的原因中，受视频中社会真实事件感动或气愤的原因占比很大，可以看出视频中的真实社会事件极易引起青少年群体的关注，青少年通过发送弹幕的形式表达对社会事件的看法，可能是出于对正面事件的感动或对负面事件的愤慨；同时其他用户发送的弹幕内容也会极大影响青少年的认知与判断，但由于青少年还未形成成熟的自身价值观，不当的弹幕评论会导致青少年的价值观扭曲，青少年由于阅历短浅，评判事物的标准还处于瓶颈阶段，站在好与坏的风口处，进一步光明，退一步深渊。此时，消极激进反动的网络舆论便会乘虚而入，使得青少年产生消极情绪，被丑恶现象蒙蔽双眼，这不利于青少年健康的发展，严重干预青少年群体养成良好的价值观。

9. 从线上到线下的潜在风险

在网络表达方面，调查结果显示，有约 10% 的青少年曾被鼓动参与其他人组织的针对某事件的线下活动。由于网络的虚拟性，网民之间的联系也是一种虚拟的存在，各自的真实身份并不为他人所知，这使得公众无法对他的言论是否妥当问责。在这种"无标识状态"下，网络社区表达弊端也显而易见，在网络上表达的观点，要比现实生活中表达得更为偏激和尖锐。①一些不理智的、极端的、与现代主流道德准则相悖的或是严重违规的言行在互联网社会中流传，甚至有的过激言论煽动青少年网民进行线下行动，对现实生活及其他群体造成不良影响，立场不坚定的青少年网民容易从中进行信息抽离，从而得出不正确的结论，做出不正当的行为。

在网络追星方面，随着青少年追星族在网络社区追星的深入，从入群互动到线下集体行动，据调查显示，在粉丝群内多数人动员线下活动，也有多数人响应。世界纷繁复杂，一些不法分子无孔不入，会利用青少年追星群体对偶像的喜爱，获取信任进行诈骗。通过虚拟民族志调查方法，在彭于晏粉丝群得知：2022 年 4 月，有一名年仅 16 岁的女孩被冒牌粉丝群诈骗近 2 万元。对方冒充明星助理，以能见到明星为由，诱骗甚至威胁女孩两次充值并转赠京东储值卡。家长发现时，所谓"明星助理"已经无法联系。粉丝群里动员的线下活动真实度有待商榷，一些粉丝安全意识薄弱，随意参加线下活动，容易出现人身安全隐患。2022 年 3 月底，被踩踏者在粉丝群里分享去厦门接机倪妮时不慎摔倒被轻微踩踏的"甜蜜伤痕"。粉丝参加演唱会、接送机等线下活动很容易引发踩踏事件。

在使用短视频方面，网络社群线下行动存在风险，在网络社区中，因为一样的兴趣爱好聚集在一起，大家既可以自由发表自己的观念和想法、分享自己的生活，也可以在网络社群中进行互动和交流。抖音等短视频的评论区是非常值得关注的点。从调研数据可以看出青少年在网络社群中的评论数量很少，评论内容大部分都是生活调侃，青少年在评论区动员或被动员关注或参与线下活动的非常少，占比才 20% 左右。说明青少年在网络社区线下的互动少，线下活动存在一定风险。抖音短视频的评论区作为一个虚拟的交流平台，由于网络信息缺乏真实度，社会教育背景也不相同，人们没法建立信任度；网络社区的策划者与组织者的动员组织力度不够；以及抖音短视频在筛选与推送方面的监管机制不足。种种情况下才造成青少年很少动员或参与

---

① 张小兵. 网络表达与社会稳定 [J]. 中国人民公安大学学报（社会科学版），2009（3）：39—44.

线下活动，而线下活动的真实性与安全性都存在一定的不确定因素，容易存在风险从而无法保障青少年群体的安全与健康，线下互动的安全性需要引起重视。①

五、青少年微社群中集群行为的引导对策

1. 完善网络社区治理

环境影响人，良好的网络环境是青少年能够文明且理性表达的前提。因此网络媒体要完善网络社区治理，给青少年网民营造一个清朗健康的网络社区。

一是对于网络媒体自身的管理。首先，网络媒体要对网络信息进行严格把关，努力提升信息服务的质量。网络的地方分权性、匿名性、开放性和便利性等特点使各种不良的网络信息充斥网络。青少年正处于塑造人生观、世界观和价值观的关键时期，同时，他们的好奇心也很强。面对不均匀的网络信息，很难有效地识别信息。② 网络媒体要提高网络新闻信息的准入门槛，确保报道的内容要真实、客观，让青少年掌握到更多真实可靠的信息内容，符合青少年寻求事件真相的心理需求，避免有的青少年网民因不了解事件的真相而被误导，进而做出一些冲动、偏激、情绪化等非理性行为。其次，网络媒体要提高自身的职业素养和行业自律意识。在媒体运营过程中不但要坚持正确的政治导向和鲜明的政治立场，而且要积极参与激烈的市场竞争，来获取满足组织的生存和发展的需要的利润。③ 网络媒体加强行业自律意识，坚守行业道德底线，既要不断向青少年网民及其他群体网民传播主流思想和舆论，又要肩负起引导社会舆论向积极健康方向发展的社会责任。

二是完善网络立法。网络空间是自由的但不是无序的，网络社区不是法

---

① 曾鹏. 新型社区网络建构中社会工作的介入探讨 [J]. 浙江工商大学学报，2008（01）：65—70.

② Yang Jianhua. Research on College Students'Network Ideological and Political Education from the Perspective of Cultural Self–confidence [C] //. Proceedings of 2019 International Conference on Reform, Technology, Psychology in Education (ICRTPE 2019). Francis Academic Press, 2019：285—290.

③ 李佳. 大学生在网络舆论中非理性表达的现状、危害与对策研究 [D]（硕士论文）. 重庆邮电大学，2016：48—49.

外之地，需要依法治理。国家要完善相关法律法规，对相应的网络不良行为及恶性言论进行严惩。因此，要完善并加强网络立法，明确网络管理者的职责和义务，对入网主体的身份进行确认，在不泄露个人信息的前提下进行信息存档，对网络表达中的群体性事件进行责任划分和界定，明确哪些是违法行为，哪些是合法行为，防治一些网民利用网络的虚拟特性，做出损害社会和公众的违法乱纪行为。完善网络立法就是要对网络中的不良行为及恶性言论追究到底，净化和维护网络公共空间。近期部分网络社区标注发言人 IP 地址这一做法，加强了网民网络行为与现实世界的联结，进一步提升了网络表达的门槛，也让网民在网络表达时更加谨慎，对那些躲在网络背后的人会起到一定的威慑作用，减少不良行为及违法行为的发生。

2. 为青少年合理表达增权赋能

一是搭建交流平台。互联网的普及使得越来越多的人花费越来越多的时间在网络上，与现实生活相比人们更愿意在网络空间表达观点、与人交流。究其原因，在现实生活中，面对面的表达会让人有所顾虑，不能尽情地表达自己的观点，加之快节奏的生活方式使得人们很难有机会坐下来就某一事件、某一观点进行讨论交流。而相较于现实生活，网络空间的匿名性、开放性和互动性等特点让人们的表达变得更轻松更自由。但是，人终究是现实生活中的人，网络社区表达固然给人们带来便利但是不能取代线下表达，应让两者结合相辅相成，共筑美好生活。搭建线上线下相结合的交流平台需要多方共同努力，首先，整个社会大环境要对这种交流方式进行宣传倡导，鼓励各企事业单位组建线下交流分享小组、线下交流分会等线下表达渠道，针对当下热点事件或组员比较关注的事件组织线下自由分享讨论。其次，各企事业单位要响应社会号召，落实线下表达渠道，组织好交流周、交流月等的时间安排，既不耽误日常工作生活又能给人们表达交流的机会。再次，家庭成员之间也要养成分先后交流的习惯，不仅限于日常的沟通交流，家长应该引导青少年针对网络时事发表看法和观点，培养青少年关心时事、勤于思考的习惯。最后，青少年自身也要行动起来，积极加入进去，将自己对网络事件的观点看法与身边的朋友相互交流分享，把自身从虚拟的网络空间中抽离出来，利用好网络社区表达而不是禁锢在网络社区表达，要让表达回归现实生活。

二是扩大青少年的接触领域。面对海量的网络信息，为什么青少年的关注领域仍单一呢？究其原因，一方面可能是由于青少年网民的兴趣偏好，导致青少年只对某类新闻感兴趣；另一方面可能是受网络"信息茧房"的桎梏，使得网民接收到的信息被大数据偏好性处理，一直被同质性信息包围，关注领域较难拓展。信息化是为便利和充实人们的生活和工作，而不应该被桎梏。青少年期是不断学习不断成长的时期，应该充分利用好网络信息来扩大青少年的见识和知识，而不是仅限于书本内容的学习。与此同时，青少年的信息接触面也很重要，不能仅局限于关注某类信息，这样不利于青少年的多方面发展。为此青少年要扩大自己的关注面，多去了解不同领域、不同类型的新闻信息，增加自己的见识。对于大众传媒，作为一种信息传播渠道，不应该只是针对用户喜好进行偏好性推送，造成青少年常常游走于同质性信息的洪流之中，无法拓宽关注领域，导致信息断层。大众传媒应该进行多元化推送，给网民分类发送不同领域、不同类型的新闻消息，扩大用户的新闻接触面，增加对各类信息的了解。让网民成为信息的主动获取者，而不是被动的信息接收者。

3. 增强青少年政治参与意识

通过问卷分析发现，青少年群体网络政治参与意识较低。无论是在网络世界还是在现实生活中，青少年网民群体都受到来自泛娱乐主义思潮的影响，部分青少年群体过分沉迷娱乐明星群体和娱乐事件，过少关注国计民生，认为国家的发展不需要自己做什么。实际上，作为一个社会主义民主政治国家，了解和关注国家的发展动态是每一个公民责任感的体现。因此，提高青少年的政治参与意识需要多方共同努力：社会方面，要充分利用好大众传媒，加强对青少年网民群体政治思想的宣传和正确引导，通过网络宣传潜移默化地影响和引导青少年群体政治心理、政治观念和政治态度的健康发展；与此同时，要加强对网络信息的把控和筛选，减少虚假的、误导性的新闻信息的传播，给青少年网民营造健康清朗的信息传播空间。学校方面，应营造浓郁政治氛围，强化政治知识学习。马克思认为，要把握青少年的政治参与意识，需要考虑其成长的历史过程、环境因素，而不是单纯的分析其个体，这样才能正确、全面地把握大学生的参与意识。① 对于青少年学生而言，他们在学校政治参与机会相对缺乏，所以学校要鼓励他们进行政治理论知识学习。家庭方面，父母是子女的第一任老师，并且是终身的老师，所以父母在日常生活中应该给子女做好榜样。在政治意识塑造方面，父母应该为其提供积极的家庭参政环境，比如，关心国家大事，与子女讨论当下时政话题，学习政治知识，参与政治活动等来影响子女政治参与意识的形成与提高。此外，父母还应持理性、健康、客观的政治态度，不在家庭中传播负面能量，树立起青少年对我国民主政治的信心，避免青少年形成消极政治参与意识，沉迷于媚俗浮躁的娱乐世界。

4. 提高青少年的理性思维能力

互联网为人们带来了自由表达的网络空间，但是如果网民在网络社区表达过程中缺乏理性，缺少对海量信息的辨识和思考，就容易陷入盲从、偏激、情绪化的非理性状态。因而，培养青少年网民群体的媒介素养、提升青少年网民的理性思维能力迫在眉睫。②

对于在校青少年网民群体可以进行网络文明教育，学校应该设置专门的法制课程，强化青少年学生的法治观念和文明意识。此外，还应提高青少年学生对网络表达的责任意识，对自己的言论负责，积极接受他人的反馈，理性地对待别人的质疑，勇于改正错误，坚持自己正确的观点，传播正向言论；对社会上的青少年网民群体可以采用社会宣传、网络宣传等渐入式的渗透方式，潜移默化地引导青少年发展理性思维能力。

借助大众传媒传播文明上网、理性参与的网络参与意识，对于网络过激言论和行为应当给以一定的惩罚，以整肃网络社区表达行为，使青少年网民意识到网络社区表达不是肆意妄为的，而是具有严肃性的，从而引导青少年理性地、适当地进行网络表达。提高青少年网民理性思维能力，遇事独立思考，避免偏激行为对网络世界和现实生活造成不良影响。

① 张佳. 山西理工类大学生政治参与意识探析［D］（硕士论文）. 太原理工大学，2016：39.

② 常学洲. 网络非理性表达的成因与应对策略［J］. 石家庄铁路职业技术学院学报，2020，19（04）：35—38.

5. 加强青少年媒介素养教育

媒介素养是伴随着网络产生的新学问，主要是指人们面对不同媒体所传播的信息表现出来的选择、质疑、理解和评估能力。[1] 青少年现已成为新媒体的主要用户群体，但是由于青少年的心理和思想尚处于发展成熟过程中，缺乏必要的社会阅历和生活经验，所以他们容易被误导，影响青少年正确人生观、道德观的形成。因此，需要加强青少年媒介素养教育，提高青少年的媒介素养。新媒体已成为人们生活中不可或缺的一部分，尤其是被新媒体陪伴成长的青少年，更是离不开新媒体。在这种环境下，最主要的任务是提高青少年网民的媒介素养，引导其正确合理的利用新媒体。首先，对于在校青少年，学校应该为学生开设专门的课程，对学生进行教育引导，学习如何正确地、辩证地看待网络新闻信息，如何正确运用网络表达和网络语言等；在日常教学中，通过课堂知识，给青少年学生灌输正确的人生观和价值观，提升青少年文化辨识能力，自觉远离非主流价值观的、血腥暴力的和低俗的网络信息。对于社会上的青少年要加强相关网络知识的宣传，普及网络法规知识，提供免费网络课程提升青少年的网络新闻解读能力。其次，家庭方面也应该引起关注，家庭对青少年媒介素养的形成也至关重要。当今很多青少年沉迷网络，这与家庭的影响脱不了关系，家长的不良行为会对青少年造成潜移默化的影响，青少年的道德素养与家长的道德素养是分不开的。所以，提高青少年的媒介素养，也要注重家庭的教育和影响。

6. 充分发挥网络社会工作的优势

网络社会工作是网络基于社会工作的双重价值属性而形成的一种新的工作模式，是以网络为媒介而开展的社会工作，即凭借互联网的各种技术优势，运用社会工作专业方法，遵循网络社会工作的特殊原则，协助虚拟社会或网络社会中的案主解决问题，是一种以网络社会中的个人、家庭、有共同问题的网络社区或小组等为服务对象的社会工作。[2]

---

[1] 马新妍. 新媒体背景下青少年媒介素养的提升 [J]. 新闻战线，2019（05）：106—107.
[2] 殷丽环. 将网络与社会工作专业优势相结合 [J]. 现代营销，2020，（34）：189.

个案辅导：

社会工作者对有不良网络表达行为的青少年进行有针对性的线上或线下辅导，搜集不良行为者的基本资料，约定面谈进一步了解其表达动机及对自己存在的问题的看法，分析问题产生的原因；与服务对象一起就存在的问题讨论，引导其进入自己的问题，然后与其一起探讨改进策略，协助服务对象消除不良网络表达行为。

小组辅导：

对于一些具有相似或相同不良表达行为的青少年群体可以将他们组成一个线上或线下的成长小组，通过团体的影响引导他们改正不良表达行为进行积极理性的网络表达。可以把他们拉进一个 QQ 群或微信群等形式的网络小组，社会工作者充当教育者和引导者，引导组员对不良的网络表达行为进行探讨，发表各自的看法，通过集体的力量，相互鼓励、相互促进，相互成长。

网络社区倡导：

网络社会工作者扮演倡导者角色，一方面，通过网络宣传，倡导青少年网民树立正确的价值观，积极理性地进行网络表达行为；另一方面，倡导网络完善相关法规制度，对不良网络行为给以一定的惩罚，整肃网络环境。

六、小结

本章通过问卷调查、访谈法和网络民族志研究分析了青少年网络社区使用情况的基本现状以及存在的问题。研究有如下发现。

1. 网络社区表达现状

当代青少年社会责任意识在觉醒，他们中的大多数很乐于在网络平台中针对公共事件进行网络社区表达。网络社区表达所涉及的事件源和表达的途径也呈现多元的态势。在事件源方面，虽然青少年会关注娱乐明星群体类负面事件，如"某明星偷税漏税问题""明星艺德类问题"等，但青少年更重视那些具有实际意义和价值的政治、民生类公共事件如"爱国典型类""社会公德类"等。同时，他们也倾向于对"社会不公平""教育不公平"等事件进行表达。他们的表达渠道主要是以微信、微博为代表的社交媒体以及其他 App（如抖音、B 站、腾讯视频、爱奇艺、优酷等视频 App 等）的评论区等。大部分青少年网络社区表达的言论和行为以理性表达为主，但有的青少年面对有些公共事件发表言论大多出于好奇、冲动，当受到其他人质疑时，不能很好地应对，在面对其他网民的言语暴力时，也很容易丧失理智。

2. 网络社区表达存在的问题

当代青少年群体的网络社区表达确实还存在一定的问题。比如，大众娱乐的环境下，过分关注娱乐明星，因而也导致青少年对教育学习、社会热点、政治事件等存在"高关注低表达"的现象。面对这样的问题，青少年群体应该增强他们的政治参与意识，提醒他们认识到自身的政治责任感。部分青少年由于心理和思想还在成长发展中，缺乏社会经验和生活阅历，致使他们在面对一些公共事件时网络表达过于情绪化、盲从性，不够理性客观。面对这样的问题青少年群体应该提高他们的理性思考的能力。甚至有一些青少年将网络社区表达进一步激化为线下活动，煽动其他网民将对某事件的不满从虚拟的网络空间转向现实的生活中。其结果是在网上肆意传播不良言论，煽动不良情绪造成事件的进一步恶化，对网络空间及现实生活带来严重的负面影响。面对此类青少年群体加强其对网络法规知识的学习，规范自己的网络行为和网络语言，努力提高自己的媒介素养，坚守正确的观点和的立场，避免被不良群体影响和煽动。虽然青少年群体的网络社区表达存在一定的问题，但总体来说，他们是积极参与的，他们中的大多数人敢于表达自己，勇于谴责社会不公，他们的网络表达对舆论走向也会带来某种程度积极的影响。

3. 网络社区使用弹幕现状

青少年使用弹幕的频率也表现了他们中的大多数很乐于在观看视频时发送弹幕以满足自身娱乐、表达、交往的需求。青少年使用弹幕的比例相对较高，青少年使用弹幕的动机及发送的弹幕言论也逐渐复杂多样化。在使用弹幕动机方面，青少年群体除了因"视频中提及或出现自己喜欢的人或物"而发送弹幕之外，"受视频中爱国主义正面故事情节感动""受视频中社会公德正面故事情节感动""受视频中某个社会正面真实事件所感动"等正面积极的内容也会引起青少年发送弹幕的欲望，另外还有出于互动交往的需要，"与他人互动，以增进对视频内容的了解""与他人互动，增加趣味"等。青少年使用弹幕的平台主要是以 B 站、A 站视频弹幕网站及其他视频软件（如优酷，腾讯视频、爱奇艺、芒果 TV 等视频 App）大部分青少年发送的弹幕内容是以与他人互动为主，以及对视频内容有疑惑不解，发送弹幕寻求解答。只有少数青少年发送的弹幕内容是情感宣泄，表明大多数青少年发送的弹幕言论还是积极理智的。此外，爱国主义话语的弹幕也会引起青少年的情感共鸣。

4. 网络社区使用弹幕存在的问题

当代青少年使用弹幕也还存在一定的问题。比如，在高度自由开放的网络空间中，青少年可以接收到各种信息与观点，在青少年自身尚未形成成熟价值观之前，面对纷繁杂乱的观念说法，会给青少年的价值观造成冲击，不利于青少年健康发展。面对这样的问题应该引导青少年群体树立正确的文化价值观念，加强对自身社会责任感的认知。部分青少年心理和思想不够成熟，并不能完全独立理性的思考，致使他们处在虚拟网络空间时，会产生非理性的情感宣泄行为，甚至引发违反网络道德的失范行为。面对这样的问题应该加强青少年群体网络道德教育。还有一部分青少年在发送弹幕评论时，使用低质量言论，言语粗俗、低劣，致使不良情绪激化，对网络空间及现实生活带来严重的负面影响。面对此类青少年群体需加强其对网络法律法规的学习，提高道德水准、文化水平、网络素养，并提高其信息辨识能力，做到不盲从不跟风，坚守自己的立场。网络监管部门需不断提高技术层面实现对弹幕内容的监管和筛查，规范弹幕语言，及时地教育和引导青少年群体，提高其道德素养和文化水平，致力于从根本上杜绝弹幕语言质量低劣、粗俗等现象，营造日益清朗的网络环境。

5. 网络社区追星现状

研究发现：现代社会，网络社区作为粉丝之间交流的载体，在粉丝追星中起到了传播宣传的作用，是粉丝追星最普遍的形式。近八成的调查对象有偶像，七成以上偶像数量有 4 个及以上。青少年粉丝不再单一地只注重偶像的颜值外表，还注重偶像的才华、品德、对社会的贡献，等等。对偶像的喜爱具有异性偏好，聚焦演艺明星，其中女性粉丝更具有异性偏好。

6. 网络社区追星存在的问题

随着时代的发展，偶像、网红、明星种类越来越多。调查发现网络社区中青少年粉丝追星存在的问题有：偶像观偏差、追星时间消耗过度、滋生网络暴力、非理性线下群体性事件隐患。青少年追星浪费大量时间，在网络社区中追星每天消耗4—7小时的人近三成，青少年在网络社区中追星行为以转发资讯、应援打榜为主，网络追星形式花样百出，在网络社区中收集海报、抢演唱会门票，粉丝群动员参加见面会、接送机、微博打榜、组织线下活动、筹集应援资金等非理性事件存在安全隐患，如，出现网络诈骗、高价买卖门票、线下活动踩踏等。青少年追星群体年龄都较小，青少年正处在身心成长的关键阶段，往往还未形成稳定的价值观。青少年追星群体对偶像的喜欢与否，受舆论导向影响较大。不辨别网上言论真伪，就打着为偶像鸣不平的旗号胡乱评论。规范青少年网络行为，矫正青少年追星过程中的偏差行为，形塑网络文明。

7. 在网络不良打赏方面

在研究网络上不良的习惯时，通过访谈发现家庭的角色是不容忽视的。在提供服务时，首先，要注重协助服务对象营造和谐的家庭气氛；鼓励家人之间的感情交流，为服务对象的改变提供有力的支撑。其次，在服务前期做好充足的准备，通过多种途径搜集信息，参考有关图书的概念，根据服务对象的需要，确定介入的方式和方法；在服务过程中，注重运用各种不同的方法，不拘泥于传统的做法，而采用活学活用，并采取各种不同的措施，以帮助案主走出困境。① 再次，在当今社会环境不断改变、青少年群体多样化的背景下，对网络不良行为的研究也要与时俱进。最后，要彻底戒掉年轻人的网络打赏不良是不合理的。社会工作者的能力是有限的，社会工作只能协助服务对象建立起一种可以控制、均衡的生活方式。因此，我们应该把多种力量结合起来，来帮助那些有困难的人。

---

① 刘雪梅，侯少杰，张亚欣，李秋华．从青少年群体打赏报道看网络治理方式［J］．新闻战线．2021（01）：100—102.

有的时候个人没有形成良好的认识，不良的打赏行为没有得到合理的处理，这也不能全怪个人的行为不当，我们要看背后的资本因素。本质上，资本是造成打赏的罪魁祸首。资本操纵了市场逻辑，美化了金钱交易的本质；自媒体技术制造了一个又一个的陷阱，引诱着用户落入背后的资金链；剥夺着用户对现实世界的认知，抑制着用户的行动潜能。有了这样的产业，加上运营商的算计，再加上主播的诱惑，普通人很容易就会中招。① 所以，对于不良的打赏，必须要有一种自制能力，针对诸多原因，从不同的角度出发，采取相应的对策，才能让网络直播打赏的负面影响更小。

8. 在使用短视频方面

当代青少年互联网使用率与日俱增，目的包括但不限于学习、交友、娱乐。随着科技的不断进步，短视频行业呈现蓬勃发展的现象，人们通过虚拟的网络社区进行互相交流。而青少年是中华民族的未来，更是祖国的未来，我们需要为他们的成长营建良性的网络气氛，培养良好的个人媒介素质。因此，抖音等短视频作品不仅要贴近生活，还要直面社会实际，使他们更真切地认识真实社会；还需对当时社会的负面现象加以揭示与批判，宣扬正确的价值观。对社会正面现象加以宣传表扬，营造健康的网络社交。青少年需要在短视频中保持清醒的头脑，不被碎片化信息影响思考，从虚拟走向现实，多关注现实事件并进行安全的线下互动。在如今时代的高速发展下才能依然保持正确的价值观与人生观，拥有独立的思考和行动能力，不再是"纸上谈兵"，真正地去关注社会，尽自己的力量帮助有需要的人，做时代的新青少年，国家才有希望，社会才能进步。

不管怎样，青少年在短视频网络社区中的使用都是值得关注与思考的。随着网络时代的进步，短视频业务在持续发展的同时肯定也会进一步地完善，能有助于他们更加规范地使用，并引导他们建立更加科学的世界观和价值观。而青少年群体也可以自由在短视频社交网络中分享自己的生活，与志同道合的伙伴互相交流，通过短视频平台让虚拟与现实相结合，构建和谐美好的网络社区。

---

① 刘娟，网络直播打赏的法律问题研究，[D]（硕士论文），石河子大学，2020：5—6.

时代不断在进步，互联网行业在不断发展。以网络社区为代表的微社群已经不断渗透我们的生活，不仅仅是青少年群体，越来越多的人也开始使用。这种虚拟的平台使用简单、成本低、信息流通快速，受到当下人们的喜欢。网络社区虽然可以自由发表自己的看法，与相同兴趣的人进行交流，但本质上还是存在虚拟性，不能仅仅在虚拟网络上互动，还是要回归现实生活。各个时期中都有各种社会问题，在未来的发展中也都会产生不同的社会问题，需要社会各界人士不断重视起来，互相协调与沟通，共同努力。"科技是一把双刃剑"，我们需要用科技促进社会进步，但不能过度依赖科技，要立足现实，服务于人民。

第四章 青少年"网络圈群"中的
越轨行为研究

一、引言

随着我国互联网用户的快速增加，青少年网民群体日渐壮大。根据前文中国互联网信息中心（CNNIC）第50次《中国互联网络发展状况统计报告》可以看出当代青少年身处网络时代的大背景下，互联网为各种信息的传播开启便捷之门，网络媒体是他们获取信息和社交的主要工具。"网络圈群"是伴随网络社交而产生的新的社会文化现象，是青少年利用网络重建集体生活的体现，在通常意义上指网友群体基于某些特定因素联合而成的网络聚集场域。然而网络准入的"低门槛"，"网络圈群"的虚拟隐匿和网络交往过程中身体的缺席，易引发青少年在"网络圈群"中的越轨行为，对青少年的心理和生理产生负面影响，阻碍社会的良性运行。分析青少年"网络圈群"中越轨行为发生的原因及演化机制、探寻干预越轨行为的方法和策略已刻不容缓。社会工作对青少年"网络圈群"中越轨行为的干预具有独特的优势，注重预防和矫治的同时更应注重青少年个人潜能的发掘，可以取得良好的效果。本章以"227事件"为例，以其中集群结社极为活跃的青少年群体为研究对象，探讨其在"网络圈群"中越轨行为的发生与演变逻辑。

二、研究方法

1. 参与式观察法

笔者以普通用户的身份深入到发生越轨行为的青少年"网络圈群"中，以微博平台为主，围绕"227事件"相关的"网络圈群"，观察不同"网络圈群"中青少年的日常动态,与参与和关注"227事件"的不同圈群的青少年进行互动交流,收集一手资料。我们共选取六个"网络圈群"进行观察,其中包括三个微博超级话题和三个微博话题(见表4-1)。

表4-1 参与观察的"网络圈群"

序号	微博超级话题名称	粉丝数
1	博君一肖	303.1万
2	肖战	820.3万
3	AO3	3.3万

序号	微博话题名称	讨论数
1	我是普通人,我讨厌肖战	546.1万
2	抵制失格偶像肖战	107.7万
3	227历史时刻	17.6万

2. 访谈法

访谈法是对参与式观察法的补充,通过参与式观察法与部分青少年建立基本的联系,在知情同意的前提下选取10名青少年通过微博、微信和QQ进行线上访谈,访谈可以深度探究青少年发生越轨行为真实的心理和具体原因,以及对"227事件"的态度和看法(见表4-2)。

表4-2 受访者基本信息

序号	年龄	职业	粉丝类型	微博粉丝数(人)	是否参与"227事件"
F1	19	学生	肖战粉丝	3045	是
F2	22	学生	肖战粉丝	223	否
F3	23	小学教师	肖战与王一博CP粉[a]	108	否
F4	20	学生	肖战与王一博CP粉	648	是
F5	16	学生	肖战粉丝	537	是
F6	24	公司职员	同人文[b]爱好者	14568	是
F7	22	学生	肖战黑粉[c]	653	否
F8	23	公司职员	耽美文[d]爱好者	81	是
F9	21	学生	"227"事件关注者	119	是
F10	26	公司职员	"227"事件关注者	26548	否

注:a. CP粉指粉丝喜爱综艺或电视剧中被设置为情侣的一对,并幻想他们在现实中也是一对。

b. 同人文指在文学或者影视原创作品的基础上,进行再次创作的网络文学形式。

c. 黑粉指对明星进行抹黑的群体。

d. 耽美文指描写男性之间爱情的文章。

三、概念操作化

1. "网络圈群"

刘广乐认为，"网络圈群"是指人们利用微博、微信、QQ 等自媒体平台，以兴趣、地缘、工作事务等关系为纽带组成的网络社交圈群。[①] 高丽静和王秋慧认为，所谓的"网络圈群"指在网络空间中因共同的爱好、价值取向、思维方式等原因组合而成的聚集空间。[②] 综合以上定义，根据研究需要，本书将"网络圈群"的概念界定为：人们在共同的或相似相近的爱好、学习工作生活需要、利益诉求、价值观念、思想观点、社会认知等因素的驱动下在网络空间中集群结社，整合社会关系而形成的聚集场域。

2. 越轨行为

美国学者戴维·波谱诺认为，"违反某个群体或者社会的重要规范的行为就是越轨行为"。[③] 学者杨婷认为，越轨（deviance）行为指社会成员背离社会规范的行为。社会规范有成文和不成文之分，前者如法律法规，后者诸如道德习俗。[④] 我们采用学者郑杭生关于越轨行为的界定，即：是指社会成员偏离或违反现存社会规范的行为。[⑤]"网络圈群"中的越轨行为是指青少年在"网络圈群"中发生的违反或偏离一定的社会规范、价值观念与道德标准而产生的行为。

3. 生态系统理论

本研究是以生态系统理论为理论基础。生态系统理论起源于 20 世纪 70 年代，以社会环境和人类行为的交互作用为研究主题。美国心理学家布朗芬布伦纳是较早提出该理论的学者，他将社会生态系统分为微观系统、中观系

[①] 刘广乐. 网络圈群视阈下高校学生理想信念教育探究 [J]. 学校党建与思想教育，2019（13）：81—83.

[②] 高丽静，王秋慧. 网络圈群视域下高校思想政治教育的思考 [J]. 未来与发展，2019，43（01）：96—99.

[③] [美] 戴维. 波普诺. 社会学 [M]. 李强，等，译. 北京：中国人民大学出版社，1999：157.

[④] 杨婷. 社会越轨理论发展脉络浅析 [J]. 法制与社会，2016（29）：159—160.

[⑤] 郑杭生. 社会学概论新修（第 4 版）[M]. 北京：中国人民大学出版社，2013：473.

统、外层系统和宏观系统四个子系统。之后，生态系统理论研究领域中另一位重要人物美国学者查尔斯·扎斯特罗对生态系统理论展开了更深层次的分析，他将人所依存的社会生态系统按照规模大小分为微观系统、中观系统、宏观系统三个层次的系统，其中，微观系统主要指个人；中观系统主要指家庭、学校等组织群体；宏观系统主要包括国家政策、社区、文化等。[①] 在此理论中，微、中、宏观系统都是作为一个社会人能够参与其中的，并且受到每个系统中的环境的影响。生态系统理论把我们作为自然人、社会人，所在的家庭、社区、社会组织等看作社会交互性的系统，把人与环境的关系摆在首位，是社会工作的重要基础理论之一。

四、青少年"网络圈群"的类型及特征

1. 青少年"网络圈群"的类型

段洪涛和赵欣指出按照组建基础来分，"网络圈群"可以分为四种类型：关系型圈群、兴趣型圈群、地理位置型圈群和临时事务型圈群。按照关系紧密程度，高校"网络圈群"还可分为紧密关系群（如 QQ 群、微信群）、自选关系群（如微博）、认证关系群等。[②] 王贺认为，"网络圈群"根据成立的主题或目的来分类，可分为朋友圈群、同学圈群、工作圈群、生活圈群、兴趣圈群、购物圈群等。[③] 本书根据成员之间关系的强弱程度将青少年"网络圈群"类型分为强关系型和弱关系型。

（1）强关系型

强关系型"网络圈群"往往基于青少年现实生活中相对稳定的人际关系建立，存在一定的区域性，如，家庭群、班级群、师门群、宿舍群、同事群等，这类"网络圈群"更多是以 QQ 群、微信群等形式存在，建群是为了方便成员之间交流联系和共享信息。网络身份与现实身份的重合，以及相对

---

① 姚蕊. 生态系统理论视角下社会工作介入农村留守儿童家庭教育的应用研究 [D]（硕士论文）. 山东大学，2020：19.

② 段洪涛，赵欣. 高校网络圈群的特征及其舆情治理研究 [J]. 思想理论教育，2015（03）：78—81.

③ 王贺. 大学生网络交往"圈层化"的困境及对策 [J]. 江苏高教，2017（03）：94—97.

封闭的信息传播环境，使得成员之间关系紧密，覆盖精准，互动频繁。强关系型"网络圈群"的稳定，不仅表现在成员之间的关系稳定，还表现在成员的数量稳定，成员角色定位清晰，"网络圈群"中具有明确目标和稳定规则，"存活"时间也较长，常规情况下只要社交媒体平台不消失，强关系型"网络圈群"就不会解散。青少年在强关系型"网络圈群"中多参与和生活、学习、工作相关的活动，身体的参与意味着每个人是实名制的，成员之间都是互相熟知且了解的，这无形中给青少年的网络行为造成一定的约束。

（2）弱关系型

强弱相对，有强必有弱，弱关系型的"网络圈群"大多是基于青少年的兴趣爱好或对热门事件的讨论在微博、贴吧、论坛等公开性网络社交媒体平台建立，具有较强的媒体性。相较于强关系型"网络圈群"，弱关系型"网络圈群"往往对青少年的吸引力更大；同时，投入的热情和时间成本也更多，有些青少年甚至会牺牲睡眠和休息时间。这类"网络圈群"相对不稳定，随着兴趣的淡化和事件的平息，成员会频繁地加入与退出，成员之间的关系相对松散，角色定位也相对模糊，缺乏明确的目标和规则，但其中交流的信息对青少年知识体系和价值观影响较大。兴趣是最好的老师，青少年能够迅速领会"网络圈群"中的信息和价值，并做出行为反馈，这类"网络圈群"的影响力甚至超过老师、家长等传统权威。青少年在弱关系型"网络圈群"中，不论是与组织还是个体的社交关系往往是"若即若离"的，身体的缺席导致的情感缺失及基于兴趣的狂热易使青少年发生偏离正常轨道的行为。

2. 青少年"网络圈群"的特征

（1）封闭排他

从宏观角度来看，网络空间具有开放、共享的特征，技术的发展使得青少年通过搜索引擎精准化搜索就能找到想要进入的兴趣圈群，但从微观角度出发，网络空间被分为数个"网络圈群"，不同圈群之间的主题、志趣、文化、价值及目标不同，表现出一定的封闭排他性。封闭排他性一方面体现在进入"网络圈群"存在一定的"门槛"，需要通过特定的认证。例如，加入部分 QQ 群需要填写认证信息，管理员审核通过后才能被允许进入，加入粉丝群需要提供关注该明星所有微博超话的截图，购买该明星代言产品的记录，发表应援和支持该明星的微博等来证明粉丝身份。这些"网络圈群"是通过设置一定的"准入机制"的方式形成群体关系，封闭排他性较为显著。① 另一方面体现在"网络圈群"中青少年信息获取的局限性和信息传递的加密性，导致信息封闭性增强。信息在进入"网络圈群"的时候需要通过一张"过滤网"，青少年主动筛选自己关注的信息进行接收，其他无关信息止步于圈群外，由此带来了青少年所了解到的信息高度相似，同质化严重。并且，"网络圈群"内语言的符号化使得圈群外的人无法"破译"青少年传递信息的话语，例如，运用一些缩写字母、表情、颜文字（颜文字是指通过符号和文字编排组成的表情。）等符号来交流，青少年会赋予这些符号以特殊意义，只有同一圈群的成员才能读懂这些符号的含义，就如同给信息加上了"密码"，圈外人很难知晓圈内的话题讨论和成员结构。

（2）虚实共生

从交往场景的角度分析，"网络圈群"是网络中虚拟的社群，同时依托现实关系存在。青少年基于地缘、血缘、趣缘等基缘因素在网络空间建立圈群，突破现实场景中交往的距离，增加交往的黏性；青少年在"网络圈群"中发布信息、寻求同伴，将二次元中的活动延伸到三次元，可以拓宽和丰富青少年现实中的社会关系，青少年"网络圈群"中虚拟和现实交往场景共同存在。从青少年社会化的角度分析，在真实的情境中，青少年通过参与社会实践、学习文化知识、掌握价值观念和生活技能，与家庭、学校、社团等共同体或组织互动学习，最终发展健全的人格，从而完成社会化。② 现实生活中的共同体或组织往往具有一定的规则性和约束性，但追求个性、强调展现自我意愿的青少年，需要更便利的与社会直接对话的平台。由此门槛低、突破时间空间限制、自由度高、涉及面广和承担一定个体与群体联结的

---

① 何必夫. 把握"网络圈群"舆论引导的主动权 [J]. 人民论坛, 2018 (19)：108—109.

② 何安明, 惠秋平. 手机时代青少年的价值观和社会化问题研究 [M]. 北京：科学出版社, 2015：001—273.

"网络圈群"备受青少年群体"宠爱"。"网络圈群"帮助他们在一个比以往更加广泛的社会环境中学习和社交，厘清个体身份和群体归属，发展形成自己的个性从而成功参与社会生活。概言之，青少年通过网络这个虚拟的工具，联结人际关系和完成社会化，"虚"与"实"并不冲突，两者是一种共生关系，相辅相成，两条"线"将青少年的社会关系串联起来编织成为"网络圈群"。

（3）嵌套叠加

青少年"网络圈群"虽然具有一定的封闭排他性，但并不是绝对的，多数圈群的"边缘"较为模糊。李彪认为，圈群是指社交网络中所存在不同圈子之间相互嵌套、叠加所形成的多重现象，圈群的概念既承认独立的社交圈子的相对闭合性，更强调这些圈子之间的嵌套、叠加的存在方式。[1] 费孝通先生提出人社交结构的"差序格局"与"网络圈群"嵌套叠加的特点相似，他提出个人以"己"为核心向外推出的层层叠加由近及远的圈子就是"差序格局"。[2] 青少年处在"网络圈群"的中心，通过与不同的节点（兴趣、获取信息、表达思想等）连接嵌入不同的"网络圈群"中，并随着圈群的扩大不断拓展自己的社会网络。例如，班级群根据目标的不同可以分化成宿舍群、卫生小组群、课题作业群等，粉丝群根据对明星不同类别的喜爱分为唯粉[3]群、CP粉群、妈妈粉[4]群、男友粉或女友粉，[5] 群等。这些圈群之间存在一个交叉互嵌关系，青少年可以同时在不同的圈群里活跃。

五、青少年"网络圈群"中越轨行为的发生与演变

青少年"网络圈群"中的越轨行为多发生在高密度下浅交往的弱关系型"网络圈群"中，本章以"227事件"为案例，分析青少年"网络圈群"

① 李彪. 不同社会化媒体圈群结构特征研究——以新浪姚晨微博、草根微博和人人网为例[J]. 新闻与传播研究, 2013, 20（01）: 82—93.
② 费孝通. 乡土中国 [M]. 上海: 人民出版社, 2019. 214.
③ 唯粉指只钟爱单一明星的粉丝.
④ 妈妈粉将明星看作自己的"儿子"或"女儿"，以妈妈的心态喜爱明星的粉丝.
⑤ 男友粉或女友粉指将明星想象为自己的男朋友或女朋友的粉丝.

中越轨行为的发生与演变。

1. "227 事件" 概述

（1）事件经过

2020 年 2 月 24 日，微博用户 "迪迪出逃记" 在微博上发布了同人小说《下坠》最新章节的 AO3 和 LOFTER[①] 链接。由于小说中作者将肖战设定为具有性别认知障碍的 "发廊妹"，在肖战粉丝圈群引发了大量的不满，肖战粉丝认为该作品 "女化" "侮辱" 了偶像，侵犯了肖战的名誉权，遂向相关部门举报该文章。而这时恰逢《网络信息内容生态治理规定》刚刚开始实施，"净网" 行动全面战开，举报引起 AO3 网站被封，无法从中国访问，LOFTER 的内容被大量清理，哔哩哔哩网站上的同性内容也被封。由此引起与同人文相关的欧美、日韩、动漫、耽美等多个圈群的创作者和爱好者揭竿而起，自 2 月 27 日起对肖战粉丝联合攻击，打着 "粉丝行为偶像买单" 的口号抵制肖战的影视作品和代言，称为 "227 大团结"。[②] 随后肖战粉丝圈群与多方集结的 "227" 圈群激发了一场 "网络圈群" 间的激烈对抗，挤占网络空间公共资源，该事件被称为 "227 事件"。最终，事件以肖战粉丝在舆论大战中落败，肖战工作室、肖战后援会、肖战部分粉丝公开道歉告终。在此次事件中，大量的人员集中在微博、知乎等网络空间中进行网络喷战，挤占公共资源，严重影响网络空间的公共秩序，其中，最为活跃且数量最庞大的就是青少年群体。

（2）事件关注情况

笔者通过百度指数对 2020 年 2 月 24 日至 3 月 31 日之间 "227 事件" "AO3" 两个关键词的搜索指数[③]（见图 4 - 1）与资讯指数[④]（见图 4 - 2）进行分析。百度指数数据显示：2 月 27 日，"227 事件" 开始引发人们关注，"AO3" 的搜索指数为 189303，"227 事件" 的搜索指数为 1432；

---

① AO3 是境外一家非营利同人小说数据库平台 "Archive of our own" 的简称，LOFTER 是一家国内同人文网站.

② 侯博. 新媒体语境下粉丝文化的权力与对抗 [D]（硕士论文）. 吉林大学，2020：35.

③ 搜索指数是互联网用户对关键词搜索的关注程度及持续变化情况.

④ 资讯指数是新闻资讯在互联网上对特定关键词的关注及报道程度及持续变化.

　　3月1日至3月2日，肖战工作室发布道歉声明，网友对该事件的关注和讨论值达到了高峰，"AO3"的搜索指数突破78万，资讯指数超过935万；3月13日之后该事件的关注度逐渐降低。

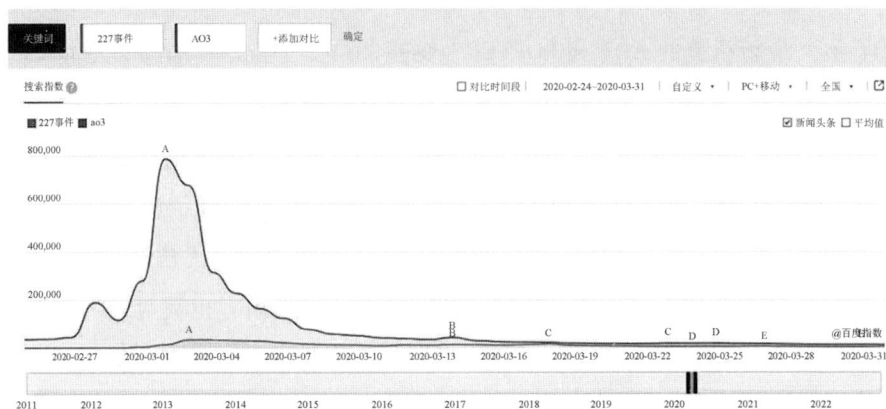

图 4 - 1　"227 事件"百度搜索指数

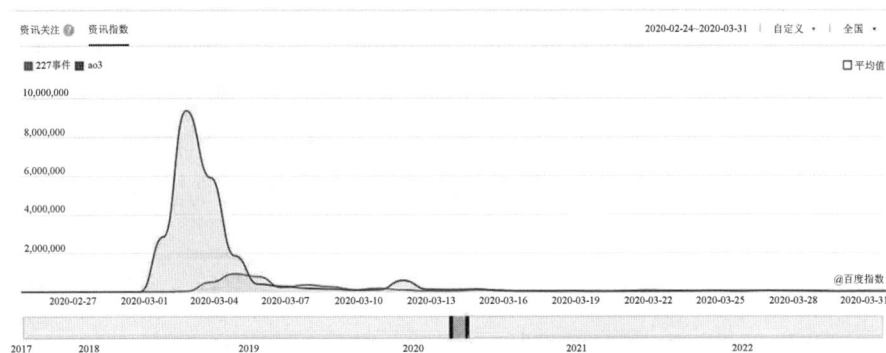

图 4 - 2　"227 事件"百度资讯指数

　　百度指数的人群特征信息显示：小于等于19岁和20—29岁的青少年对"227事件"的关注度最高，"AO3"一词小于等于19岁群体的搜索占比为42%（见图4-3）；关注此事件的女性群体远大于男性群体，其中"AO3"一词女性的搜索占比高达87%（见图4-4）。

90

年龄分布

■227事件 ■ao3   ◉搜索占比 ○TGI

搜索占比

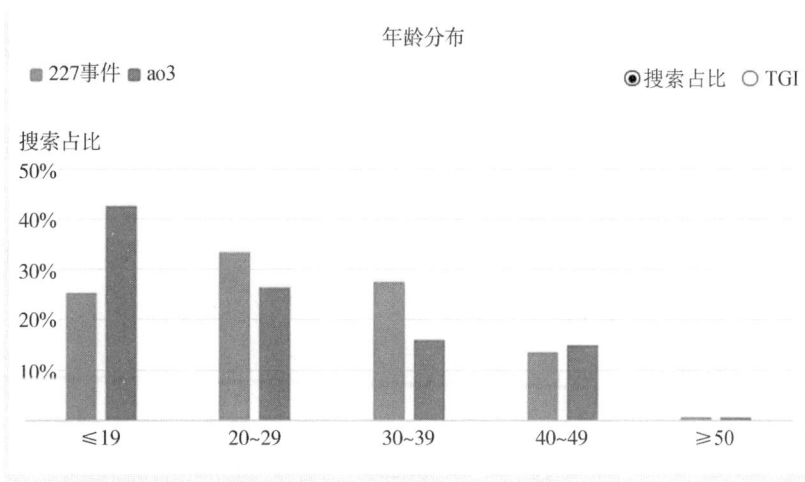

图 4 – 3   "227 事件"关注者年龄分布

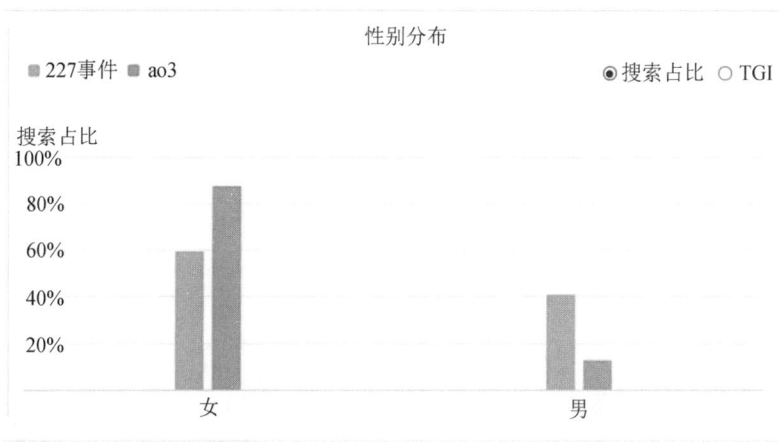

性别分布

■227事件 ■ao3   ◉搜索占比 ○TGI

搜索占比

图 4 – 4   "227 事件"关注者性别分布

2. 越轨行为的发生与演变

（1）缘起：亚文化冲突引发"网络圈群"对立谩骂

亚文化问题一直是社会学研究的重要领域，亚文化在形成和发展过程中一直不断地冲击着主流文化，影响主流文化的正向引导作用，青少年群体较为关注的饭圈文化、同人文化、超前消费文化等亚文化引发的越轨问题屡见不鲜。① 微博、知乎、豆瓣等网络媒介平台中的亚文化"网络圈群"具有非常强的动员力、影响力和行动力，一旦圈群间发生冲突，舆情失控，将会给网络社会带来意想不到的负面影响。"227 事件"便是由于"饭圈"和"同人圈"的亚文化认知冲突引发的青少年"网络圈群"对立，在网络媒介平台中开展大范围的网络谩骂，引起较大的社会反响。

网剧《陈情令》的大火，使该剧的主演肖战和王一博收获大量剧粉。《陈情令》改编于耽美小说《魔道祖师》，这部小说的知名度和热度都很高，小说中主角蓝忘机和魏无羡是情侣，网剧虽然将男性之间的爱情改为了兄弟情，但粉丝们都默认该剧还是原著小说的设定，将对剧中 CP 的喜爱转移到主演肖战和王一博的身上，结合两位明星的名字将 CP 命名为"博君一肖"。② 文章《下坠》的作者是肖战和王一博的 CP 粉，他在文中将肖战设定成一名有着性别认知障碍的"发廊妹"，描写"肖战"与"王一博"的爱情故事。该文章被肖战粉丝看见，认为"女化""侮辱"了肖战的形象，且认为文章涉及未成年色情，而支持文章作者的同人文圈群则高举"创作自由"的大旗，称文章没有涉及明星姓名，性别认知障碍并不是"女化"，只是一种设定，未侵犯肖战名誉权，双方展开了激烈争论，一时难分高下。

在访谈中，一名肖战的粉丝和一名肖战与王一博的 CP 粉分别发表了对同人文的不同看法：

> 说实话，我觉得 CP 粉的存在我并不介意，毕竟个人爱好不同，而且这两年基本上都是这种男男的剧情受到广大腐女的热爱，有曝光率就有热度，随之而来的就是流量，变现成金钱，所以我觉得 CP 粉是一种推进他们曝光度和商业价值的存在，但是磕 CP（指非常喜欢自己支持的"情侣"）不能太过度，因为毕竟是现实生活里两个正常的男人，只是因为戏里的感情就把两个人生活的细

---

① 臧海群. 后疫情时代社交媒体公共治理和媒介素养的多维建构——以网络亚文化社群冲突为例［J］. 新闻与写作，2020，（08）：24—30.

② 张文栋. 肖战事件分析：亚文化圈层的碰撞和粉丝经济的反噬［EB/OL］. https：//m. sohu. com/a/378028955_197694/.

节放在一起强行磕现实生活 CP 我有点不能接受。那篇文章我看过，文章里把肖战女化成一个妓女与性蒙昧的高中生也就是王一博产生不可描述的性活动，我认为这篇文章侵犯了肖战的名誉权。(F2，22 岁，学生，肖战粉丝)

那个文章我没看，不过看别人说是站街文对肖战影响不好什么的，我觉得这事仁者见仁，我倒是觉得写同人文无所谓，同人文里也有积极向上的内容，而且不止明星，很多有些知名度的人都有同人文，有那么多同人文也是从侧方面证明肖战确实火了，那些粉丝就是太极端了，不允许自己不喜欢的事物存在，弟弟行为（形容行为幼稚）。(F3，23 岁，小学教师，肖战和王一博 CP 粉)

"饭圈" 文化以明星为核心，明星的形象和特质直接关系粉丝个人身份认同，"同人圈" 文化通过消费明星，二次创作作品来满足自己的心理需求。双方文化表现出的需求都是合理的，但当这两种文化需求出现在同一个网络空间时，青少年认知的狭隘和分辨力失调、共同关注下的集体认同冲突、"网络圈群" 内信息传播的局限性和封闭性等因素共同作用，引起了双方圈群的 "战争"。

网络谩骂通常是 "战争" 开始阶段使用的 "武器"，通常以直接谩骂或以侮辱性语言进行攻击。在现实生活中可能会因为面子、身份等有所顾忌，但在 "网络圈群" 中青少年可以隐掉个体姓名，且网络媒介平台给予青少年 "平等" 的发言权，于是语言也就变得毫不避讳、不堪入目，甚至进行人格侮辱和人身攻击。[1] 这种越轨行为集中发生在 "227 事件" 初始阶段，翻看热门微博的评论，或者一些用户的个人微博都不难发现连篇辱骂的语言攻击，并且为了防止平台屏蔽，他们会使用一些字母或者表情代替。

网友 "小杯子"：这种粗糙的文章也有人看？创作自由可不是这么自由的，已经侮辱了我们哥哥（指肖战）的形象，文章还涉

---

① 王译梵. 社会工作介入网络暴力必要性与实践性研究 [D]（硕士论文）. 陕西师范大学，2017：9.

及到未成年 s 情（指色情），即使是原创人物小说也未必能通过 lun 理（指伦理）审查，更不要说还是同人作品，作者赶紧去 s（指死）吧［刀］［刀］［刀］。

网友"XZ 必糊"：虾（指肖战粉丝）就是 SB（指傻子），你不喜欢不要看啊，找虐吗这不是，同人文帮你家哥哥增加热度的时候你怎么不站出来呢，而且文中两人都是你情我愿的，两个人爱得赤诚，互相救赎，没看过文章不要在这瞎 BB（指乱说）。

"年轻气盛"的青少年相较于其他群体情绪更易调动，他们不容他人对自己喜爱的偶像和追崇的文化随意置喙，因此使用偏离事实讨论的话语，以此来表现自己的愤怒，强调对方的不堪。往往就是这种带有侮辱性和攻击性的话语会加剧双方的矛盾，争吵逐渐偏离话题中心，从而发生更加严重的越轨行为。这种谩骂是最没有意义的，伤害了他人也伤害了自己，不仅没有起到维护集体的作用，反而损害了集体的形象。

（2）爆发：网络意见领袖借公权力围攻对方

网络意见领袖，是指将自己独特的观点和态度主动发布在网络媒介平台上的网民，他们能够引起其他网民意见强烈支持和认可，是对"网络圈群"群体的言论起关键作用的人。① 与现实中"高高在上"的意见领袖不同，网络意见领袖更"接地气"，并且传播影响效率高、范围广，能够在短时间内集结大量的"追随者"。网络意见领袖去中心化的领导模式，更受追求平等、强调权益的青少年追捧甚至盲从，但价值观尚未成熟的青少年也极易受一些偏激言论和情绪的影响，发生价值和行为上的偏差。

在"饭圈"中，网络意见领袖往往是明星的"大粉"，即粉丝后援会的核心成员或在粉丝群体中拥有较高"威望"的粉丝。肖战粉丝方的意见领袖"巴南区小兔赞比"在微博发文称"文学创作的自由应有界限，在微博公共平台中以艺人为原型创作未成年色情文学，并大规模传播，这种行为不仅侵犯了艺人的名誉权，污染了网络环境，还会影响缺乏判断力的未成年粉

---

① 陈慧东. 当前社会舆情场域态势下网络集群效应研究［D］（硕士论文）. 西北大学，2018：32.

丝"。仅仅是维护偶像的形象不足以号召大量粉丝,将立场上升到"保护未成年""阻止色情文学传播",才能吸引更多充满"正义感"的粉丝。"巴南区小兔赞比"在微博中列出扫黄打非的举报网址和电话,起草格式正规的举报信,向国家网信办与扫黄打非办公室和微博管理员举报,并对粉丝们进行话术指导,建议"最好使用电话举报",举报原因要"强调色情文学危害未成年人心理健康,不提维护偶像利益","必要时甚至可以扮演未成年人家长",可谓是手把手教学。她还提出"冷知识",外网平台只要访问的用户过多平台就会自动被墙(即不允许访问),并且为了撇清干系,她宣称如果 AO3 平台被锁了就是因为人量的 CP 粉去看《下坠》。① 最终,粉丝的大量举报导致文章作者自行下架作品,AO3 平台被锁,国内用户无法访问,LOFTER 平台也被暂停整改。

吴一兴在《检察日报》上发表的文章中提到肖战的粉丝们给争议作品扣上了"侵犯名誉权""涉嫌未成年人色情"的帽子,顺手举起了道德批判的大棒,他们认为自己已经化身匡扶社会的"仁义之师",誓要为爱豆讨回公道,还可解救被"不良文人"戕害的祖国花朵。②

网络意见领袖首先将事件的严重性扩大,随后将维护偶像形象的目的隐藏在维护社会公共道德和社会秩序的"旗帜"下,引领粉丝对文章进行举报,并将举报可能造成平台被封的后果归咎为对方的责任,这样的举报,其本质是借助公权力讨伐私域对手,以手段的正当性来掩饰其非正义目的。③ 网络意见领袖在"网络圈群"中的作用更加明显。一方面,大多数青少年参与"网络圈群"中的越轨行为缺乏目的性,而这时网络意见领袖所宣称的口号和"纲领",恰好给青少年发泄不满情绪、发挥"英雄气概"找了一个合适的借口。另一方面,"网络圈群"中的信息繁杂泛滥,青少年缺乏对信息的整合分辨能力,网络意见领袖获取和传播信息的能力较强,他们会把

① 王绮. 饭圈"掐架"策略及效果分析——以"肖战粉大战同人粉"为例 [J]. 长沙民政职业技术学院学报,2020,27(03):130—135.

② 吴一兴. 肖战事件:没有胜利者的战争 [EB/OL]. http://newspaper.jcrb.com/2020/20200311/20200311_006/20200311_006_1.htm,2020—3—11.

③ 谭天. 披着正义外衣的网络暴力——"肖战事件"舆论演变反思 [J]. 声屏世界,2020(12):97—98.

事情起因和发展整理出来，并给予一定的"对抗"方案，在对网络意见领袖的盲目跟从，个体身份匿名模糊及群体价值认同驱使下，青少年放弃主观判断发生越轨行为。

（3）失控：非理性情绪致越轨行为升级

随着事件扩大升级，关注者越来越多，对立双方圈群逐渐形成一定的规模，意见表达的声音越来越大，"网络圈群"封闭排他的特点导致青少年不断高涨的负面情绪在其中互相感染、扩散、强化，最终行为逐渐失控。越轨行为是青少年进行道德审判、发泄不满的最直接方式，可以快速地引起更多人的注意，扩大事件影响力。此时已经无人关注事情的真相对错，青少年的情绪化或非理性表达得到了放大化处理，并且借助网络的虚拟匿名，他们不考虑观点和行为正不正确、合不合理，只需将不满和愤怒宣泄出来。

人肉搜索

人肉搜索指的是借助互联网媒体的方式，以人工搜索引擎或借助匿名知情人等方式来对信息进行逐个的辨别以实现对人物和事实真相的证实，并提供给需要明确真相的群众的一种行为。人肉搜索不经本人同意就将其身份信息暴露出来，侵犯了他人的隐私，一定程度上违背了社会公德和相关法律法规。偶像形象受损，将偶像看得比自己更重要的粉丝自然要为偶像讨回"公道"，在"正义感"和愤怒的驱使下，肖战粉丝将矛头对准了文章作者"迪迪出逃记"，不仅向平台举报该文章，还对作者进行人肉搜索，将其个人信息披露出来，并要求其学校给以处分，将线上网络暴力辐射到线下。不仅是焦点人物会被人肉搜索，一名普通的路人也可能因为自己的一些言论而遭到群体攻击，进而被人肉搜索出私人信息，影响正常的学习工作和生活。

恶意抵制

学者 Friedmant 把抵制行为定义为是消费者对企业错误行为做出的拒绝购买行为。引起消费者抵制行为的原因是多样且复杂的，这其中有理性的、出于正义的，对不合格产品的抵制行为，也有非理性的，代入极端情绪和个人观点的恶意抵制。

AO3 平台不能访问之后，肖战参演的电视剧遭到大量刻意的低星评价，代言商品遭到有组织的抵制，甚至尚未上映的作品也被恶意抹黑。抵制者大多因为不喜欢肖战和他的粉丝或 AO3 平台被锁而愤愤不平，寻找发泄的途径，对肖战的作品及代言的商业产品进行抵制，无关于产品质量本身。他们不仅在肖战代言的产品官方微博下面进行留言、控评，表示只要有肖战就不会买，还成立了"不买肖战代言产品""抵制劣迹艺人肖战""我是普通人我讨厌肖战"等微博话题，发布抵制肖战的帖子，意见领袖将肖战的代言进行汇总，发布抵制方式及渠道。对电视剧、产品等进行恶意评价虽然不触犯法律，但剧评、影评、产品评价等是他人遴选影视作品和产品时的重要参考，因非电视剧和产品本身的原因对其进行非理性评价会干扰他人的判断。

> 我们在访谈中发现有事件关注者直言"不是肖战的黑粉，就是对肖战没好感，不能正确引导粉丝，演技、唱功都没有"。（F9，21 岁，学生，'227 事件'关注者）
> "找像肖战这种失格偶像代言的东西谁还敢用谁敢吃啊"（F7，22 岁，学生，肖战黑粉）

这明显是将个人对肖战的不满发泄到了对其代言产品的抵制上，通过这种降低肖战商业价值的方式来抵制他，并且认为自己在行"正义之事"，这样不仅能够让娱乐圈少一名他们认为的"失格偶像"，还能使更多青少年免受肖战的"荼毒"。一个人的恶意抵制可能并不会对产品有什么影响，但"网络圈群"中有组织、有计划的集体的恶意抵制造成的影响深度和广度都是不可小觑的，不仅损害了肖战的商业价值，也扰乱了正常的经济活动秩序。

青少年非理性情绪的扩大和法律意识的淡薄是致使越轨行为升级的关键因素。随着事件的发酵，青少年"网络圈群"之间的冲突也不断加剧，非理性的情绪不断积累急需发泄，现实生活中的争吵打斗会有人制止维持秩序，但在相对自由且缺乏监管的"网络圈群"中，情绪的发泄方式就会不受控制，越加过分。只分黑白不问是非的青少年不考虑自己所作行为的后果，过度的权利意识使他们只注重维权却忽视了维权手段的正当性，甚至触犯法律的底线而不自知。

（4）消退与反思

3月1日，肖战工作室（见图4-5）和"巴南区小兔赞比"（见图4-6）先后发微博道歉，"227事件"暂时告一段落，肖战粉丝圈群停止了网络暴力，力保肖战的代言，减少恶意抵制带来的损失"227"圈群取得一定成果也暂缓抵制力度。但是问题真正解决了吗？纷争平息了吗？答案是没有。目前笔者仍然能够在微博中看到双方圈群小范围的冲突，只要该事件背后的青少年群体的需求和问题没有解决，"227事件"结束还会有类似这种"网络圈群"中的越轨行为发生。事情都是具有两面性的，白淑英和邵力认为，不能够忽略越轨行为的中性色彩，由于虚拟性等特征，有时网络中违反现实社会规范的行为，可能恰恰会推动社会的进步。有时朝气蓬勃的青少年群体的"越轨"行为可能会激发社会创新。①

聚焦"227事件"中青少年"网络圈群"中的越轨行为产生的原因，从"网络圈群"出发：相较于面向大众的传统媒体，"网络圈群"内信息的传播较为封闭和隐蔽，难以进行临时的筛选和监管，负面信息易在其中扩散；另外，"网络圈群"中成员身份的匿名化、心理的同质化和话语表达的情绪化特征，易导致青少年模糊自身定位，自我控制能力下降，丧失独立判断能力，造成群体极化。从青少年个体出发：第一，非理性情绪的不正当表达；第二，缺乏对"网络圈群"中信息的整合和分辨能力；第三，易卷进"网络圈群"群体极化的旋涡中，缺乏自己的主观价值判断和责任意识；第四，过度强调权力但法律意识淡薄。因此从越轨行为表现出的青少年个体原因入手延伸到相关组织的介入，相关网络媒介平台的监管，相关政策和法律的制定，从而引导青少年树立正确的价值观，养成良好的网络行为习惯，提升甄别网络信息的能力，增强法律意识才是关键。

---

① 白淑英，邵力. 社会存在还是意义建构？——为青少年网络越轨行为辩护 [J]. 青少年犯罪问题，2010（03）：70—74.

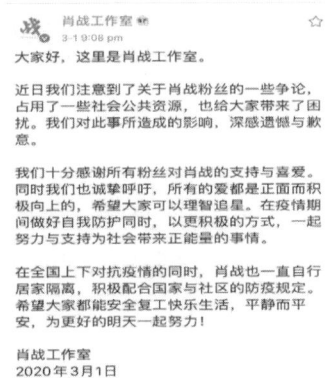

图 4-5　肖战工作室道歉微博

图 4-6　"巴南区小兔赞比"
道歉微博

六、社会工作视角下的介入策略

1. 社会工作介入的必要性和可行性

（1）社会工作介入的必要性

社会工作以专业的价值和方法回应案主的需求和满足社会的期待，整合多方资源解决案主问题，走出困境，不仅要维护案主的利益，更要维护社会秩序，促进社会和谐。互联网时代，虚拟社会也是社会不可分割的组成部分，"网络圈群"是青少年个体与群体联结的重要场域，当"网络圈群"中的越轨行为已经发展到引起全社会关注的程度，社会工作就有必要进行介入，这也是社会工作专业价值和责任感的体现。另外，越轨行为本就是社会工作专业研究的重点方向之一，但大多数研究针对现实生活中的越轨行为，青少年"网络圈群"中的越轨行为造成的影响范围更广，更难控制，也不可忽视。"网络圈群"中的越轨行为固然可怕，但解决行为背后所体现的青少年群体的问题和需求才是关键。社会工作的助人自助的专业理念有利于从根本上解决问题，提升青少年的网络素养，增强识别不良信息的能力，发掘潜能，提高个人能力。社会工作的资源整合能力有利于链接多方资源，全方位为青少年参与网络生活保驾护航。

（2）社会工作介入的可行性

2017 年 10 月 9 日，共青团中央办公厅下发《关于做好政府购买青少年社会工作服务的意见》，在政府购买青少年社会工作服务清单的第一条的青少年思想引导服务中，包括网络舆情分析和引导支持、网络素养教育服务、网络文化产品生产等服务，这为社会工作介入青少年"网络圈群"中的越轨行为提供了政策支持。① 相较于越轨行为的矫治，预控更为关键，若是能在越轨行为发生之前就将其"扼杀"在摇篮里，就可避免正当诉求向网络暴力转换，为青少年成长营造优质的网络场域。社会工作坚实的理论基础和成熟的实务手法，以及社会工作者的主观能动性，不仅能保障矫治的专业有效，还能够主动发现问题，把好预控之关。

2. 生态系统理论视角下的社会工作介入策略

生态系统理论强调"人在环境中"，该理论注重人和环境等各个系统的相互作用，关注人类的成长、发展和潜能，以及他们的资源能否支持他们表达需求。② 该理论中微观、中观、宏观三个系统间是互相影响的，系统中心的人通过与系统中的相关要素互动来实现发展。青少年"网络圈群"中的越轨行为问题是由多个层面的问题相互影响共同引起的，其解决必然也要从多方面出发，综合干预。因此我们基于生态系统理论，针对"227 事件"中青少年"网络圈群"中的越轨行为表现出来的问题和特征，从微观、中观、宏观层面探讨社会工作介入青少年"网络圈群"中的越轨行为的综合策略。

（1）微观：整合多方资源，提升青少年网络媒介素养

网络媒介素养其实就是对网络媒介信息的分辨、获取、认知、评判及创作输出的能力。青少年对"网络圈群"有着极大的热情和好奇心，尚未形成成熟的价值观，缺乏辨析网络中冗杂信息和管理自己产出内容的能力。③ 因此提升青少年网络媒介素养，是矫治也是预防青少年在"网络圈群"中发生越轨行为的关键。

---

① 团中央联络部. 关于做好政府购买青少年社会工作服务的意见［EB/OL］. http：//www.ccgp. gov. cn/gpsr/zcfg/201710/t20171009_ 8948772. htm, 2017—10—9.

② 邱金龙. 生态系统视角下强制隔离戒毒人员预防复吸的研究［D］（硕士论文）. 华南理工大学, 2020：9.

③ 袁维钟. 提升高职生网络媒介素养的社会工作介入研究［D］（硕士论文）. 江西财经大学, 2020：5.

其一，开展小组工作，引导青少年理性参与网络生活

"227事件"中，青少年"网络圈群"中越轨行为的产生多是由于非理性的情绪带入，并且在网络中可以做现实中不敢或不能做的事，从而发泄生活中的压力，获得现实生活不能带来的满足感。

在访谈中一名关注"227事件"的青少年说：

> 我的工作平时经常加班，压力挺大的，我也没有什么朋友，有些事也不想和家人说，我觉得在网上对喷挺爽的，每次骂完了我就觉得舒服很多，所以我很喜欢关注这种事，看他们对骂，偶尔跟着插两句，有时候我都不知道他们在吵什么。（F10，26岁，公司职员，"227事件"关注者）

将现实生活中的压力发泄到网络生活中，这种心态是扭曲的，为了宣泄自己的情绪而不顾他人的感受，不仅伤害了他人，而且"污染"了网络公共空间环境。社工可以在线上和线下针对这种情况开展小组工作，通过招募或主动邀请的方式将因发泄情绪产生越轨行为的青少年聚集起来，让他们说出自己的困扰，模拟或示范他们合理发泄情绪的方式，发挥组员能动性，促进组员之间相互疏解。引导青少年在发表评论或创作内容时要三思而后行，一是要对不同类别的信息进行对比，用更宽广的视野接收信息；二是不要情绪化且盲目地认可或否定，要平静、理性地看待问题。社工也可以联合学校和家庭，宣传理性参与网络生活，包括理性追星、理性网络消费、理性表达观点等，通过组织辩论赛的形式，选取符合青少年偏好的网络热点事件，例如，"是否应该禁止未成年人追星""是否应该禁止青少年游戏氪金"等，使青少年的观点碰撞产生"火花"，在辩论的过程中，社工要注意将讨论中心往正面的方向引导，也可邀请家长和老师旁观辩论赛，使他们更了解青少年的思想和观点。

其二，借助朋辈群体，提升青少年责任意识

网络空间对青少年行为的约束力本就较弱，"网络圈群"内的集体行为更是隐去了个人姓名，个人思想被群体思想同化，个体本身应负的责任在群

体的庇护中被弱化，表现出明显的群体责任扩散。① 一名参与"227事件"的肖战粉丝在访谈中提道：

> 当时也没想那么多，大家都在举报、谩骂，我也就跟着去做了，而且那么多人做，最后追究的话也追究不到我头上来吧，也没有想过这件事情是对是错，因为如果你不参与，就好像你没有那么在乎哥哥（指肖战），再说了，我觉得大家说得对，同人文这种小众文化本来就应该小范围传播，那个作者要是不把链接放在微博这种大众平台上也不至于这样。（F1，19岁，学生，肖战粉丝）

"大家都做我也做"和法不责众的侥幸心理是多数青少年产生越轨行为的心理动因，然而每个人都应对自己的所作所为负责，不仅是在实名制的现实生活中，隐藏姓名身份的网络中也是如此。群体共同的身份认同和归属感弱化了个体的责任感，但这种凝聚力也是提升青少年责任意识的重要切入点。积极向上的朋辈关系不仅不会产生群体责任扩散，反而能够促进青少年之间的良性交流，正向引导认知塑造和行为表达。社工可直接在青少年发生越轨行为的"网络圈群"中开展小组工作，通过组织团队合作的游戏，并设置一定的惩罚，使青少年意识到团责任感，自己是其中的一员，成功的荣誉共享，失败的后果也要共担，并不是因为在团体中就可以逃避个人惩罚。在小组过程中社工要注意激发成员的个人特点，个体是团队中的一员，同时也要有独立的思想，不能人云亦云，在团队观点错误的时候勇于指正，断不可放弃个人思考，建立对事件的多维思考能力。

其三，链接专家资源，增强青少年法律意识

网络发展日异月殊，有关网络行为的法律法规虽然在不断完善，但相较于网络变化的速度还是相差甚远，不仅如此，青少年接触网络较多，却较少关注有关网络行为的法律知识，许多青少年游走在法律的边缘，甚至触犯了法律而不自知。社会工作机构可以联合法律专业的权威人士在青少年活跃的

---

① 曾舟. 网络群体行为失范的政府治理机制研究［D］（硕士论文）. 电子科技大学，2012：22—23.

网络平台开展有关网络行为法律知识的专题活动，氛围不要过于严肃，采取青少年易于接受的方式，向青少年宣传网络行为有关的法律，使青少年明确网络行为的合法范围。例如，中国政法大学刑事司法学院教授罗翔，他在哔哩哔哩网站开通了账号，投稿内容多是与生活息息相关的典型案例的法律知识讲解，他幽默风趣的讲课方式不仅吸引了大量的业内人士还收获了很多普通用户的关注。罗翔老师在哔哩哔哩的账号目前已拥有 1300 多万粉丝，并获得 2020 年度最高人气 UP 主①和 2020 年度百大 UP 主②称号。罗祥老师这种权威人士加入青少年活跃的"网络圈群"中，不仅给专业人士巩固专业知识提供了便利，更有利于法律知识的普及和学习。

（2）中观：家庭、学校和社会工作组织助力网络行为教育

其一，搭建沟通桥梁，发挥家庭教育作用

家庭是青少年接触的最初的也是最重要的"圈群"，家庭教育不仅影响青少年的智力水平，对青少年良好的道德品质和行为习惯也起着关键作用。如今，网络教育已是教育不可或缺的一部分，老师运用一些学习 App 辅助教学，新冠疫情期间，网络课堂的开展充分保障了大中小学生的教学进度。当今青少年的学习生活已然离不开网络，因此家长不应视网络如猛兽，采取禁止孩子接触网络的极端手段，网络始终是青少年获取信息的重要工具，怎样合理地使用才是关键。家长在引导青少年之前需要充分了解孩子的喜好，与青少年建立共同的话题，进而通过日常的熏陶引导他们在"网络圈群"中的行为。一方面，社工可以通过线上线下的小组工作组织家长参加"网络圈群"的"科普"活动，让家长了解当下青少年活跃的圈群有哪些，他们在圈群中通常会参加哪些活动等，对青少年常用的网络用语、表情包等有一定了解，减少与青少年沟通的障碍；另一方面，社工可以借助公众号或视频号平台，向家长推送一些有关帮助孩子养成良好网络行为习惯的方法技巧，也可建立群聊，提供咨询服务，将有类似需求的家长聚集到一起，互相倾诉彼此的困扰，共同寻找解决的途径。同时，家长也应积极主动地配合学

---

① UP 主是从日本流传过来的网络用语，意指在视频网站、资源网站等地上传视频、音频或其他资源的人，即投稿人.

② "百大 UP 主"指在评选年度创作力、影响力、口碑力都很高的 UP 主.

校的相关教育工作，实现协同教育与引导，规范青少年在"网络圈群"中的行为，避免越轨行为的发生。

其二，借力学校社会工作，弥补网络行为教育缺位

学校是青少年学习知识和掌握技能的重要场域，某种程度上说，学校也是一种圈群，社会工作者通过与学校联结介入青少年参与网络的思想，从而达到根本上的"助人自助"。学校社会工作也是社会工作十分重要的板块，中国香港政府在 1991 年提出在 1995—1996 年要达到为每 2000 个学生提供 1 名学校社工服务的目标，在 1994 年就已达到，到 2000 年，全港已完全实现了"一校一社工"。① 我国内地的学校社工还处在起步阶段，学校的心理老师已经难以解决越来越复杂的青少年问题，而具备社会工作专业知识和心理辅导技能的社工可以发挥积极的作用，因此开展学校社会工作迫在眉睫。

首先，社工可以通过班主任和心理老师了解青少年的网络参与心理和行为情况，并在学校建立咨询站，为学生咨询在网络生活中遇到的问题提供专业场所，通过个案、小组等方法介入，帮助青少年纾解负面情绪，增强自我控制能力，树立理性参与网络生活的理念。其次，可以利用课余时间开展网络行为相关的法律法规交流会，同学们提前准备相关案例，依次讲述案例和涉及的相关法律，也可以分享自己的亲身经历，由专业的人士来总结和点评，这种平等交流的方式更容易引起青少年的兴趣，效果也会比传统的课堂效果好。最后，运用社工专业的评估体系链接教育相关部门设计专门的针对青少年网络行为的评估标准，评估包括对青少年网络行为的评估、对介入方法、过程和结果的评估、青少年的满意度等，不断完善评估体系，从而设置更合理的课程内容与计划。学校社会工作的介入可以潜移默化地帮助青少年形成正确的价值观，主观能动地远离"网络圈群"中的越轨行为。

其三，成立网络社会工作组织，深入青少年"网络圈群"

社会工作组织应该迎合时代发展的潮流，开展网络社会工作，培养专业的网络社会工作者，"驻扎"在青少年活跃的"网络圈群"中，深入观察和

---

① 管向梅. 香港学校社会工作制度及其启示［J］. 社会，2004（04）：47—49.

了解青少年的网络行为，发现不良的网络行为及时劝阻，对优良的网络行为予以扩散表扬。仅靠社会工作组织的力量是单薄的，社工要有灵敏的"嗅觉"，善于捕捉青少年关注的热门事件，并链接多方面、多层次的资源及时介入。

首先，可以在微博、哔哩哔哩、百度贴吧、豆瓣、抖音等青少年活跃的"网络圈群"中成立网络社会工作组织，邀请全国各地多个社会工作组织的社工及专家入驻，综合提供服务，以线上咨询服务为主，如果有开展线下服务的需要，可以帮助案主链接资源。其次，可与平台、主流媒体，或者在青少年中具有较大影响力的大V合作，推送有关网络行为规范的内容，通过短视频等青少年喜爱的方式传播，引导青少年养成良好的网络行为习惯。再次，可与人气主播联合直播，快速打入青少年"网络圈群"，以谈心的方式，拉近与青少年的距离，探索新型的社工服务模式。最后，从"227事件"青少年"网络圈群"中越轨行为的演化中可以看出，网络意见领袖往往对事件的发展和行为的引导起着较大的作用，因此从"网络圈群"中的意见领袖入手，例如，贴吧的吧主、微博超级话题的管理员，明星粉丝后援会的会长等，他们往往在青少年中具有较强的号召力和影响力，他们的行为也会给青少年网络行为起示范作用。有时青少年相较于父母、老师，更追崇网络意见领袖，对意见领袖进行网络行为辅导，进而使他们影响更多的青少年，传递更多的正能量。

（3）宏观：社会工作协助网络媒介平台和政府共建清朗网络空间

其一，协助网络媒介平台加强监管

目前，网络是人们获取信息和传播信息的重要渠道，想要获取最新讯息，只需打开手机，网络媒介平台的后台推送功能便会根据用户的喜好第一时间将热门事件传递到用户眼前。但是网络媒介平台缺乏监管，信息泛滥，许多不良信息混在其中，导致网络媒介平台成为"孕育"越轨行为的"摇篮"。

一方面，网络媒介平台自身要承担起应有的社会责任，充分发挥自己信息传播者的角色和主流媒体的作用，促进主流价值观的传播及网络行为的教育引导。"227事件"发生扩大后，《检察日报》专门安排了两个板块，五篇文章从法律、道德、文化等多个角度对矛盾源头进行梳理分析，将舆论从越发偏离事实的状态扭转回来，抑制网友非理性情绪继续扩大；同时，对最受非理性情绪影响的肖战粉丝提出批评和建议，厘清这次事件的责任。许多其他主流媒体也纷纷针对该事件作出理性解读，引导积极的舆论方向。因此，网络媒介平台应给主流媒体以充分的"曝光度"，增强主流媒体的影响力。另一方面，网络媒介平台要进行技术改革，现在平台的"投其所好"导致青少年获取信息窄化，易形成思想封闭，新的观点难渗透，平台不仅要加强不良信息的过滤，还要合理投放信息，力求青少年获取的信息真实全面。

网络媒介平台通过大数据分析用户的喜好由此来推送信息，而大数据预测性的特征与社会工作的预防功能有完美的契合。[①] 社会工作者可以利用大数据迅速掌握热点事件及"网络圈群"中群体的动向，能够在越轨行为发生之前进行专业介入，联合主流媒体抑制非理性情绪，澄清不实、夸大、恶意的信息，引导舆情向正面发展。同时，也可借助前文提到的网络社会工作组织的力量，达成与平台的合作配合，培养专业网络社会工作者，明确分工：部分社工负责热门事件监控，部分社工负责线上青少年情绪疏导，部分社工负责舆论引导。从专业的角度协助网络媒介平台改革创新，寻求更适合"网络圈群"健康发展的模式。

其二，协助政府加强网络空间治理

网络空间治理是需要多学科协作的重大课题，社工可以联合政府相关部门及相关领域专家，共同商讨网络空间治理相关的法律法规与网络监管体制的制定，通过线上线下的社会工作组织深入"网络圈群"和社区对相关法规进行宣传，基于网络媒体平台对青少年网络行为的观察和研究制定符合社会主义核心价值观、积极向上的文明上网倡议。网络空间治理，政府应该居于主导地位，政府的公信力和资源整合能力都是社会工作组织所不能比拟的，综合各方力量，建立全方位、多层次的综合治理体系。

另外，社会工作的专业特性要求社工不仅是监督者和建议者，更是连接青少年和政府的桥梁，社工可以通过"网络圈群"充分收集青少年的声音，

---

① 彭小兵，谢文昌. 社会工作介入环境群体性事件预防的机制与路径——基于大数据视角 [J]. 社会工作，2016 （04）：62—71 + 127.

获知青少年的困扰和需求，并将合理的需求进行整合，传递给政府相关部门，引起相关部门的重视。例如，"227事件"中表现出来的饭圈治理的需要及同人文化的生存需要，这两个需要其实就是引起该事件的导火索。学者郑帆发表在《检察日报》上的文章中提道，"227事件"应该从粉丝行为的合理性及同人文的合法性两个维度来讨论。粉丝的行为体现了饭圈的极端性，过于重视偶像，偶像的名誉权应该由偶像自身维护，而不是粉丝，但粉丝的举报行为同时也暴露出 AO3 平台的一些制度可能违反了我国的法律法规。那么是否应该给同人作品一个更加健康和谐发展的平台和法治环境呢？① 是作者在文章最后抛出的疑问。笔者认为，答案是肯定的，饭圈需要治理，同人文也需要更优质的发展平台，饭圈文化和同人文化都是当下在青少年中较为流行的亚文化，其中有些文化价值可能与主流价值不符，但也有积极向上的内容，只是目前的传播样态较不成熟，这时就更需要社工联合政府等相关组织发挥主流价值观的引导作用，引领亚文化朝着积极的方向发展进步。

七、小结

伴随着网络技术的发展，各种信息媒体平台层出不穷，青少年亚文化的崛起，在这种背景下产生的"网络圈群"已然成为青少年社交和获取信息的重要场域。然而"网络圈群"生活中真实姓名的缺失，使青少年容易摆脱社会道德和规则的束缚，发生偏离社会期望的越轨行为。本章通过2020年初发生的肖战粉丝"大战"同人圈的"227事件"，以参与式观察法深入事件相关的"网络圈群"，记录青少年在圈群中的日常动态及发生的越轨行为。根据圈群中青少年之间关系的紧密程度将"网络圈群"分为强关系型和弱关系型，总结出"网络圈群"虚实共生、封闭排他和嵌套叠加的特征。结合对参与"227事件"的青少年的访谈，以及阅读相关文章对该事件的梳理，分析青少年"网络圈群"中越轨行为的发生及演变，共经历缘

---

① 郑帆. 评判肖战事件的两个维度［EB/OL］. http：//newspaper. jcrb. com/2020/20200311/20200311_ 006/20200311_ 006_ 2. htm，2020—3—11.

起、爆发、失控和消退四个阶段，主要发生的越轨行为有网络谩骂、人肉搜索和恶意抵制。青少年"网络圈群"中的越轨行为是多方面原因造成的，因此采用生态系统理论从微观、中观和宏观三个层次，对社会工作介入青少年"网络圈群"中的越轨行为提出拙见，希望能为社会工作开拓新的工作领域，为青少年建设健康的网络空间环境提供参考。笔者由于知识储备和能力水平有限，研究尚有不足。首先，受主客观因素影响，研究对象的全面性和代表性有限，本章研究对象仅针对与"227事件"相关的"网络圈群"中发生越轨行为的青少年，由于事件发生的背景、原因、表现及参与主要群体的不同，越轨行为也可能存在差异；其次，访谈问题的主观性和随机性较强，缺乏一定的科学性；最后，笔者对社会工作介入的策略多停留在理论层面，缺少实务的介入，更多的对策还要在实际介入中探索完善。随着互联网的发展，网络社会问题层出不穷，越来越多的学者意识到网络社会工作的重要性，但目前来说，网络社会工作尚处在探索阶段，因此，应寻求适合解决网络问题的社会工作专业理论与实务方法，推动社会工作的创新，笔者也会在日后的学习和工作中致力于理论与实务的探索，使研究更加科学严谨。

第五章 "情感"视角下的网络直播

一、引言

　　情感对建构社会关系有着不可替代的作用，"人类的独特特征之一就是在形成社会纽带和建构复杂社会结构时对情感的依赖"[1]，它"是一种建构性因素，许多社会系统是情感建构起来的模式化的社会关系，如宗教情感产生的宗教组织"[2]。法国学者涂尔干认为，"情感的集体性"[3] 有助于社会整合；GKVan、AHFischer 认为，情感"在成员相互联系、集体整合和集体身份上；在责任的分担和群体成员角色的协商上；在解决背叛或越轨行为的问题上；在协调组织目标上"[4] 等都会对群体产生重要作用。同时，群体也会作用于成员的情感，"在群体内进行感情分享，不仅有助于加强群体整合，还可以减轻个体面对消极事件带来的情感负担；群体内部成员比外部成员更容易受到情绪的传染；情感体验受群体成员感受到彼此相似性的影响，受害者与观察者越相似，观察者就越容易感到生气"[5]。情感也有负功能，如法国学者勒庞认为，个体会因集体情感的作用失去应有的理性而成为"乌合之众"。

---

　　① ［美］乔纳森·特纳，简·斯黛兹. 情感社会学［M］. 孙俊才，文军，译. 上海：上海人民出版社，2007：1.

　　② 潘泽泉. 理论范式和现代性议题：一个情感社会学的分析框架［J］. 湖南师范大学社会科学学报，2005（4）：52—56.

　　③ ［法］涂尔干. 社会分工论［M］. 渠东，译. 北京：生活·读书·新知三联书店，2000：38.

　　④ GKVan, AH Fischer, "Emotional collectives: How groups shapeemotions and emtions shape groups", *in Cognition &Emotion*, Vol. 30（2016），pp. 3—19.

　　⑤ GKVan, AH Fischer, "Emotional collectives: How groups shapeemotions and emtions shape groups", *in Cognition &Emotion*, Vol. 30（2016），pp. 3—19.

德国学者韦伯提出"情感社群"（Emotional Community）的概念。共同的信仰、价值观、兴趣爱好等是情感社群的基础。韦伯认为，教会就是一个"情感社群"，社群关系建立在对某个神的特定信仰上。法国学者马费索利在韦伯"情感社群"概念的基础上，提出"情感部落"的概念。在他看来，"部落其实就是情感共同体的隐喻，可以共享价值观，并找回自身基本价值观"①。"隐喻有助于理解、却不提供解释，帮助人们理解事物意义而不直接揭示事物的意义"②。"情感部落"大体上指"因相同感情聚集起来的人群和与之相关的各种关系，部落主义是变化的、流动的和不可测的"③，它"最本质特征就是'在一起'，社会关系具有神圣性和集体感性"④。

个人是包含在集体中的，嵌入在家庭、学校、邻里、社区、民族、国家及虚拟社区之中，只有在集体的社会关系中，个人才能感受到自身的价值，这种关系有可能是真实的也有可能是臆想的。在情感部落中，"人们无意识与他人采取同样的行动。在大型集会、音乐、体育、宗教或文化的热潮中，存在一种对于异常事物、对于超越个人特殊性的整体的投入"⑤。

网络直播为用户提供了一个实时在线观看和交流的空间，成为大众分享生活、展示自我、寄托情感的一个虚拟互动场域。主播尽情展演，粉丝打赏礼物、弹幕交流，展开主播与粉丝、粉丝与粉丝的一系列互动，形成一种新兴的网络社群。网络直播社群实际上就是韦伯所言的"情感社群"或马费索利所界定的"情感部落"，粉丝加入直播间也是建立在对某个主播的特定信仰上，出于对他或她的喜爱甚至狂热，围绕共同兴趣爱好，因相同情感聚集"在一起"，建构关系联结，采取同样的行动，共享激情，强化身份认

---

① 许轶冰. 对米歇尔·马费索利后现代部落理论的研究 [J]. 西北大学学报（哲学社会科学版），2014（1）：22.

② 许轶冰. 米歇尔·马费索利和他的后现代性 [J]. 江南大学学报（人文社会科学版）2012（2）：45—52.

③ 许轶冰. 对米歇尔·马费索利后现代部落理论的研究 [J]. 西北大学学报（哲学社会科学版），2014（1）：22.

④ 王宁. 自目的性和部落主义：消费社会学研究的新范式 [J]. 人文杂志，2017（2）：103—111.

⑤ ［法］米歇尔·马费索利. 部落游牧性 [J]. 许轶冰，译. 江南大学学报（人文社会科学版）2012（2）：40—44.

同、归属感和自我价值，进行"社会的情感同化"。

本章通过对 15 名青少年主播与 15 名青少年粉丝的深度访谈，从情感视角分析网络直播发展的内生机制及网络直播打赏与交流的行动本质；揭示网络直播社群情感联结状态及其限度。

二、个体化进程中的情感陪伴：网络直播的内生机制

传统社会其社会结构及社会阶层关系简单，流动性少，人们基于血缘和地域建构起一个稳定固化、相互熟悉、彼此信任、亲密友好的传统共同体，生活于其中的个体互帮互助、相互依赖，建立共同身份，形成较为稳定的安全感和强烈的归属感，个体生活充满确定性。然而随着社会结构的深度转型与全方位的变革、社会流动的加速，传统共同体黏合性下降，情感陪伴与社会整合功能式微，人们开始进入一个流动性的现代世界，在这样一个"流动性"的"液态现代世界"① 中，不确定性几乎存在于人们生活的各个方面，人们在一个充满竞争的、陌生化的社会里，独自面对各种不可预测性、变化与风险，为自己的选择自主负责。工具理性交往是人们交往生活的主要方面，利益成为人们相互联结的主要纽带，人际间的陌生感、不信任感、隔离感、防备和自我保持意识浓厚，社会的"原子化"和"个体化"特征明显，人们抽离出传统共同体，成为失去根基的、孤独的、缺乏安全感和归属感的原子化个体，"无根""无依""无靠""无力""无趣""无聊"成为越来越多的现代人的生活体验，情感也由此呈现出"荒漠化"特征。

我们的受访对象，无论是主播还是粉丝，大多数都表现出较为明显的个体化特征。受访者楠楠是一名全职主播，现实生活中"和周围人没有共同语言"，"身边没人可以说话聊天，感觉和周围人也没什么共同语言，大家的兴趣爱好也不同"（楠楠，女，21 岁，全职主播）。香香是单亲家庭的子女，一个人上班，"没有可以聊天的人"，"我父亲在我上大学的时候去世了，平时和妈妈在一起的时间也很少，上班以后更是一个人上下班。晚上回

---

① ［英］齐格蒙特·鲍曼. 来自液态现代世界的 44 封信 ［M］. 鲍磊，译. 桂林：漓江出版社，2013：1.

家也没有可以聊天的人"（香香，女，24岁，上班族，兼职主播）。伟伟大学毕业后就回家做生意，"我认识不了什么朋友，大学同学也都分散在全国各地很少联系了。平时晚上回家也就是看看电视上上网"（伟伟，男，29岁，个体商人，兼职主播）。粉丝娜娜是一名上班族，"一个人在上海，朋友不是在家乡就是在外地，我们下班的时间又很迟，基本上回到家就只有自己一个人"（娜娜，女，23岁，上班族）。粉丝花花是一名大二在读学生，平时除了上课，基本每天都会观看直播，有自己固定观看的主播。"现在大家都是手机不离身，除了平时上课，我的空闲时间也比较多，同学们也都各自有自己的事情干"（花花，女，19岁，大二在读学生）。粉丝兰兰是一位大四学生，"面临毕业找工作，平时压力比较大。晚上没什么其他事情做"（兰兰，女，22岁，大四学生）。粉丝华华是一名程序员，觉得工作"辛苦且单一"，"一个人出来打拼""回家了没什么事情干"，"我是一个大家俗称的'程序猿'，工作比较辛苦且单一，一个人出来打拼，加上平时工作也就是面对着电脑，回家了也没什么事情干"（华华，男，27岁，程序员）。

日益趋重的情感缺失催生普遍性的重建共同体情结，自发寻求新社群以寄托需要安放的情感。新型网络社交媒体的兴起正契合了个体化时代人们搭建情感联结的需求，而网络直播通过在直播间聚集和互动，在个体化进程中搭建起了一个新的情感社群。楠楠在做了一名主播后，找到了很多兴趣相投的朋友，觉得"很开心"，她说，"在自己的直播间里进行直播，所有的内容都可以自己决定，通过直播我找到了很多和我兴趣爱好相同的朋友，现在的生活让我觉得很开心"。在网络直播间，观众因为对主播的喜爱和支持，以及粉丝间的共同兴趣爱好而聚集。娜娜观看她喜欢的主播的直播成为"她的固定习惯"。"平时下了班最喜欢的事就是观看直播。我两年前毕业就去了上海，在一家互联网公司工作，因为本身的工作就与传媒相关，所以对网络直播的了解比较多，接触的也比较多。加上一个人在上海，朋友不是在家乡就是在外地，我们下班的时间又很迟，基本上回到家就只有自己一个人。打开直播看看自己喜欢的主播，已经成为我的固定习惯。"他们通过互动和交流强化共同身份，并产生代表自己身份的新符号，使个体重新获得身份感、安全感和归属感。主播和粉丝、粉丝和粉丝之间构建了一个虚拟的人际交往空间，所有的成员都能够真实且同步地存在，在交流和互动中产生共同看法，共享相同的情感体验和价值观，形成情感共鸣，在一次又一次的直播过程中，实现情感传递与交流、情感慰藉、情感宣泄、情感寄托、情感升华甚至激情狂欢，完成情感的陪伴。香香工作才一年，通过朋友的介绍，开始做起了兼职主播，做主播后她"再也不觉得孤单了"。"了解到朋友开了一家传媒公司，邀请我去做主播。想着闲着也是没事，聊聊天，怀着这样的想法，我成了一名兼职主播。现在晚上下班以后，我都会准时开直播，每晚找一个话题，跟粉丝们聊天，再也不觉得孤单了。"

正是网络直播将孤独的原子化个体重新联结起来，在血缘、业缘、地缘之外，搭建起"情感"共同体，使这些没有血缘关系、工作关系、地域关系但兴趣相投、爱好相近、观点相似的人们在网络直播和交流中搭建了情感联结，使他们重新"在一起"，使情感得以寄托，心情得以释放，这是网络直播得以发展的一种内生机制，驱动了个体化的人群向网络直播间聚集，推动以情感为主要联结的网络直播新型情感社群的发展。伟伟相貌较为帅气，自己经常没事进行直播，得到了传媒公司的注意，现在在传媒公司做兼职主播。"后来接触到了网络直播，弄了自己的直播间和粉丝们聊天唱歌，感觉晚上的时间很快就过去了。后来由于粉丝比较多，就签约了公司，既有钱赚又交了很多志同道合的朋友。"

三、虚拟社群的情感行动：网络直播的打赏与交流

韦伯把社会行动当作自己理论的基础并区分出"价值合理型行动、目的合理型行动、传统型行动和情感型行动"[①]。美国学者古斯菲尔德（J. R. Gusfield）从两个维度将社区分为两种类型："第一种是从社区的区位和地理意义维度定义的地理型社区（territouial and geographical communtity）；另一种是从人际关系和人际交往中的情感联结维度定义的情感型社区（relational communmity）。再引入韦伯社会行动类型的划分与整合，两种类型的社区分别对应韦伯的两个类型的社会行动，形成四个类型的社群，即

---

① ［德］马克斯·韦伯. 经济与社会［M］. 林荣远，译. 北京：中国商务出版社，2004：56.

城市社群、传统社群、专业社群和情感社群"①（见表 5 - 1）。

表 5 - 1　社区与行动类型

行动类型社区类型	工具理性行动	价值情感行动
地理型	城市社群	传统社群
关系型	专业社群	情感社群

"情感"对社会行动有重要作用。互动仪式理论认为，"人们分享共同的情绪或情感体验是互动仪式的四种要素之一，相互关注与高度的情感连带形成与认知符号相关联的成员身份感，并为每个参与者带来情感能量"②。情感作为一种控制系统，③ 对于社会互动具有抑制与诱发的双重效应，兼具建设性与破坏性。社会交换理论将情感视为一种交换的资源，情感理论认为互动过程中生成较持久的情感，并且能够在互动者之间传递，从而把情感的力量施加于互动者。在现代社会，"情感的制造和操纵甚至走上商业化道路"④。

网络直播间是关系型情感社群，是借助互联网聚集起来的、基于情感的、拥有共同目标的、个人在群体中只有单一角色的、在关系维度下而非空间维度下建构的社群，其社会行动以价值情感行动为主。主播在直播间通过环境营造、印象管理、才艺展示和亲昵化表演，制造和操纵情感，将情感作为交换资源，获取粉丝的礼物打赏；对粉丝来说，其获得满足的则是情感慰藉，行动出于情感力量，受情感的驱使。这种情感力量大致有四：一是对主播的喜爱、崇拜与依赖。花花基本每天都会观看直播，有自己固定观看的喜欢的主播，"机缘巧合之间，我点开了网络直播，直播平台有各种主播，我在平台上找到了自己喜欢的主播，我们很聊得来。时间长了以后，基本上他每次的直播我都会去准时观看"。二是满足虚荣心，张扬存在感，获得尊重与仰视。如，20 岁小伙挪用公款 890 万元打赏女主播，喜欢富二代的感觉，

① 陈昕. 情感社群与集体行动：粉丝群体的社会学研究——以鹿晗粉丝"芦苇"为例 [J]. 山东社会科学，2018（10）：37—47.

② ［美］柯林斯. 互动仪式链 [M]. 林聚任，王鹏，宋丽君，译. 北京：商务印书馆，2009：79.

③ 王鹏. 基于情感社会学视角的社会秩序与社会控制 [J]. 天津社会科学，2014（2）：75—79.

④ 成伯清. 情感的社会学意义 [J]. 山东社会科学，2013（3）：42—48.

感觉很有面子,① 女粉丝挪用 360 万元打赏男主播,出于"相互攀比,你刷我也刷"②,28 岁乡镇干部骗取 38.7 万元打赏主播为"吸引注意满足自己虚荣心"③,等等。三是弥补现实情感缺失。如,30 岁男粉丝半年打赏女主播 250 万元,因"感情受挫,沉迷网络"④。四是情感冲动、情感宣泄、激情或狂热等。如,16 岁少女偷万元打赏男主播,因"打赏的时候很好玩,为表达自己的爱,钱不是事儿"⑤,女出纳花公款 490 万元打赏男主播,感觉打赏时释放了很多压力。⑥ 这些动不动就"豪掷千金"的令人感到"荒唐"的行径背后均隐藏着情感逻辑。当然也有除此四种情感力量之外的因素驱动的网络直播社群,诸如,基于纯商业化推销和徘徊法律边缘的纯为商业目的而满足粉丝身体欲望的网络直播,此类网络直播社群不在本章讨论之列。

网络主播的劳动可看作情感劳动。⑦ 为迎合粉丝的情感需求,主播为获取打赏的目的性理性行动也往往采取"情感运作"的策略,构建行动的价值情感合理化机制。其方式大致亦有四。

一是通过亲昵性角色表演,构建网络虚拟亲情私人关系,拉近情感距离,称粉丝为"老公""老婆""妈妈""干妈""兄弟"等。如,透支信用卡一年打赏主播 32 万元气死母亲的某粉丝觉得"在里面称'老公''老婆',还有称兄道弟的,很亲近"⑧,"一位六旬大妈,因女儿长期未能陪伴

---

① 公司会计挪用公款 890 万,大部分打赏给网络女主播 [EB/OL]. https://news.163.com/17/0519/11/CKQ0IHVR00018AOR.html.

② 疯狂女粉丝挪用 360 万元公款为"男主播"刷礼物 [EB/OL]. http://news.cctv.com/2016/12/09/ARTIcEgoIzFjQAlQo0cuxDCK161209.shtml.

③ 乡镇干部向群众骗取 38.7 万元打赏女主播 [EB/OL]. https://society.huanqiu.com/article/9CaKrnK2FI4.

④ 男子失恋后沉迷网络直播,半年打赏 250 万,钱都是这样来的 [EB/OL]. https://baijiahao.baidu.com/s? id=1597361194571584720&wfr=spider&for=pc.

⑤ 16 岁少女偷儿万打赏男主播见面发现对方仅 1 米 [EB/OL]. 5http://news.sina.com.cn/s/wh/2017—04—01/doc–ifycwyns4104110.shtml.

⑥ 女出纳花公款 490 万打赏男主播:释放了好多压力 [EB/OL]. https://baijiahao.baidu.com/s? id=1632681832916897255.

⑦ [美] 华莱士,[英] 沃尔夫. 当代社会学理论:对古典理论的扩展:第 6 版 [M]. 刘少杰,等,译. 北京:中国人民大学出版社,2008:217.

⑧ 男子工资月 4000,打赏女主播欠 32 万,母亲得知当晚被活活气死 [EB/OL]. https://baijiahao.baidu.com/s? id=1636034879686155945&wfr=spider&for=pc.

身边，前后打赏男主播近30万元，男主播则称呼其为干妈"①。伟伟有一个自己的粉丝群，会在直播的时候让粉丝加入群聊，主播与粉丝、粉丝与粉丝以哥弟姐妹相称，"在长时间的直播过程中我已经有了一部分的老粉、铁粉。男生我们之间会互相称哥，女生之间会称姐姐妹妹。在直播的时候这些老粉也会帮我维护直播的秩序"。

二是通过频繁互动，推进虚拟亲情关系现实化。如，"与打赏的女主播线下见面，并发展成为男女朋友关系"②，邀请粉丝出来聚会③等。伟伟在长时间的与粉丝的互动下，发展了很多现实中的朋友，"线上线下都有交流，很多同城的都成为现实中的好朋友"。"在平时线下，为了维系感情，我们也会一起打'吃鸡'游戏。"兰兰与一个特别喜欢的主播经常在线下打游戏吃饭，"现在我们也还经常会在线下一起打游戏一起吃饭"。

三是通过印象管理，构建粉丝喜爱的"可爱""可怜""温柔""善解人意""平易近人"等性别气质或外在形象，满足粉丝情感需要。如，网店客服截留公司货款10.2万元打赏女主播，因"女主播直播比赛如果输了看上去很可怜，还会撒娇"④，"'00后'女孩打赏男主播65万元，打赏的主播都温柔善解人意"⑤。兰兰之所以特别喜欢一个主播，就因为觉得他"平易近人"，为他充钱刷礼物，"晚上上床后基本就是打开直播软件。在之前的观看直播过程中，又认识几个主播，因为在直播间跟他们交流的时候很舒服，大家兴趣爱好也相同，所以会经常给他们评论，也有一个我特别喜欢的，觉得他很平易近人，第一次为他充钱加入了他的粉丝团并给他刷了礼物"。华华喜欢一个长得"可爱"又"声音好听"的女主播，为提升她的人

---

① 六旬大妈打赏主播30万出手阔绰　男主播"认干妈" ［EB/OL］. https：//www. takefo-to. cn/viewnews－1464633. html.

② 男子迷恋女主播，花近90万成为男女朋友，分手后：还我钱 ［EB/OL］. https：//dy. 163. com/article/DRN3VCJD0544086K. html；NTESwebSI = F7A03AC90AE16F7154B7BAE9E12409C5. hz-subscribe-web-docker-cm-online-rpqqn-8gfzd-no6gz-957844wnskh-8081.

③ 斗鱼多位主播偷偷举办粉丝聚会，DNF主播旭旭宝宝被坑惨了 ［EB/OL］. https：//www. sohu. com/a/319559278_120099890.

④ 网店客服截留货款打赏女主播：她们撒娇我就心软 ［EB/OL］. http：//news. china. com. cn/2017—11/30/content_41956745. htm.

⑤ 3个月65万！16岁女孩疯狂打赏男主播：他们都温柔善解人意 ［EB/OL］. https：//k. sina. cn/article_6408494814_17df9dede001002bly. html.

气量，"不停地给她刷礼物"。"前段时间觉得无聊打开了直播软件，发现有一个女生主播，人长得很可爱，声音也很好听，我评论的每一条她都会耐心回复。有的时候还会给我唱歌。有的时候她要和别人 pk 人气量，我就会不停地给她刷礼物。"

四是环境塑造与激情表演创造"集体欢腾"状态。环境的塑造对情感行动也起着重要的作用。主播会在尽可能的情况下利用屏幕空间打造一个放松的拟态环境。通过小摆件、玩偶、遮盖布等增添场景中的温馨感，同时播放不同应景的背景音乐，以及各种模拟虚拟的笑声哭声等，让观众看到一个拥有真实细腻感、令人放松的环境。通过精心梳妆、滤镜美颜、声音美化，唱歌跳舞等竭力表演，营造气氛，创造"集体性欢腾，调动每一位成员内心的情感"①。受访者圆圆是一名大二的学生，通过寻找大学生兼职，开始在业余时间成为一名主播，为吸引粉丝进行培训，学习才艺，有了粉丝群，并起了个"家"的名字。"在成为一名主播以后，我在直播时和粉丝的互动基本就是通过弹幕、评论和打赏。为了留住粉丝，我会经常到公司进行培训，培训课程包含很多，如何与人沟通、如何引起话题，并学习一些才艺，例如唱歌等。我有一些固定粉丝，大家在一起建了个群，会每天在群里找话题聊天，并在开播时发提醒消息，我的粉丝群名也是叫圆圆家。就是为了让大家在一起更像一个大家庭一样。"受访者开开是一位兼职主播，善于运用环境营造吸引粉丝。"我每天 7 点下班，然后一个小时回家吃饭，一般在 8 点或 8 点半开始直播，一开始直播的时候很随意，就在自己的电脑桌前面直播。后来随着直播时间久了加上观看直播的粉丝越来越多，我就开始在网上采购一些背景布、话筒和简单的小物件。在直播的时候放放音乐，也开始在直播之前给自己化个妆，换身漂亮衣服。这样不仅可以留住老粉丝还可以吸引一批新的粉丝"（开开，女，25 岁，上班族，兼职主播）。

打赏之外的主播与粉丝及粉丝之间的交流与互动，则更显情感行动的特点。粉丝们超越了身份和地域的限制，身份关系扁平化，摆脱了现实工作关

---

① 宁晶，许放明. 青少年趣缘群体符号边界的建构——以 XZ 户外俱乐部为例 [J]. 当代青少年研究，2016（1）：39.

系中科层制身份压制和自我禁锢，交流互动变得自由与无所顾忌。西班牙社会学家卡斯特认为，"互联网适合发展多重弱纽带，容许与陌生人相连接，为原本生活狭隘的人提供社会联系的便利，更容易打破禁忌的讨论"①，情感在匿名的空间里得到尽情表达与释放。共同的兴趣爱好使粉丝间具有天然亲近感。华华在访谈中说："我加入了她的粉丝团，粉丝团里，大家性格爱好也都相似。我们会一起线上狼人杀、剧本杀，打王者荣耀等。"他们聚集在主播的周围，讨论共同感兴趣的话题，情感共通共享，形成"'可感触的关系'和'弥散同盟'"②，重建新的身份和情感归属。

网络直播社群中的情感行动也并非一定会有预期结果。进入直播间，情感如果不能被唤醒或情感已经消退，成员会采取退出直播间的行动，甚至会反目成仇，情亦由爱变恨。峰峰告诉我们，"有时候发现喜欢的主播可能在某件事情上和自己的三观不同，想法不同，我也会不再去观看她的直播了"。

四、若即若离：网络直播社群的情感联结

然而，事实上主播与粉丝及粉丝与粉丝间情感是流动的、不稳定的、多变的，看似很靠近，却又很疏远；看似亲密无间，却又貌合神离，暧昧不清。处于一种"若即若离"的联结状态，是一种有限度的联结。这种人际交往中若即若离的情感联结表现为网络直播社群中成员情感是流动的、多变的，是又"即"又"离"，"即""离"不定的。受访者崽崽是一名全职主播，在大学毕业以后就开始从事主播行业，现在已在自己所属的传播公司进行了部分入股。他坦承"粉丝去去留留"也"不在意了"。"我在毕业之前就已经开始了主播，毕业以后觉得主播的工资还挺高的，加上时间比较自由，所以我选择了继续做一名主播。在这么多年的直播过程里，也看透了很多，之前会为了留住粉丝想了很多办法。在乎自己的外表去做了医美，陪他们聊天打游戏。但后来发现随着主播行业的快速发展，像我这样的主播越来越多了，不管你

---

① ［西班牙］卡斯特. 网络社会的崛起［M］. 夏铸九，译. 北京：社会科学文献出版社，2001：445.

② 王宁. 自目的性和部落主义：消费社会学研究的新范式［J］. 人文杂志，2017（2）：109—110.

多优秀，还是有部分粉丝会流失。后来也就看开了，粉丝去去留留，有老粉丝走也有新粉丝加入，所以就不在意了"（崽崽，女，24 岁，全职主播）。

在网络直播间，粉丝说来就来，想走就走；主播的态度则是来了欢迎，走不挽留。一个主播每场直播都可能会有新粉丝的加入与老粉丝的退出，主播会将情感控制在合理的尺度并在各新老粉丝间周旋，与每个来到直播间的新老粉丝保持相对平衡的情感分配，不因偏爱而"掉粉"，以尽可能地扩大粉丝数量；每个粉丝也可能在许多直播间来回逗留、切换穿梭，似蛱蝶穿花。他们既保持一定的靠近，又保持相对的距离。情感不是稳定的和持续的，而是持续的短暂，是无数个短暂的瞬间，情感的满足也是多个即时的一瞬。受访者粉丝峰峰（男，27 岁，个体商人）是一位个体商人，经常观看直播。他坦言："我现在有了自己的生意，也一步步走上了正轨，以后就没这么忙了，周围的朋友平时也都在上班，加上直播的流行。基本上闲余时间我都在观看直播，也没有特别喜欢的直播。可能有段时间会特别喜欢某个主播，给她刷礼物给她评论，后来突然又刷到了其他的主播，我就会去其他的直播间了。"受访者可可（女，20 岁，大三在读学生）是一名大三在读学生，由于室友在当兼职主播，于是自己也开始了兼职主播。她告诉我们："我是大二开始当的主播，一开始是觉得挺好玩的，很好奇，就试试了。但是觉得自己什么也不会，就跟大家随便聊聊天说说废话，后来发现也有很多人愿意听你说废话，陪你聊天。也因此认识了很多人，我的榜一为我刷了很多钱，大家私下也经常联系。但是后来他会开始限制我和新粉的交流。现在和他的关系已经断了。没关系，他会为你花钱也会为其他人花钱，他能为我花钱，也会有新粉来为我花钱。"

网络直播社群成员看似亲密无间，却又貌合神离，暧昧不清。这种若即若离的状态是心照不宣的，当主播以老公称呼粉丝而获得粉丝的打赏时，他们心里都知道，他不会成为真正的老公，那只是一种暧昧的话语表达策略，用情感的机制回应情感的需求。在交流区的交流互动，粉丝之间虽尽情表达，无所顾忌，但亦非无所不谈。尽情表达的都无关个人身份、工作、家庭等信息。他们每天都在一起聊，说了许多，但你依然不知道他是谁，长什么样，在哪里，干什么的。受访者欣欣（女，22 岁，全职主播）高中毕业以后就成了一名全职主播。她直言不讳地说："因为从小不爱学习,高中毕业以后看直播行业还不错,就成了一名职业主播。现在我有自己的粉丝群,每晚定点直播,直播之前都会在我的群里预告一下。我有好几个群,一个大群,还有很多小群,小群都是我的铁粉们。这些我会叫他们哥或大叔。平时直播的时候会注意自己的外形,也会学习唱歌跳舞说话技巧这些。大家直播间也是姐姐妹妹哥哥叔叔这么喊,但实际上都是互相不清楚的。他们也不知道我实际什么样,我也不知道他们是什么工作在哪个城市。当主播的这段时间习惯了粉丝走走留留,和朋友一样处得来就处,处不来就算了,做好表面就行了。"

若即若离意味着网络直播社群成员的情感联结是有限度的。现实中面对面的基于血缘、地缘、业缘的线下交往是在双方逐渐了解,日益相互熟悉的基础上建立起情感联结,其特征是具有稳定性、持久性和深入性。网络社群契合了个体化进程中人们重建情感联结的需要,其匿名性、时空跨越、交往的扁平化等特点促进了情感的快速联结,但又限制了情感的联结。一方面人们需要从中重获情感陪伴;另一方面,面对从未谋面、不知底细的情感对象,每个人都会心存防备,以免"真情错付"。所以若即若离的情感联结是个体化进程中人们通过网络直播社群重建情感关系的一种保护机制,"可看成个人与社会的再调和"①,既要实验情感陪伴,又得把情感控制在一定的限度,以保护自身的隐私、自由与安全。粉丝叶叶(女,27 岁,直播公司职员)就在直播公司工作,除了上班时间,自己也会观看直播。"因为自己对直播方面比较熟,所以平时也会观看一些直播,也没有特意喜欢哪个主播。基本就是无聊随便翻一番,如果翻到有哪位主播很对自己口味,或者和自己志趣相投,我会跟他多聊聊也会给他刷礼物打赏,也会加入他们的粉丝群。但可能今天喜欢明天就不喜欢了。"

五、小结

情感是理解网络直播社群的一个重要视角,正是网络直播社群适应了个体化进程人们重建情感共同体、实验情感陪伴的需要,这种内生机制促进人

---

① 陈瑞华. 直播社群:青少年网络社交的关系具象 [J]. 中国青少年研究, 2017 (8):92—98.

们向网络直播间集群形成新型网络社群，推动网络直播的发展。情感贯穿于一场网络直播的始终，一场网络直播的交流与互动就是无数个情感行动的总和。主播运用情感化策略可实现其工具理性目的，粉丝以物质工具性打赏满足自身情感需求；粉丝与粉丝间的交流则基于共同兴趣，分享共同情感，获得成员身份和情感归属感。由此，主播与粉丝及粉丝与粉丝之间通过一次又一次的情感行动建立情感联结。

然而这种情感联结是有限的，若即若离的，情感的满足是短暂的、瞬时的、多变的，情感关系是浅层的。这种有限的情感联结虽然能满足人们无数个孤独时刻的情感陪伴，但难以做到集体生活所必须的"至真至情"，情感无法抵达心灵深处。心是戒备的，情亦就无法深入！聚焦在网络直播社群的人们，他们试图无限接近，但从一开始就须设定一个无法突破的距离。他们是熟悉的，但最终还是陌生的。更有甚者，"一言不和"就"因爱生恨"，反目成仇，转为"黑粉"，攻击主播及社群内部成员。

"个体在机遇中具有权力和地位时会得到更高的情感回报"[①]，网络直播间里粉丝通过对主播物质打赏的数量比较，重新构建了粉丝间的权力关系，形成粉丝间的地位与身份差异，原本扁平化的人际交往格局实际上再次被打破，形成新的权力结构，只是与现实生活群体不一样的是，网络直播社群中的权力结构与实际工作职业、职务级别和实际财富等都无关，你只要打赏得多就拥有更高的权力，可获取更多的情感回报，至于你为获取权力的打赏来源是实际的收入还是透支了信用卡或盗用了公款那都无关紧要。此种情况下，网络直播社群中成员互动而产生的不能至真的情感也往往是用来作为交换的资源，充满了商业化的铜臭，粉丝为获取更大的情感回报不惜透支或盗用重金打赏主播，直播间变成斗富赛场。规范网络直播必须提上日程；同时，直播社群可在一定程度上弥补现实中情感的缺失，但终究无法"替代"。

---

① ［美］乔纳森·特纳. 社会学的理论结构 ［M］. 邱泽奇，等，译. 北京：华夏出版社，2006：417.

第六章 "微社群"中青少年
表演式抗争研究

一、引言

当代中国，深化和推进改革所伴随而来的战略机遇与社会矛盾重叠。在政治变革和民主发展的过程中，个体或群体进行社会抗争的方式日趋多样，一种新型的社会抗争逐渐走上了历史的舞台。"表演式抗争"作为一种新的抗争形式和抗争剧目类型，展现的是处于无权或弱权状态的弱势群体为了实现自身利益而采取的抗争行动，是一种带有戏谑表演性质的公共行为。作为一种较为特殊的社会参与行动，表演式抗争的行为隐喻特性较为明显，它体现了抗争者在现有的社会结构下做出的无逾越底线的政治参与选择。这种抗争形式相较于传统抗争体系中的以法、以理、以势、以死抗争等抗争形式有所不同，表演式抗争通过夸张化、戏剧化的表演，将个人遭遇的小情景与社会舆论的大舞台连接起来，通过制造目光焦点，比如，使用戏谑夸张的行为表演进行抗争性话语的编织，将利益诉求表达出来，为青少年群体的抗争创造了一种安全可选择的实践路径。

同时，随着中国网络化程度日益加深，网络舆论推动下的抗争行动又表现出全新的特征。以博客为开端的个体话语时代，给弱势群体（尤其成长于网络时代并熟悉互联网的青少年）更宽广的表达诉求的空间。"微社群"逐渐成为网络事件酝酿和动员的主要阵地，尤其手机移动端技术逐渐成熟以后，微社群关系搭建往往更具便捷性和快速性，对于事件的反应也更具有即时性，往往可以做到"一拍即合"，在短时间内就可以形成庞大的行动结构。在这样的时代背景下，青少年的社会交往发展出一个较为显著的全新特点，即小众化、虚拟化和社群化。青少年因兴趣相投或观点相似而以虚拟线上的组织方式集聚，在各种类型的网络社交平台上形成众多小众化的"微社群"，比如，微博的"超话圈"、微信和 QQ 的各种群聊和讨论组，以及各种带有半封闭圈群设计的 App 讨论空间等。社群成员思想同质性极高，兴趣非常聚焦，或者聚焦于某热点事件在微社群内部进行舆论发酵和群体发声，在"微社群"中构成封闭的自我世界。当利益诉求无法得到满足或希望获取更大收益时，了解网络力量的青少年很可能会通过各种表演行为，制作不同内容的剧目内容，如，通过"做噱头""演戏""悲情叙事"等来凸显自己，通过目光吸引争夺话语权力，将个人利益诉求在新媒体社会属性的推动下，转化为公共话语，甚至推动公共政策的修正。

这种发迹于微社群中的表演式抗争在一定程度上反映了一些社会问题，稳定了社会关系，但与之而来也产生了一些负面影响：意见领袖引导和操作舆论方向、"有心人"打着正义的旗号进行舆论暴力等。若表演式抗争无法得到正确的回应和收编，那么这种抗争有演变为大范围冲突性群体行动的可能，给社会的稳定产生潜在的负面影响。本章通过研究表演式抗争的基本形式和动员机制，从"微社群"的角度出发分析青少年群体进行表演式抗争的一般过程和演化机制，从社会工作的角度出发，以增权理论为指导对其进行科学有效的治理，合理收编，矫正青少年表演式抗争偏离正轨，降低其社会风险和隐患，将此种抗争形式引向正途。

二、概念操作化

1. 表演式抗争

表演原为艺术领域的一个专有名词。《辞海》中的"表演"是指通过表演的过程，包括演员根据自己的角色和剧情，运用语言和动作来刻画自己的角色，演绎剧中的内容，通过表演来传递某种情绪情感和价值取向。[①] 美国学者戈夫曼最先开始在社会学和心理学的范围内展开对表演的研究。戈夫曼在《拟剧论》中将表演定义为表演者通过表演内容向台下提出一些相对抽

[①] 辞海（第 6 版缩印本）[Z].上海：上海辞书出版社，2010：126.

象的期望。① 表演式抗争的行动过程与传统社会抗争有很大的不同，作为一种新型独特的抗争形式，重点就在于其煽情、戏剧化的表演内容。行动者通过煽情甚至于近似荒谬的表演内容来表达自己的想法和诉求。从更高一级的维度上说，他们将表演的小舞台拓展到社会大舞台层面，演化为一种更为宏观的社会表演。在表演式抗争的诸多研究中，刘涛认为，表演性抗争作为一种转型时期的新型抗争方式，通过创造戏剧性、消费性和参与性的表演来进行抗争实践，创造了一种弱势大众可以选择的行动计划和政治实践形式。② 王蒙认为，当群众觉得自身的利益受到了权威的损害，或者政府的政策不公平、决策不规范时，公民就会开始愤怒，要求采取某种行动，用夸张的公开表演来表达个人或集体对权威机构的不满。他认为，表演式抗争是一种政治层面的剧目，是参与者为实现利益声张和价值诉求的迂回曲线。③

本章将表演式抗争的概念界定为强调一种新的抗争内容和社会参与方式，通过创作一些戏剧性的、参与性、消费性甚至荒谬性的表演内容来表达抗争诉求，是一种"弱者的武器"的表现形式。基于此，"微社群"中青少年表演式抗争即是指，为了达到某一特定的目标，一群有着共同追求的青少年通过"微社群"以网络集聚的形式动员、组织和团结起来，通过线上线下的方式，创造出一些戏剧性的、消费性的、参与性的表演内容，来引导舆论，促进社会行动，从而实现抗争的目标。

2. 弱者的武器

20 世纪 80 年代，美国学者詹姆斯·斯科特发表专著 *Weapons of the Weak: Everyday Forms of Peasant Resistance*，它以在马来西亚的调查研究为材料依据，阐述了农民这一弱势群体为进行抗争所采取的种种反抗形式，在学界提出了关于"弱者的武器"的概念，超脱以往只对农民革命进行理论研

---

① ［加］欧文·戈夫曼. 日常生活中的自我呈现［M］. 冯钢，译. 北京：北京大学出版社，2008：95—99.

② 刘涛. 情感抗争：表演式抗争的情感框架与道德语法［J］. 武汉大学学报：人文科学版，2016，69（5）：102—113.

③ 王蒙. 当代中国政治中的表演式抗争：景观、结构与效能［J］. 西南大学学报：社会科学版，2013，39（5）：23—31.

究的范畴，将目光转移到对农民日常反抗的层面来。① 美国学者斯科特经过调查发现，农民在意识到可能的不利处境后开始组织反抗。但是由于公开的叛乱往往意味着巨大的风险和成本，所以他们往往采用一种非正式的、非公开的方式来隐晦地进行反抗并表达自身群体的利益诉求。农民的反抗方式主要有：以拖沓、懒惰甚至逃避等形式进行消极反抗；以装糊涂、装疯卖傻、虚伪顺从等形式进行逃避；以舆论、诽谤、诬蔑等方式向上层阶级施加压力；或者从言语欺骗到暗中搞破坏等暴力方式进行反抗。这些日常的反抗形式被称为"弱者的武器"。斯科特经过调研发现，马来西亚的这些农民使用此种弱者的武器几乎不需要提前的组织计划与协调，他们之间互相有默契地借助于非正式的朋辈、社区关系网络，通过个体互助的形式，以一种隐秘的难以察觉的方式来与现有的规制做对抗，而正因其隐蔽性所以难以被追查。纵观整个调研过程，斯科特发现农民群体这种看似微小难以发觉的反抗方式，长此以往却产生了动摇社会结构的巨大力量。② 在斯科特关于"弱者的武器"的理论观点传入中国后，引发了中国学者的思考，结合本土实际发展了许多新的理论观点补充。

3. 增权理论

增权一词的英文为"Empowerment"，是由权力"Power"而来。"增权"理论产生于20世纪70年代，1976年美国学者Solomon在其专著中对"增权"进行了阐述。"增权"被用来描述由于长期遭受同辈群体、优势群体和宏观环境的负面评价而导致的黑人失权和无权现象。在他看来，想要解决此种困境唯有通过增权以改变被外界"污名化""标签化"的群体定义，使群体内部成员被重新定义和认知，使其重获自尊和自信。Solomon认为，社会工作应该通过专业方法的介入来对黑人群体进行增权赋能，以改变"制度性种族主义"在社会中造成的不公平问题，并增强黑人群体的自我效能感，提高社会变革的能力。

陈树强在研究国内外领域内已有学术研究成果的基础上，提出：权力可

---

① ［美］詹姆斯·斯科特. 弱者的武器——农民反抗的日常形式［M］. 邓广怀，张敏，何江穗译. 南京：译林出版社，2007：225—301.

② 唐咏. 中国增权理论研究述评［J］. 社会科学家，2009（1）：18—20.

以指被赋予的内在的一种能力，同时也是人们的一种主观感受，比如，权力感。正是此类权力感增强了人们的价值、尊严、自由、幸福的感觉。① 总的来说，他认为增权可以看作挖掘和激发案主潜能的一种介入与操作模式，但是需要注意的是，此处论述的增权并不是直接赋予案主权力。②

周林刚对于增权理论的研究结果和陈树强相似，他将增权概括为一种理论和实践，他认为社会工作中的增权思想，就是要重拾个体自身所具有的潜能或被压抑的力量，使其达到与他人平等的权利状态，从而实现个人的成长与发展③。范斌研究得出无权状态一般可分为以下三种类型：无权——完全没有权利；弱权——有一部分权利但是很难支撑正常的社会参与，改善自身所处现状；失权——之前拥有的一些权利由于特殊原因导致被剥夺或压抑。④ 在这一特殊的转型期，青少年这一群体在不同程度地面临着无权、无助、无力的处境，受制于社会结构，青少年群体目前所处的无权和弱权状态是一种常态化的状态。青少年群体在社会参与中，个人权力的缺失导致了社会关系的不平等，而在增权理论关注的就是权力在社会关系中的作用，该理论思想的重点就是聚焦与案主自身的潜能和优势，通过培育、激励、协助、支持、激发、将其激活开发出来，通过提升青少年自身解决问题的能力来完成增权的目标，⑤ 最终的目的是为了改变因结构性压迫而导致的青少年群体的失权和弱权状态。

三、研究方法

案例研究法

转型期的中国，青少年在"微社群"中酝酿发起的诸如隐喻表演抗议、

---

① 陆士桢. 治理网络游戏成瘾是青少年成长发展辅导的系统工程 [J]. 中国青少年政治学院学报，2005（06）：7—14.

② 陈树强. 增权：社会工作理论与实践的新视角 [J]. 社会学研究，2003（05）：70—83.

③ 周林刚. 激发权能理论：一个文献的综述 [J]. 深圳大学学报（人文社会科学版），2005（06）：45—50.

④ 范斌. 弱势群体的增权及其模式选择 [J]. 学术研究，2004（12）：73—78.

⑤ 周会敏. 增权理论与传统社会工作理论之比较与反思 [J]. 东华大学学报（社会科学版），2008，8（04）：285—288.

调侃小视频等表演式抗争不断上演，为我们的研究提供了一定的现实依据，也为构建青少年弱势群体表演式抗争过程和机制的解释框架提供了可能性。通过选取典型的案例进行分析，结合抗争政治的已有理论研究，试图找出青少年弱权群体在微社群中发起表演式抗争存在的普遍规律，总结出这种抗争演化的一般过程和机制。我们并不反思案例本身的现实性，而是反思情景创设中的"表演式抗争"概念，因此，分解事件本身与行动各阶段的联系就显得非常重要。因此，案例研究法是一个较为合适的研究方法，通过对案例材料的细分观察，以抗争事件作为切入点，分析在微社群中发酵的原因及动员机制等。正如李金铨所言，剖析一个案例的目的是为了解释隐藏在案例背后的深层机理，从中得出特殊的见解和意义，并研究微观现象的宏观基础，外部世界如何投射在局部环境中，微观文化如何被宏观的系统框架形塑而成。① 在发迹于微社群的表演式抗争中，存在线上、线下、公民、政府、媒体等多方互动，事件发生及发展并不是单方面决定的，而是在该舆论场中多方互动过所建构的，而案例研究可以对多元因素进行分析，从事实出发进行研究，事件发生的过程进行深描及分析，对目前微社群中的动员和演化展开研究，是一个兼具高效性和实用性的手段。

四、"微社群" 中青少年表演式抗争基本形式与发生机制

1. 弱者身份：武器何以有效的关键

在社会工作理论中，对"弱者"的理解：弱者是由于能力低下或资源匮乏而处于社会弱势地位的个体或群体，他们追求的目标是争取更多的社会资源和更高的社会地位。一般来说，他们处于社会结构中的弱势层面，在现实生活中不能充分地表达自己的利益诉求，也不能有效地行使自己的合理权利，无法在有关自己切身事务的"公共讨论"中提出自己的想法和要求。但是随着 QQ、微信、微博等网络平台日益成熟发展，个体话语时代赋予了解网络力量的青少年群体更多的话语表达的权利和自由。在个体或群体利益受到损害而无法得到满足的情况下，青少年为了表达自身利益诉求，开始以

---

① 李金铨. 走进 "流动的家园" ［J］. 读书, 2014（03）：73—82.

"微社群"作为动员和发声的媒介与平台，通过"微社群"提供"戏剧性表演抗争剧目"，如，"制造噱头""行为出位""悲情性讲述"等表现形式，凸显自我，并通过特定的机制，使个人遭遇转化为普遍的群体生存困境，成为社会关注的对象，通过借助"微社群"开展一种自我"赋权"的方式，从而达成自己的目的。发起或参与表演式抗争的青少年行动者通过借助于这种"弱者"身份，将复杂的社会冲突简化为强者与弱者之间二元对立的格局。而二元对立的原型叙事在网络舆论中颇具动员能力，因为网络围观的民众大多对弱者有一种潜在的同情心，因此这种身份建构更容易在网络空间中获得普遍的情感关注和道义支持，形成强大的动员力量，唤醒社会冲突中沉淀下来的集体记忆，激发网民的社会悲情和社会怨恨，构建从"我"到"我们"的身份认同。

在具体的表演抗争行动中，所谓"弱者"并不一定完全是传统意义上的弱者，而是青少年用来进行社会抗争的重要武器，也是表演抗争运动取得成功的关键。弱者成为他们表明自己身份的一种标签，应用于动员和抗争过程的全过程。"微社群"中表演式抗争以社会公正、道德为基础，表现出对社会正义的追求，强调弱势群体的身份认同，用"弱势群体"这个社会标签，与他们所反抗的群体形象形成鲜明对比，吸引社会的关注，赢得同情与共鸣，引起舆论的关注与重视。弱者身份的抗争虽然是一种"公开文本"式的抗争，通过获取目光关注来获得力量，但是抗争的行为也暗含着隐藏的内容。[①] "弱者"的身份成为青少年在社群中发起抗争行动动员和演进的关键钥匙。

2019年，被誉为"网络维权完美示范"的"陕西奔驰女车主维权"活动引发热议和广泛关注。4月11日，"@化身寸山"通过微博上传了三段视频，视频内容为一位女性坐在奔驰车的前盖上哭诉维权。视频中奔驰女车主说，她花了66万元买了一辆车，收车5分钟后突然发现发动机漏油了。经过反复沟通，却得到只能更换发动机的解决方案。无奈之下，该女车主通

---

① 郭于华."弱者的武器"与"隐藏的文本"——研究农民反抗的底层视角 [J]. 读书，2002（07）：11—18.

过坐在车盖上哭闹进行维权，同时相应的视频在各种网络社群中疯狂传播，引发了激烈的讨论。"哭诉"这一举动本身体现了女车主在利益难以保障时的情绪化表达，通过这种二元对立的弱者身份建构，成为唤醒网民潜在的维权意识与社会情感的关键。

2. 弱者的武器："微社群"中青少年表演式抗争的基本形式

斯科特经过调查发现，农民在意识到可能的不利处境后开始组织反抗。但是由于公开的叛乱往往意味着巨大的风险和成本，所以他们往往采用一种非正式的、非公开的方式来隐晦地进行反抗并表达自身群体的利益诉求。这些农民使用此种"弱者的武器"几乎不需要提前的组织计划与协调，他们之间互相有默契的借助于非正式的朋辈、社区网络通过个体自助的形式，以一种隐秘的难以察觉的方式来与现有的规制做对抗，而正因其隐蔽性所以难以被追查。从这个角度出发，对于我们认知青少年"微社群"中的表演式抗争有着较大的借鉴意义。通过对比可以得出，青少年"微社群"中的表演式抗争采取的也是此类"弱者的武器"的形式，与斯科特所研究的农民抗争具有一定的相似度，有如下特点。

首先，青少年居于弱势的社会结构层面，大量的青少年处于分散且成碎片化的状态中，他们不仅具有普通民众的"草根"属性，而且还处于一种社会结构压制的状态中。他们中的大多数人都处于学校学习阶段，在家庭、学校和社区等强社会关系的密切接触和监督下，没有独立的经济来源和独立的社会参与渠道。他们不仅失去了许多表述自身想法的权利，就连理想和生活方式也受到来自家庭与社会的安排与监督。这种被社会结构压制的状态与他们活跃而好奇的心理、对新鲜事物的追求、对平等与自由的渴望等特征相冲突，"微社群"中这些"志趣相投"的青少年，一旦找到合适、安全的途径来发起行动，表达思想理念价值，就会迅速达成"共识"，发出自己的声音。因此，他们为诉求自己的权利和利益所发出的呼声及对公平、正义的呐喊比其他群体表现得更为猛烈。但是，受现实环境的制约，把成员组织起来进行公开斗争的风险太大，因此明智的策略是采取"弱者的武器"的形式。由于青少年大多接受了良好的教育，具有较高的思想产出能力，所以他们能够合理利用身边的资源，更善于利用互联网优势，更为高效地利用这种更快、更隐蔽、更有效的抗争方式，他们借助于效率更高的微社群动员和发起"表演式抗争"。因为微社群的匿名性掩盖了青少年抗争者的真实身份，因此"微社群"中的表演式抗争不仅具有干预简单的特点，而且具有随时暂停与退出的灵活性和快速性，所以发起和参与行动的风险就远低于传统的社会抗争行动。

其次，在"微社群"中青少年的表演式抗争也没有正式的组织领导，往往借助于一种非正式的网络进行。但是，这个非正式的网络已经从真实的领域变成了由新媒体构建的微社群。青少年根据他们的个人身份、兴趣爱好及其他各种特征通过微信、微博等社会化微媒体平台搭建起众多具有共同目标的小而微的网络社群，这些"微社群"有明显的"圈子文化"，成员认同感和排他性较一般的网络社群更强，微社群呈现出"壁垒"和"部落化"现象，存在唯我独尊、排斥异见、审美固化、党同伐异等问题和"群体盲思"之短板，其集群行为更可能"极化"与"恶化"。因此，当特定信息触及群体的某根敏感神经，关于事件的观点就很容易迅速传播蔓延。每个"微社群"都是抗争的焦点，每个参与的行动者都与其他焦点联系在一起，形成一个复杂的网络，在这种网络连接中，没有正式的领导者，每个参与者都可以扮演领导者或跟随者的角色，从而形成一种特殊的关系结构，凝聚起一种无组织的抗争合力。尽管"微社群"在形式上彼此封闭并且具有明显的边界，但是实现抗争行动动员所需的信息不受个体在不同微社群的网络连接的阻碍，经过动员形成巨大的行动结构、形成庞大的舆论规模，并形成一个"言说胜于视觉的区域"。

最后，在"微社群"中青少年发起表演式抗争往往较为突然，这可能是一条新闻，甚至是一条没有证据的虚假新闻所造成，并且以一种非叛乱的方式进行的，采取处理、隐藏、弱化的策略。表演式抗争产生的效果在于抗争本身的意义、表演抗争者的价值建构和表演行动策划，以及政府或相关社会力量对抗争者发出诉求的应对策略。抗争者通过基于利益盈亏为基础的预期实现行为的一致性，其目的是主张权利、追求利益，而不是重构社会秩序。

3. "微社群"中表演式抗争发生机制

（1）基于意见领袖的舆论引导

"如果没有一个领袖，大众就是一盘散沙，他们将寸步难行"①。"微社群"中表演式抗争的内容创作与行动演进离不开舆论领袖的策划实施。意见领袖在抗争行动的内容创作和大众传播过程中，起着策划、筛选和制作的作用。他们将信息加工分享给围观群众，形成了内容输出的两级沟通。在表演内容的制作和传播过程中，意见领袖活跃在各种性质的"微社群"中。信息传播过程受内容、时间、介质等因素的影响，信息输出往往存在一个"时间差"，先获取信息的参与者对信息进行解读、评价、引导和修改，然后再将编辑的内容传达给周围的其他受众。此外，大多数青少年群体具有良好的知识背景，所以活跃于微社群的舆论领袖往往具有较大的个人魅力，拥有敏锐的直觉判断，强大的分析能力，犀利的语言风格，他们具有普通人所没有的特质，因此他们的观点很容易受到网民的接受和追捧。网民对舆论领袖态度的认同促进了参与者之间的互动和信任，形成了以意见领袖为核心的团结的行动群体。就像勒庞强调的那样，"领袖是群体形成意见并取得一致的核心"。2019 年 4 月 11 日，"@化身方寸山"通过微博上传了三段视频，视频内容为一位女性坐在奔驰车的前盖上哭诉维权。随后关于"西安奔驰女维权"视频在各种网络社群中疯狂传播，引发了激烈的讨论。随着网络大 V 的关注、发声和引导，关于本次维权事件的讨论开始具有指向性，讨论规模进一步扩大。在意见领袖极具感染力的号召下，参与者情绪被持续调动，进一步扩大参与"微社群"中表演式抗争的范围，实现更广泛的网络动员，吸纳更多在网络空间中围观的非直接利益的成员参与到抗争行动中。

（2）基于利益损益的预期

每个人都是理性人，在作决策时都会考虑成本和收益之间的比重，追求成本最小化和利益最大化。利益诉求的表达、对热点的关注、对知情权和参与权要求成为表演式抗争活动中的热门话题。青少年最终采取各种类型的表

---

① ［法］古斯塔夫·勒庞. 乌合之众：大众心理研究［M］. 冯克利，译. 北京：中央编译出版社，2004：142.

演式抗争的核心内容和目的，无非是表达自己的诉求，追求利益的最大化。在诸多行动中，表演者与围观参与者的行动在许多情况下呈现出一个线性的发展序列。当改变现状需要投入较大的资源付出较多的代价时，即使利益受到侵犯，个体也有可能保持沉默，不去有所作为。而当他们预测参与这种抗争过程可以获得较大收益，同时也可以避免惩罚和成本损失，或者收益远高于投入，参与者倾向于选择参加诸如此类网络表演行动来促进问题的解决。基于此，发生在微社群中的表演式抗争，从成本的角度考虑。

青少年在微社群中参加表演式抗争几乎是零成本，各式各样的媒体平台为舆论的传播提供了便利，随手的转发、评论、讨论都可能成为抗争活动的组成部分，这使得网民在"微社群"中参与表演式抗争变得极为简单。表演创作没有特殊要求，操作便捷，成本较低。在网络环境下，由于不需要亲身到场实践，且信息传播速度极快，表演式抗争行动的组织成本大大降低，参与者也只需要简单的动作就可以完成简短的评论和回复。在微社群中发动表演式抗争不仅具有介入简单的特点，而且具有随时暂停和退出的灵活性和快速性，只要暂停传输、删除信息或注销账户，他们就可以随时销声匿迹，减少参与者失败后追究责任的可能性。与低成本的抗争行动对应的是通过发起行动而获得的利益满足及情感宣泄所带来的巨大收获。假设表演抗争行动中每个参与者都是理性的，那么基于成本与收益的得失考虑，参与抗争的成本如此之低，只需网上匿名参与却可以为自己带来较大的收益，那么他们往往会选择参与其中而不是冷眼旁观。

（3）基于情感社会的语境渲染

在勒庞看来，"群体是刺激因素的奴隶"[1]，民众总是容易被反常、突出的内容所吸引。符合这些特点的事件通常可以抓住人们的注意力并引起网民情绪情感的波动，然后经过发酵传播，进入公众的视野。发起表演式抗争的青少年创作某种戏剧性、消费性、参与性的表演内容，并通过图片、语音、视频、现场直播等对它们进行深度加工。为了在信息的传播过程中使信息始

---

① ［法］古斯塔夫·勒庞. 乌合之众：大众心理研究 ［M］. 冯克利，译. 北京：中央编译出版社，2004：13.

终保持高温状态，创作者往往采用标题党、夸张叙事的方法，通过情绪感染来构建一致的内在情感体验，而相同的情感体验会将不同社群的青少年行动者带入同一战线，形成统一的战略同盟，以达成强化传播力量的效果。当一个对认知冲击很大的公共事件发生时，其认知上的震撼很容易戳到人们心灵的柔软部分，促进人们行动的发生。正如"你伤害了我的感情"，因感情受到刺激而无法解决时人们才会采用种种手段发起抗争。①舆情的爆发和扩大都需要越过情感的底线，表演内容的创作通常是引发网络群体抗争的导火线。行动者通过夸张的表演技巧，丰富的情感表达与清晰的叙述逻辑，引爆围观群众内心深处长久以来积蓄的不满情绪，并引发参与者针对抗争对象的敌对情绪。通过情感动员激活不同社会阶层和群体的界限，并形成关于"我们"的身份认同。在诸多网络表演抗争活动中，大多数热点事件和参与者的切身利益并不直接相关，但却很容易使网民"抱团取暖"，形成一个情感联盟。表演抗争的内容在不断地传播中疯狂地感染和暗示着围观群众，吸引网民的注意力，引发参与者的对抗和逆反情绪，引导他们加入进来，为表演抗争的产生奠定了情感基础，一步步将抗争内容推向舆论的巅峰。

（4）基于道德正义的身份认同

中国社会长期处于转型期，在许多方面都存在着不平等的现象。网络的快速升级压缩了社交的时空距离，使信息流动变得简单便捷。与实际生存的真实空间相比，网络空间的表达更加自由，青少年可以毫无顾虑地表达自己的不满，参与社交活动的频率和程度也得到了增强。在微社群中发生的大多数网络表演抗争都是自发的，当不涉及切实利益和价值考量时，理性道义上的是非判断与情感的强度决定了是否参与进来及如何开展行动，围观网民为弱者呼吁正义，他们表达着正义感，如对行动者的同情。当涉及自身的利益时，为了避免自己也遭遇相似的困境，围观者会关注事件暴露出来的社会问题是否有发生在自己身上的可能性。美国学者哈丁认为，"利益是个体成为群体成员的考量"②。人们担心类似的事件会发生在自己身上，他们将行动

---

① 杨国斌.悲情与戏谑：网络事件中的情感动员 [J].传播与社会学刊（香港），2009.17—24.

② ［美］拉塞尔·哈丁.群体冲突的逻辑 [M].刘春荣，汤艳文，译.上海：上海世纪出版社，2013：10.

者的经历与他们自身所经历的不平等事件联系起来，将自身归为相似的群体之中，达成一种身份认同，随着认同的加深，认同形成了统一，吸引更多的人加入讨论和战斗中来。而勒庞认为作为分散个体的自然人是理性的、有文化的，但人群的高度集中会使群体逐渐处于一种"群体无意识"的状态，人们放弃理性思考，转而采取相互模仿，如此一来个体就会变得越来越丧失理智，当在微社群中的表演内容激发起围观群众的身份认同后，抗争的规模也就越来越大。

（5）基于社交媒体的资源动员

资源动员理论认为，现代社会之所以有各种类型的社会抗争频发，一个很重要的因素就是行动者手中可以用来行动的资源种类越来越丰富。各种形式的移动社交媒介构建了信息传播、情感交流与互动的场域，而网络空间的虚拟、隐匿及资源获取的便捷的特点使得较容易引起网络舆论抗争事件的发生。微社群以其圈际传播，熟人交流和强纽带链接的特点，极易将某种恐慌情绪设置为事件交流的背景，嵌入各种表演内容的建构中。同时，传媒的"技术赋权"可以在较短的时间内帮助表演式抗争行动完成情感渲染、达成行动合意。在"一呼百应"的情感渲染下，参与者通过"微社群"中强弱关系链构成的虚拟交流空间与真实的线下生存空间形成呼应。此外，在传统媒体中，人们很难主动地获取信息。而在网络空间中，网民可以主动获取希望搜集的信息类型，每个人都可以根据自己的需求和爱好链接资源，自由即时地参与讨论，表达自己的观点，参与者的观点与态度在情感渲染和利益权衡的影响下展开交流。同时，随着信息传播的大众化，活动的参与者和行动者都有权发布信息，人人都是麦克风，人人都是自媒体。当围观群众在事件和行动上达成群众共识之后，在社交媒体的影响下，发起一系列具有一定规模和声势的网络群体性表演抗争行动。

五、增权视域下社会工作的介入探讨

综上可见，"弱者的身份"迫使青少年在"微社群"中采取"表演式抗争"的策略以试图在"法律的模糊地带"，"怀柔"地表达利益诉求。由于在微社群中这种表演式抗争的合法性模糊，使用一种非叛乱的方式进行，这就使得政府及权威部门不能轻易来 "镇压"，否则容易导致抗争规模的升级，使自己陷入被动的状态中。这更考验政府的应对能力，需要以相当的智慧将其引导至所期望的轨道，并在一定程度上进行 "收编"。要改变这种由于青少年群体特性而引起的无权状态和无权感，使这一群体拥有更多的权利和能力去获取资源、掌控生活，社会工作的介入是一个较为有效的方法。基于此，从社会工作的角度切入，针对青少年 "弱者身份" 进行科学的增权赋能，是将青少年表演式抗争引向正途或合理 "收编" 的有效途径。

1. 功能及意义

常规意义上讲，青少年本身就是弱势群体，参考斯科特在《弱者的武器》中关于抗争农民的表述可以发现，青少年群体和这些农民在社会结构上有许多相似的地方，居于弱势的社会结构层面，大量的青少年处于分散且成碎片化的状态中，他们不仅具有普通民众的 "草根" 属性，而且还处于一种社会结构压制的状态中。青少年群体中的大多数人都处于学校学习阶段，在家庭、学校和社区等强社会关系的密切接触和监督下，没有独立的经济来源和独立的社会参与渠道。他们不仅失去了许多表述自身想法的权利，就连理想和生活方式也受到来自家庭和社会的安排与监督，处于一种结构性压迫的失权状态中。[①] 而增权理论以案主的权利和潜能为切入点，以优势为视角，相信青少年可以通过自我潜能的开发以此达成自我发展与赋权的目标，使青少年群体有能力合理处理使用所拥有的资源，并获得掌控生活的权能感，提高社会参与的积极性。这种激励、开发青少年自身潜能的方法，比较于其他社会工作理论所倡导的青少年社会工作方法具有较大的优势。将增权理论作为一个新的研究思路引人网络时代背景下青少年工作中，将网络时代的特征充分地与青少年的特质相结合，利用互联网时期优势，开阔青少年社会工作的新思路，将在 "微社群" 中发起表演式抗争的青少年群体视为可介入的对象，从社会工作视角出发满足青少年的需求。通过增权实践稳步消除青少年群体的无权或无能，不仅要满足他们在具体层面上的要求，而且

---

① 蔡金平，董金权. 弱者的武器、利益共谋与意义空间的生产——青少年 "微行动" 的基本形式与发生机制 [J]. 中国青少年研究，2017 (04)：59—64.

要在满足具体需求的过程中提高他们解决问题的能力，从而达成青少年的和谐权力状态，最终实现青少年群体的进步和发展，实现社会的和谐，为当下的青少年社会工作提供一些新的实践思路。

2. 增权理论指导下的介入可行性及优势

（1）介入可行性

通过对增权的研究和分析，我们可以发现增权理论已经广泛应用于社会工作实践中，形成一种以增权为导向的实践模式。这一实践模式认为增权即增加人们获取和使用权力的能力，这一理论的前提是个体或群体可以通过努力来改变无权或弱权的状态。我们旨在帮助青少年群体采取行动改变不利的局面，积极参与与自身切身利益相关的讨论和决策，使这一群体变得有力量、有能力，从而让社会的权力结构更加趋于合理。在这一层面，增权理论强调的是增权实践过程中提升能力的重要性。从参与表演式抗争而追求利益诉求的青少年群体无权与弱权状态出发，研究群体增权，相较于以往的青少年社会工作无疑是一个新的视角。

首先，增权理论视角下的青少年社会工作层次分明，重点突出，作为一种优势视角下的介入策略，增权理论旨在重新审视青少年问题产生的多重原因和伴随而来的社会矛盾根源，正确应对青少年的问题和需求。

其次，增权理论视角下的青少年社会工作理念更加人性化。青少年群体处于被社会期望、教育、工作、家庭等相互建构而成的理想青少年样式塑造的过程中，在这一过程中他们面临着被异化、问题化、边缘化、烙印化、标签化的风险，处于社会结构性的压制中，生活在成年人的控制之下，被牵着鼻子走，权利不断被弱化。而增权取向的社会工作充分发现了丧失权力的根源不是由于服务对象本身的缺陷，而是优势权能群体的压迫，因此以增权理论来指导青少年社会工作具有较高的适切性。

（2）介入优势

社会工作作为一门发掘个人能力，激活个人潜能，帮助处于困境中个体或群体走出困境的专业和职业，处于弱权或无权的群体是干预的对象，帮助这些人或群体获得权力是干预的目标，而增权则是达成目标状态的关键策略和有效路径。社会工作中的"权力"是指每个人都潜在拥有的能力，它不仅是一种客观能力，更是人们主观感受的反映，即一种"权能感"。这种权能感不仅影响着人们的自我认知，而且也影响着人们的行动能力。权利存在于案主之中，而不是案主之外①。所谓"无权"不单指个人或群体能力或资源的缺乏，更是指一种潜移默化的内化过程，在此过程中，人们形成一种缺乏权利的感觉，这种感觉使人们更容易产生自我质疑的情绪，甚至陷入一种消极负面自我否定的循环。而打破恶性循环的方法就是增权赋能。具体来说，增权理论介入于表演式抗争中的青少年群体具有以下几个方面的优势。

首先，"增权"的操作定义通常被理解为：增权不仅是理论上的认知，更重要的是一种实际的介入行为，目的是解决人们的权力和无权的问题，以及造成这种状态的原因和对策问题。其次，增权的目标是增加个人、群体或社区的权力，使目标对象有能力主动采取行动改变当前所处的无权状态。再次，增权是一个积极的过程，可以在不同的层面上进行，例如，个人、群体和社区，也可以从微观、中观、宏观层面进行介入。最后，增权的有效目标不是短期应对，而是使案主通过增权过程提高解决问题的能力，这将成为青少年群体今后面对困难的武器。因此，增权的理论思想切合在微社群中参与抗争青少年的实际，在社会工作的介入实践中具有较大的优势。

3. 增权理论视域下青少年社会工作的介入实践

综上所述，在现有的政策框架下，增权理论指导下的社会工作实践介入青少年表演式抗争具有较大的优势。依托增权实践激活潜能，提升青少年解决问题的能力和水平，建构起权能感。通常来说，增权的过程涉及两种模式（主观内在增权、客观外在增权），以及个体、人际和社会三个层面。个体层面上的增权聚焦于提升个人能力、提高个人权利感和自我效能感；人际层面上的增权强调案主可以提高在社会交往中影响他人，提高借助社会支持网络获取资源的能力；社会层面上的增权则强调社会行动和社会结构的改变目标。作为一种思维方式和工作思路，增权理论已经被广泛运用到实践之中，并形成增权取向的社会工作实践模式。

---

① 唐咏. 中国增权理论研究述评 [J]. 社会科学家，2009（01）：18—20.

（1）增权模式

根据增权理论，范斌提出了主观内在和客观外力两种弱势群体的增权模式。通过发挥内外部力量的作用，使社会工作能够有效地帮助案主提高各方面的能力。因此，面向于微社群中的表演式抗争，消除青少年的无权和弱权状态，实现青少年群体的增权目标可以从以下两个方面着手进行介入。

其一，主观内在增权模式

增权实践的一个核心要素就在于青少年的个体主动性，如果青少年自身缺乏增权意识，缺乏行动的动机，那么社会工作的介入将毫无意义。因此，增权过程中调动个体主动性是增强其权能的核心，社工要充分调动青少年的积极性、主动性和独立性，从而协助这些处于弱权状态的青少年增强权能，完成增权的过程。从主观内在增权模式角度出发，强调青少年自我意识在介入实践中的重要地位，发掘他们的潜力和优势，提高自我赋权的积极性和主动性，以更好地理解自我价值、提升自我发展的能力。通过主观内在增权，青少年将会拥有更多的处理关系和参与社会的知识、技巧、资源和机会，更好地处理与他人、社会的关系，从而达成在社会结构中良好的权力状态。

其二，客观外在增权模式

"客观外在增权模式"则是一种被动模式，重点在于增权过程中外界因素的推进和提升。它主张通过外力激活潜能状态，实现持续赋权的目标。外力推动可以帮助青少年群体成员减少社会交往的障碍，改善所处的结构性压迫的状态，发掘他们个体的可能性与潜能，充分培养他们的能力和技能，从而获得更多的资源及手段来控制生活，逐渐获得"权能感"。从现实角度来说，完全依托于青少年自身主动增权所达成的效果可能不太理想，尽管增权赋能走出困境的前提是青少年群体自身能力的提高和权能感的建构，但是在现实情境中主观内在赋权模式的使用受到很多因素的限制。因为增权能力与个体或群体的知识水平、生活技能及掌握和控制生活的抗风险能力密切相关，能力越缺乏，就越容易陷入无权境地；能力越弱，就越不能主动赋权，这是一个恶性循环的"增权困境"。即使具有部分增权能力，但由于体制、环境、政策的限制，多数成员内部增权难以实现。从个体层面看，由于长时间权利的缺失，弱势群体普遍没有信心改善自己的困境。从人际角度来说，由于弱权的权力状态，他们往往处于社会交往中的不利地位，难以通过社会关系网络争取到较多的资源和机会。从社会参与的角度看，弱势群体没有自己的利益诉求渠道，普遍不能直接介入与自身切实相关的决策过程。因此，对于处于弱权状态的大部分青少年来说，依托个体的主观内在增权实践较为低效，他们更需要的是外力推动的增权模式。基于以上分析可以得出，如果缺乏外界的引导和介入，但靠青少年进行主观努力，可能会陷入"增权困境"之中。这里提及的外界引导和介入，不但指创设有利于青少年增权实践的外部环境，如政策、舆论氛围等，而且也包括推动青少年群体提升能力实现自我发展的介入实践。通过这样一种实践模式，在外界的介入引导帮助下，激活这一特殊群体的潜能，通过"他助"结合"自助"，逐步实现从"无权"到"有权"、从"弱权"到"强权"的增权实践目标。

（2）增权理论指导下的社会工作介入实践

其一，个体增权——基础

一般来说，个体层面的增权不仅包括自我意识和自我效能的提高，还包括提升获取和掌控资源的能力、整合影响环境的能力，重点在于激发、培养与提升个体的心理控制能力和实际控制能力。青春期是生命周期中变化最大的时期。处于青春期的青少年在生理方面不断发展，在个人心理和社会关系方面也不断发生着变化。在开展青少年增权工作时，社会工作者一定要结合网络时代所具有的虚拟、便捷、交互等特有优势，充分发掘和调动青少年的主体性、自主性，帮助处于弱权或无权状态参与表演式抗争的青少年群体调整心理状态，增强心理控制意识，激发和培养他们影响他人、影响环境、解决问题的实际能力，调动个人积极性、主动性，促使他们达成主观上的良好权力状态，这是达成增权目标的核心步骤。

在这一层面，社会工作者可以运用个案和小组工作技巧，提升网络时代背景下青少年的主体意识，激活并强化新生代青少年的自我意识，包括对自己的认知能力、心理特征的理解和评价。调动其自我发展动机及自我学习和自我成长的内驱力，使网络时代背景下的这一群体有能力安排自己的生活并且增强其影响外在环境的能力。

在"微社群"中发起表演式抗争的青少年群体中的每个个体都有自己

的思想，对社会事件的发声是他们表达思想的行动体现。然而，由于一些青少年不成熟的自我意识，他们没有意识到个体的社会特征，做不到对自我行动的调节和控制。一些青少年表演式抗争的发起者通过创作挑衅性、充满噱头的文字，以及夸张化的表演行为借助于微社群进行传播，实现了强烈的情绪渲染效果。将某一话题或社会事件"炒"上舆论热榜，引发青少年群体盲目跟风，"煽风点火"，然而部分参与者对话题或事件本身的来龙去脉可能并未知晓。社会工作者应该帮助年轻人提高他们的自我意识，了解他们采取"表演式抗争"的需求和动机，引导青少年正确认识自己的情绪，理性甄别事件真相，以正确的方式释放压力和表达不满。引导青少年认真剖析和认识自我，发掘强项，并用积极的方式来应对生活。此外，社工要协助这些发起抗争的青少年增强自身的法制观念和意识，在表达利益诉求的同时坚决不能越过法律法规高压红线。鼓励青少年参与同辈交往，不能只从微社群中开展互动交往，还要在线下获得归属和自信。某些青少年对自我发展、家庭关系、人际交往、社会参与没有良好的认识和定位，往往处于自我贬低、自卑、缺乏信心、逃避困难等缺权状态。因此，社会工作者应该帮助他们提高权利意识，充分激发他们的主动性，提高他们控制自己生活的能力，提高他们融入和影响环境的能力。引导青少年认真剖析和认识自我，发掘强项，并用积极的方式应对生活，积极参加社会交往，积极参加社会实践，激发他们的权能感，增强其法律意识，正视和合理利用自己拥有的权利，从"缺权状态"逐步过渡到"有权状态"，合理表达利益诉求。

其二，人际增权——关键

进行人际层面的增权实践是改变弱权和无权状态的关键。青少年是一个特殊的群体，在现有的社会结构中具有很强的可组织性。人际关系是人的生命发展过程中较为重要的资源要素。在人际交往过程中，特别是与不同群体的交往过程中，可以增加权力，提升影响他人的能力，从而有机会和能力获得更多社会资源、社会资本和社会支持。对处于弱权和无权状态的青少年群体来说，扩大社会支持网络是增加人际关系权力的关键途径。社会支持是指人们从社会、他人或组织获得的各种帮助，这些支持包括家庭、朋辈群体、学校社区、邻里朋友等。一般来说，在个体或群体参与社会实践过程中获得的支持越多，参与活动的信心和能力就越强，权能感体验也就越明显。在对微社群中青少年群体的社会工作介入实践中，通过人际要素促成青少年传统观念的改变、群体意识的提高和个人能力的提升，在这一层面主要涉及以下几个方面。

①家庭

家庭作为青少年社会化过程的基础场所，家庭因素对青少年权能感的建构有着非常重要的影响。研究表明许多青少年社会工作所涉及问题的产生都与他们的家庭因素密切相关。此外，家庭对青少年的自我效能感、安全感、依恋感、行为模式等也产生着深刻影响。

在微社群中发起抗争的青少年群体很大程度上是为了寻找一个属于自己的空间表达自己的利益诉求，或者在家庭结构内控制自我生活的程度较低，才通过"微社群"这一虚拟的网络空间发声。因此，从家庭层面的增权势在必行。作为社会工作者，可以利用个案工作的方法，对问题家庭进行分析，对父母讲解青少年期社会化及社会参与的重要性，促使家庭成员给予青少年更多的自主权，与孩子进行更多的沟通。也可以利用小组工作的方法，将出现问题的家庭集合在一起，在线上或在线下展开小组活动。家长可以在小组内实现情感上的支持、成功经验的分享、方法理论的学习，从而达到他们互相帮助，实现自我及家庭层面增权的效果。

②朋辈群体

朋辈群体是青少年人际交往和社会化的重要载体。同龄人相似的特点、背景、共同的话语体系为青少年相互理解和尊重创造了条件。朋辈群体思维及行为方式对青少年提高生活控制能力有着很重要的影响，朋辈群体之间的社会交往可以满足他们的社会需求、社会支持和安全感，发展青少年群体的社会交往能力，促进其自我概念和理性人格的建构。朋辈群体就相当于一个小组，大家在里面相互交流，习得社会化的一些内容。对朋辈群体的干预，往往采用小组进行，社会工作者可以在"微社群"中采用"云上"小组的方法，通过网络小组工作引导这些青少年成立发展小组、成长小组、扶持小组等，在不同类型小组的建立、发展和成熟的过程中提升其主体意识。在小组中，社工要积极引导青少年全面认识网络，促使他们之间的互相学习、互相支持及互相监督。由于在参加小组活动的过程中青少年可以获得表达的机会，小组成员由于同质性的吸引也更愿意互相倾诉和帮助，这样可以使青少年们进一步减少因结构压迫而产生的无助感和疏离感，加强自我认同，这也是他们实现自我肯定和获得进一步成长的机会，合理表达利益诉求，逐步从"缺权状态"过渡到"有权状态"。

③学校教育

在中观层面的增权实践中，根据青少年群体的特征，要紧紧抓住学校教育这条主线，学校社会工作坚持增权理论的指导，充分发挥政策优势、组织优势与资源优势，实现青少年集体增权。学校是青少年除家庭外待的时间最长的场所，对其社会化有着非常显著的作用。出现青少年群体弱权和缺权的一个重要原因就是学校对学生一些方面教育的缺失。针对学校教育的特点，首先，社会工作者应该组织教师进行网络层面的培训，主动拥抱德育教育新变化、新机遇。其次，社会工作者可以以班级为主体，以学校为平台积极开发青少年社会参与的校本课程，在校园文化中潜移默化地对学生施加正向的影响。最后，还可以成立关爱学生工作室，针对学校提供的资源，运用小组工作的方法对其进行介入。最终目标使学生自己及学校都实现增权。

其三，社会增权——保障

对在微社群中发起表演式抗争的弱权青少年群体进行社会层面的增权赋能，关键在于通过社会行动帮助青少年改变权力结构、影响社会决策、表达利益诉求、参与社会资源配置，争夺青少年群体的话语权，帮助青少年群体实现与社会发展相匹配的社会平等公正待遇，解绑因权能低下所带来的压迫感。从而实现权力关系转移，完成权能感的建构，在对话中实现各方权力的平衡促进真正的沟通。这个层面的增权目的是改变权力结构，也可以说是政治增权。当今中国，青少年群体逐渐有了社会参与意识，也有了表达需求的意愿，但社会没有为需求的表达创造良好的环境，缺乏表达利益的途径。在一个不够增权社会中，青少年群体参与社会实践的机会很少，权力被剥夺后往往呈现出无权和弱权状态。因此，宏观增权旨在通过影响相应的社会政策、合理分配社会资源等外部增权措施，为青少年群体参与社会实践和社会动员提供良好环境。

　　具体社会层面的增权实践是指社会工作者协助服务对象整合与获取社会资源，倡导制度和政策倾斜，旨在赋予服务对象参与资源配置的能力。一方面，社会工作者要帮助服务对象（处于弱势状态的青少年）表达自己的利益诉求，参与社会再分配，改善他们的困境；另一方面，社会工作者要帮助服务对象倡导维护机会均等、待遇公平的资源结构，并给予相应的政策保障。社会工作者本身就是社会福利政策的执行者，在向政府部门提出政策建议时，有权利和义务充当政策建议者的角色。在社会工作实践中，社会工作者应帮助青少年群体整合不同的资源——社区资源、教育资源等，扩大他们的社会参与机会，同时为服务对象呼吁政府政策，为他们创造公平、公正的社会参与机会及制度保障。

　　①提供政策建议

　　在政策法规方面，政府应该为青少年的抗争和利益诉求提供空间。一些社会性问题是由社会政策引起的，与个人的身心因素没有关系。通常来说，社会问题很难依靠个人主观努力来解决，因其根源是由更深层次的社会制度和政策问题引起，所以只有通过完善制度和社会政策来寻求改变。如，"占海特异地高考" 事件，由于教育制度的不合理，导致了社会问题的出现，社工应将问题的实际情况和自身的科学分析反馈给决策者，倡导并推动政策变革，解决现实的社会问题，避免类似的社会问题重演。"政策影响人" 是社会工作者的一个非常重要的角色。[①] 如果 "青少年表演式抗争" 的结果每次都无效无力，那么会如 "习得性无助理论" 所说的那样：经历过无法改变所面临的问题后，他们可能会形成努力很难产生有用结果的心理预期。变得更加焦虑和沮丧。为此，必须为青少年的表演式抗争营造一个和谐自由的舆论环境，社会工作者应开拓新思路，寻找新方法，推动政策的制定和变化，使青少年有主导自己生活的能力，获得成功的人生体验，从而促进、激发他们解决问题的权能。

　　②开展网络社工

　　青少年微社群中的表演式抗争没有正式的组织和领导。每个小的微社群

---

① 姚霞. 艾滋病反歧视的介入空间与介入途径探究［D］（博士论文）. 武汉大学，2010：100.

都是行动的接触点，每个个体与多个其他接触点相连搭建成复杂交错的网状结构。当某一社会事件热点爆发，表演者在微社群中通过动员建构起从"我"到"我们"的身份认同后，每个参与个体在不同微社群酝酿发声，使得转发和评论信息能够畅通无阻地形成裂变扩散。而这些转发评论的信息往往只有一小部分得到官方回应，更多时候不是被官方镇压、封锁消息，就是像一拳打在棉花上一样，毫无力度。青少年社会工作中，如何收集信息，引导青少年挖掘个人潜能，真正实现他们所想要表达的利益诉求，是社会工作者需要考虑的现实问题。

如何将信息收集，引导青少年挖掘个人潜能，将自身想要表达的利益诉求真正实现，是青少年社会工作应当考虑的现实问题。除线下具体的个案介入外，社会工作组织还应构建网络社会，链接政府资源争取财政支持，建立社会舆情信息反馈网站，在网站内划分时政、社会、科技等专题，针对当前社会热点话题，开设社会舆情信息反馈评论区，让青少年积极参与，在海量评论信息中，社工利用计算机技术，对信息内容中频繁出现的关键词进行检索，并对频繁表达的关键人群进行锁定，根据其问题特点，与之建立职业关系。在这一过程中，社会工作者充当倡导者的角色，当青少年采取新的表演抗争行动以期实现抗争目的时，社工应该倡导其合理行为，并引导他们以使其成功。应该指出的是，无论接受者的接受程度如何，这里的倡导并不是一种强制的推进，主要是促成个人产生有能力影响或解决问题的经验。这样，通过线上搜索定位某个主要抗争者，线下个案介入、具体引导，使青少年在微社群中的表演抗争得以真正实现其目的，而不是陷入"石沉大海，杳无音信"的局面。

③采取离线帮扶

上文提到青少年的表演式抗争，并没有正式的组织和领导者，在小微社区内部因其成员的兴趣相投而聚集，思想观念同质化严重，容易产生"群体盲目性"，形成"群体极化"，信息像病毒一样迅速传播。面对这些甚嚣尘上的言论，应当有第三方利益无关机构，汇集信息，了解民意，对反应激烈的部分青少年介入指导，协助达成他们抗争想要获取的利益诉求。社会工作机构正是这样一个第三方利益无关者，能够客观评价青少年表演式抗争的目的、行为，针对主要利益挂钩者采取个案或小组帮扶，将其合理收编引向正途。

④搭建沟通渠道

许多问题是由于缺乏沟通而产生的。青少年是未成年人，属于社会中的弱势群体。对社会中的一些问题和现象有自己的意见和看法，但社会中常常存在偏见，部分人认为青少年思想还不成熟，他们提出的问题和意见多不可采纳。由于缺乏能够在现实中表达思想的渠道，青少年就会倾向于更开放、更隐匿、更不受限制的"微社群"网络畅所欲言。资源链接者是社会工作者的角色之一①，因此社工可以联合学校和社区，建立线上和线下相结合的相关组织，通过开展相关发布会、设立网络和线下意见信箱、举行圆桌谈话等活动来收集青少年关于社会现象和问题的意见及想法，并进行归类整理。社工作为桥梁，将青少年的想法传达给相关利益机构，使青少年能够以正确的方式表达自己的思想，保证相关利益团体获得的信息的真实、有效，实现双方的合理有效沟通。

六、小结

在社会转型的过渡时期，"微社群"中"表演式抗争"逐渐演变为一种新的抗争形式和抗争剧目类型，青少年借助于网络平台支持下的"微社群"进行抗争内容的创作，通过戏剧化、夸张化的表演，制造视觉"凸点"，编织抗争话语，通过目光吸引争夺话语权力从而表达诉求的目的，是一种带有戏谑表演性质的公共行为。作为一种特殊的社会参与方式，"微社群"中表演式抗争的行为隐喻特性较为明显，它体现了青少年在现有的社会结构下做出的无逾越底线的政治参与选择。通过研究发现，在微社群中的表演式抗争中，青少年的"弱者身份"是发起抗争的关键。他们没有正式的组织或领导，抗争行动也往往是无预兆或突然的。微社群中表演式抗争普遍以一种非叛乱的方式进行，采用处理、隐藏、弱化的策略，是"弱者的武器"的一种形式。而在基于利益损益的预期、情感语境的渲染、道德正义的身份认同

---

① 张亚静. 医务社工角色距离的调查与分析 [D]. （硕士论文）华中师范大学，2013：10, 14.

和意见领袖的引导推动下，于社交媒体上进行资源动员，构成了"表演式抗争"得以发生并持续下去的机制。它们不是分隔运行、独立运作的，而是相互作用，形成合力，共同促进"微社群"中"表演式抗争"的发生和演进。增权视域下社会工作参与治理此类新型抗争行动具有一定的可行性和优势。以增权理论为依托，以优势为视角，结合青少年群体所处的困境，从主观内在增权、客观外力增权两种模式切入，在个体、人际、社会三个层面出发，对青少年群体进行科学的增权赋能，在满足需求的过程中提高青少年解决问题的能力，从而达成和谐的权力状态，最终实现青少年群体的进步和发展，实现社会的和谐，将青少年微社群中的表演式抗争合理"收编"，引向正途。为相应机构规范网民特别是青少年群体在微社群中的社会交往制定应对机制、应急策略提供科学性及可操作性的参考，对于维护互联网公共空间秩序、塑造文明和谐的网络文化提供一些思路和建议。

第七章 青少年微社群抗争性话语的建构与引导

一、引言

微信、微博等网络社交已经成为我国青少年生活和工作的常态化方式。根据前文提及的中国互联网络信息中心（CNNIC）在京发布第 49 次《中国互联网络发展状况统计报告》显示，截至 2021 年 12 月，我国网民规模达 10.32 亿，较 2020 年 12 月增长 4296 万；互联网普及率达 73.0%，较 2020 年 12 月提升 2.6 个百分点。[①] 微社群体的话语体系、价值体系，都表明了微社群体青少年化的特征。在虚拟化、情绪化、轻便性、迅速性等天然属性的主导下，因微信、微博等微应用的使用，为青少年群体情感表达和思想沟通创造了有别于面对面的表达范式和传播方式。"微语言"应运而生，并以"长江后浪推前浪"的方式不断更新"微社群"的内容，但不论哪一种语言，涉及诉求表达、维权发声、情绪宣泄，抑或打发时间的无聊转发、哗众取宠，其在"微社群"的最终呈现都是话语，因此我们对青少年微社群的分析必须着眼于对"微语言"的分析。而在诸多热点中，抗争性话语因微媒体、微应用的诞生，在青少年微社群中普遍出现并介入社会、文化、政治等各个层面，受到研究者和社会大众的普遍关注。

抗争性话语中夹杂着对官方、对主流文化的对抗，夹杂着大量谣言、误解、暴力、情绪化的信息，随着抗争性话语在网络社交的延伸，隐匿性和便

---

① 中国互联网络信息中心（CNNIC）.第 49 次中国互联网络发展状况统计报告 [R/OL].
(2021—08)［2021—12—23］.

捷性使公众尤其是青少年频繁在"微社群"中使用抗争性话语。在西方，网络抗议语言大多数是线下抗争行动转化为线上语言抗争，而在我国，完全经由"微社群"的集体抗争，规避现实的"微行动"频频出现。当重大社会事件发生后，公众在网络平台不约而同地聚集，采用"隐藏式文本"，依据言论自由和风险最小化的原则向权威发出挑战。而我国正处于社会转型期，社会不公、贫富差距等矛盾凸显，致使社交网络抗争行动充斥在不同的阶层和利益群体。在我国民主政治不断发展的阶段，社会治理还存在不完善之处，如对突发事件处理不当，会导致公众只能将抗争情绪转移到虚拟网络环境中，这样的现状使得抗争性话语的研究迫在眉睫，梳理微社群抗争性话语的建构，对预防和指导抗争冲突事件的良性发展大有裨益。

二、研究方法

1. 文献研究法

文献研究法主要指收集、甄别、整理文献，经过深层研究形成对事实的科学认识的方法。它不仅省时、省钱、效率高，而且方便、自由、安全。因为文献调查受外界制约较少，只要找到了必要文献就可以随时随地地进行研究，并且文献调查是在前人和他人劳动成果基础上进行的调查，可以用比较少的人力、经费和时间，获得比其他调查方法更多的信息。本章采用管理学、社会学、社会工作等相关知识理论对文献进行分析，在万方数据库、中国知网等数据库以"青少年社会工作""微社群""抗争性话语"等关键词进行搜索，从中整理出一致的意见及研究的不足，并做出进一步的思考。

2. 内容分析法

通过收集和分析现存的文字、数字、符号、图片等信息，将青少年微社群抗争性话语产生的文本作为研究样本，选取并整理青少年微社群在社交平台交流所产生的聊天文本及微社群中分享的有关某事件的图片、视频等内容，作为研究青少年微社群内容分享、集体行动动员机制的材料。本章青少年微社群抗争性话语的数据内容来源主要有：①人民网舆情中心的网络事件案例库、舆情政策文件、舆情观察；②搜索2010—2020年期间发表抗争性话语的抖音账号、微博评论、微社群评论，主要包括天涯论坛、百度贴吧；

③中国知网关于青少年微社群抗争性话语的论文。

三、概念操作化

1. 抗争性话语

话语属于语言学范畴，一般指个体在沟通交流中或某次言语行为中所要传达的文本信息。在社会运动中，话语是社会成员权利的表达，话语的建构过程实际上是运动者为了成功鼓动成员参加而采取的策略性框架，抗争性话语实则是社会运动。周裕琼、齐发鹏在论文《策略性框架与框架化机制：乌坎事件中抗争性话语的建构与传播》中提道，抗争性话语是社会运动发起者通过受众的渠道建构符号并通过人际网络传播的符号总和。① 黄鸿业在论文中认为，抗争性话语，即，社会运动发起者经由各种媒介指出政府或管理者在治理过程中与实际不相适应的地方，通过深层次对政治、经济、文化、社会制度的思考，以更好表达自身抗争性言论。② 蒋小艳认为，抗争性话语是包括建议书、宣讲、横幅标语、公开信、帖子、博客、微博等通过各种符号或文本形式所进行的策略性框架。③ 基于以上研究，我们将抗争性话语定义为：公众采取表情、神态、肢体语言等为主的现实抗争手段，依赖网络文字、影像、音频等一系列策略文本为辅与对立方抗争的语言体系。

2. 认知行为理论

认知行为理论，是通过行为主义和认知学派两种理论结合而成。行为主义者强调，我们的行为除部分天生存在的反射行为外，大部分都是通过学习获得的，所以也需要通过学习来改变不良行为。认知学派认为，个体的认知与行为是密切相关的。认知、行为和情绪三个要素中，认知所承担的是协调的职责，所以通过改变认知，可以转换观念，继而对自身不良的行为和情绪

---

① 周裕琼，齐发鹏. 策略性框架与框架化机制：乌坎事件中抗争性话语的建构与传播 [J]. 新闻与传播研究，2014，21（08）：46—69＋127.

② 黄鸿业. 社交媒体对青少年价值观的解构与重构——以网络话语抗争为视角 [J]. 当代传播，2017（02）：79—83.

③ 蒋小艳. 环境运动中抗争性话语的建构、传播与社会影响 [D]（硕士论文）. 深圳大学，2012：11.

加以改正。①

因两者结合而形成的认知行为疗法强调，行为是由个体认知过程决定的，此外，认知改变受行为改变的影响。也就是说，认知观念错误，将带来不合理行为或情绪，而这些又是由原先的错误认知造成的，致使问题变得更加严重。认知行为治疗法，主要是通过对个体不合理认知的改变，继而使个体不合理的行为得到改善，逐步形成良性的发展状态。

3. 生态系统理论

关于生态系统理论的研究有很多，其中美国学者布朗芬布伦纳（U Bronfenbrenner）认为，人的社会生态系统分为五部分，即微观系统、中间系统、外层系统、宏观系统及时间维度，这些系统构成生态系统理论的模型。

生态系统理论假设个体有能力在与环境互动中平衡发展，个体身体或心理上的困扰不是个体的单方面原因，这些困扰或问题是个人与环境互动失衡引起的，强调环境对个人发展的影响。生态系统理论应用在社会工作中，即我们不能把问题或困扰归结于个体，而是应该考虑服务对象所处环境的因素，使其认识到自己与周围环境的紧密联系，在和环境的互动中发现问题，最后运用社会工作专业方法对服务对象所处的各个环境系统进行介入，协调链接各方资源，促进个体与环境系统之间向好发展，健康运行。②

4. 赋权理论

赋权一词的英文拼写是 empowerment。赋权作为名词可以解释为一种行动过程和结果的授权；国内大部分学者将 empowerment 译为增能、增权。在现代社会工作理论中赋权是一个重要的概念，赋权不论是一种概念还是一种结果，它的目的都是赋予个人或群体一种权力，让无权者变得有权力，挖掘、激发案主的潜能。③

---

① 王竹换，庞鑫．浅析认知行为理论在社会工作实务中的运用［J］．法制与社会，2009（02）：225—226．

② 姚蕊．生态系统理论视角下社会工作介入农村留守儿童家庭教育的应用研究［D］（硕士论文）．山东大学，2020：19．

③ 陈红梅．社会工作赋权理论视角下农村妇女参政权研究［D］（硕士论文）．内蒙古师范大学，2017：78．

赋权的概念最初是由美国学者所罗门（Solomon）提出的，她指出某些个体和组织由于受到一些极为强烈的负面评价，以至于他们相信这些评价的正确性与必然性并接受之，因而对行使权力不会做出任何可能的努力。他们的无权是一种权力缺失而不是权力故障。综上所述，笔者认为赋权是让服务对象从无权到有权的一种过程，帮助服务对象提升个体的主体意识，增强服务对象的自信心与自尊感。

四、青少年微社群抗争性话语的建构

与现实环境的抗争性话语相比，青少年微社群抗争性话语由于自身的生长环境，而具备自身不同的构建模式，了解青少年微社群抗争性话语的构建方式，对于正确引导和化解青少年微社群抗争性话语有着重要的作用。我们通过梳理近十年来的青少年微社群抗争性话语的文本、视频等资料，发现有以下几种抗争性话语类型：戏谑式、悲情式、愤怒式、谩骂式。[①]

1. "戏谑式"抗争话语

戏谑本意指用诙谐有趣的话开玩笑，在微社群中，现实和非现实事件往往被人们以一种娱乐化的形式进行戏谑，青少年在微社群中通过文字、符号进行交流、编码和戏谑化表达更容易强化人们的记忆，并在短时间内引起围观，造成集群，达到抗争性话语传播的目的。公共事件发生后，青少年会通过话题凝练、娱乐化编码、焦点戏弄等策略来构建"戏谑式"抗争话语。[②]

（1）重点词凝练

在公共突发安全、卫生等重大事件发生和发展过程中，将事关案件的重要词句或人物的话语凝练，并将凝练的词句作为整件事情的缩影。这种有意而为的符号，成为大众尤其是青少年微社群关注的焦点。比如，"我爸是李刚""家里有矿"，通过重点词凝练而进行的反诘戏谑表达，将人物对话或事件发生过程中的重点词凝练出并将其作为事件的符号。在"李刚门"事

---

① 黄鹤. 悲情、愤怒、戏谑：网络集群行为的情感动员 [D]（硕士论文）. 华中师范大学，2015：35.

② 黄鹤. 悲情、愤怒、戏谑：网络集群行为的情感动员 [D]（硕士论文）. 华中师范大学，2015：31.

件中，青少年微社群体发起了"我爸是李刚"造句大赛，构建"戏谑式"抗争话语表达对权力阶层的不满，"床前明月光，我爸是李刚""假如生活欺骗了你，不要悲伤，我爸爸是李刚"；青少年微社群将"我爸是李刚"等凝练成事件符号在微社群中传播，颇具戏谑意味的重点词凝练使得事件很快受到大众的关注。①

（2）娱乐化"编码"

在青少年微社群热点舆情事件中，青少年微社群会将事件进行娱乐化"编码"，戏谑的作者汇入自己的心血和才智，将重大微社群舆情事件精心编码，事件被编码形成一种"符号"，符号经过意义转换、排列组合和模仿捏合，实现对事件或人物的暗喻暗讽，传播变得简单有效，也更容易表达青少年微群体的抗争诉求。"楼脆脆""天价烟""范跑跑"便是对事件进行的娱乐化编码。2009 年 6 月 27 日，上海一栋大楼竣工没几天就轰然倒塌，碎成渣的钢筋混凝土遭到网友戏谑"楼脆脆"。2011 年，河南郑州再现"楼脆脆"工程，青少年微社群又再一次炒热"楼脆脆"这一编码，表达对开发商忽视生命的不满。"天价烟"变相地代表着奢侈消费，其存在挤压了本应加强的民生投入，并且奢侈消费背后牵连着腐败，青少年微社群体戏谑的构建"天价烟"编码，表达对庞大公务支出的不满和抗争。再如，在汶川大地震中，留下学生，独自跑到操场的范美忠老师，他的行为通过戏谑作者的精心编码，娱乐化构建"范跑跑"来暗讽教师泯灭责任和良知，抛弃学生而保全自身的丑陋行径。

（3）焦点反讽

焦点戏弄是指青少年微社群体通过对焦点（大众熟悉的）人物或事物根据自己的意愿进行大胆、夸张的讽刺，并以幽默诙谐的形式表现出来，以此构建"戏谑式"的抗争话语。比如，"表哥杨达才"事件中，青少年微社群体将图片（发生重大交通事故现场站着一位微笑的领导）不断评论转发，一时间这位领导成为关注的焦点，有部分青少年群体发表戏谑评论："在这

---

① 凌国卿. 环境群体性事件中微社群秩序的构建研究［D］（硕士论文）. 江西师范大学，2015：20—21.

么大的交通事故面前，父母官还能笑得出来，这个'微笑哥'什么来头"。随着事情的持续发酵，有网友曝出"微笑哥"在不同场合上佩戴价值不菲的天价手表，又有网友戏谑评论："'表哥真是有钱啊，不知道他是在哪个'保护伞'下面做事?"经过青少年微社群体的不断努力，发现"表哥"不仅佩戴名表，就连眼镜也是价值不菲，网友戏谑："父母官不为百姓，为自己""拿皇粮不干正事，钱不够向百姓要，真'称职'!"在"表哥杨达才"事件中，青少年聚焦"表哥"，从不合时宜的"微笑"到名贵手表和眼镜渐渐揭露这位局长的"真面目"，采用反讽、戏谑式的表达吸引大众和官方的关注来达到抗争的目的。[①]

2. "悲情式"抗争话语

"悲情式"抗争话语往往是青少年微社群体通过"哭诉"地位反差和悲情角色"拼图"向强势方施加舆论压力、道德压力或政治压力，进而表达出青少年微社群体的抗争情绪。[②]

（1）"哭诉"地位反差

"哭诉"地位反差是指在重大公共舆情事件中，青少年微社群体通过塑造当事人地位、身份、阶层的悬殊"哭诉"其境遇的悲惨，将大众向悲情情绪引导，继而吸引更多人的关注，表达自己对某些社会现象的不满。在构建抗争话语时，青少年微社群体的意见领袖会通过图片和音频的转发来唤醒人们的"共意"，包括善良、同情和悲悯的良知，把"脱域"的人们代入同一场域，大大增加传播效果，譬如，2019 年 12 月 26 日晚，南京邮电大学研三学生实验室自焚事件，传播者哭诉，"师生关系不公等，导师对学生谩骂侮辱""老师高高在上，学生任打任骂"，有的传播者将被害者母亲在学校楼顶悲哭的照片和被害者烧焦的尸体一起发在微社群中，刷到这组白发人送黑发人的图片时，青少年微社群体甚至更多的群体都在为他们鸣不平，人人平等的民主意识在每一个青少年的血液里迸发，老师和学生都是人，为何

---

① 周裕琼. 从标语管窥中国社会抗争的话语体系与话语逻辑：基于环保和征地事件的综合分析 [J]. 国际新闻界，2016，38（05）：52—68.

② 黄钦. 系列反 PX 事件中网络抗争性话语的建构 [J]. 新闻界，2016（16）：44—53.

要受到老师的胁迫，于是更多的微社群体都在为受害者"哭诉"。①

（2）悲情角色"拼图"

悲情角色"拼图"，是指青少年微社群体通过事件与事件串联，或者人物与人物对比，将他们之间的悲情共点拼在一起，构建"悲情式"抗争话语，其重点不在于完整展示事件发生的全过程，而在于形塑事件相关的社会事实之间的勾连，这种构建方式将更有利于个体的悲剧在集体层面引起共鸣，进而从深层次考问社会和时代背景。在"单身女性夜坐网约车遇害"的事件中，转发者更多地被这样的悲情词语动容："女孩很孝顺父母，自己不舍得吃穿，钱都花在家人身上，这样好的女孩在死时都没有一件衣服蔽体""家人找了几天的女孩，最后在臭水沟被发现，母亲当场哭晕"。在梳理青少年微社群的抗争性话语时，我们发现青少年微社群体会将很多单身女性夜坐网约车遇害的案件勾连在一起，在微社群中用"拼图九宫格"将受害者的图片摆出来，一个个遇害女性的悲剧在集体层面引起共鸣，继而考问网约车安全出行的忧患制度。

3. "愤怒式"抗争话语

愤怒作为人的一种基本情绪体验，会在其受到挫折或侵害时出于自我防护目的而表达，它会引发人们心底的愤慨和身体的狂躁，这种极端的情绪有一定的诱发情境，其一是当某些事情存在明显的违背规范现象，青少年微社群体会将其用质疑的口吻发问出来；其二是当自尊和价值观被践踏，产生相对剥夺感时，青少年微社群体会聚焦人物和事物的细节，给他们构建标签，引起群情激愤。②

（1）质疑发问

挑起公众对某些重大公共事件的愤慨不单单是因为触碰了他们的利益，更原始的动力是因为这些事件违背了公众心中的信仰。人们的认知秩序会因为心中信仰或意识被冲击时而扰乱，紧随而来的愤怒和怀有敌意的情感喷薄而出。质疑是愤怒情感表达的常用手段，也是青少年微社群体构建"愤怒

---

① 黄鸿业，马燕．社交媒体抗争性话语的生产与变迁——以哈贝马斯交往行为理论为理解框架［J］．当代传播，2016（03）：56—59．

② 张莉．80后的多元话语建构与重构［J］．青少年学报，2021（01）：36—42．

式"抗争话语的方式之一。在"微媒体"时代，信息传播的便捷性打破了官方媒介制造的"世界和平"表象，公众的心理总会对官方或强权方保持着过度怀疑或过度防御。人们质疑的聚焦点往往放在阶层反差、权力滥用与司法公正上。在"重庆保时捷女司机狂扇男司机"的事件传播中，有网友在微博质疑："为什么强权总是压在我们头上，为什么开着保时捷就可以为所欲为?"在网友的追踪搜索下，发现女司机为某派出所所长的妻子。网友在微博发出愤怒质疑："为何所长夫人就可以从轻处罚""罚款两百元后，为何不深查背后的故事，气焰嚣张，为官不仁"。以此构建他们"愤怒式"抗争性话语。①

（2）标签聚焦

重大事件或人物进行标签聚焦呈现，是构建"愤怒式"抗争性话语的重要方式之一，引发公众愤怒情绪的关键是通过聚焦泯灭人性的行为或有失分寸的言论，并刺激他们通过微社群扩大传播"愤怒式"抗争话语，"花季少女被男友跳窗泼硫酸"的事件发生后，网友惋惜之余，更是将"愤怒的气焰"指向泼硫酸的少年，随之其身份被爆出是"官二代"，此身份地位的标签聚焦后更是触动人心愤怒，对"少年严加审判"的言辞更加激烈。"当红女星杨丞琳嬉笑南京大屠杀死难者人数"的事件中，作为每一个中国人都应不忘国耻，而作为国民崇拜的当红明星，却嬉笑说"才死了这么多，我还以为有很多人"，这让很多黑粉甚至崇拜她的粉丝都骂上她的官方微博，网友将"当红明星""嬉笑""国难者"聚焦成标签。有网友在其官微下面考问："你怎么可以笑得如此风淡风轻，南京大屠杀是国耻，更是国人的痛，难道你没有心吗?"这对良知、道德、生命的考问，随即被青少年微社群体转发，愤怒的抗争性话语愈演愈烈。②

4. "谩骂式"抗争话语

"谩骂式"抗争话语指青少年微社群通过直接或间接的网络用词，表达

---

① 周裕琼，齐发鹏．策略性框架与框架化机制：乌坎事件中抗争性话语的建构与传播［J］．新闻与传播研究，2014，21（08）：46—69，127.

② 周裕琼，蒋小艳．环境抗争的话语建构、选择与传承［J］．深圳大学学报（人文社会科学版），2014，31（03）：131—140.

对世道不公、人心狠毒、丧心病狂的某些人或某些事的义愤、不满等心境的话语。

（1）直抒胸臆

直抒胸臆指青少年群体在微社群"5G冲浪"时，发现的政治上、社会上、文化上令人不齿的新闻事件，触动心底的基本信念、价值而毫不犹豫地变身"网络喷子"在自己的微信朋友圈或去官方微博谩骂抗争，其话语内容丝毫不隐晦，而是直抒胸臆地大骂。在"18岁女孩遭父亲性侵4年怀孕流产"的视频中，小女孩自称父亲从她14岁时开始强暴她，现在父亲时不时地找其发生关系，前两天怀孕做了流产。在人民网官微的转发下，许多网友谩骂道："禽兽不如""必须枪毙，简直不是人""真贱，做人要有底线，鄙视你，枉为人""畜牲，猪狗不如的东西"。有网友发出诘问："一个巴掌拍不响，小女孩也有错。"立刻遭到更多网友的声讨和"连坐"谩骂："不会说话就闭嘴，女孩软弱所以活该被性侵吗？呸！你全家一个巴掌拍不响。"微博留言空间里，抖音评论区里都是对泯灭人性者平铺直叙的谩骂，对兽性父亲的行为进行类似"禽兽""猪狗不如"的辱骂，对兽性父亲理应得到的惩判进行"枪毙""天打雷劈"此类的咒骂。在"郑爽代孕"事件中，郑爽和男友张恒作为事件男女主，被青少年群体在"微社群"骂得"体无完肤"，有的网友骂郑爽"装清高""没良心"，有的网友骂张恒"软饭男、捞男、代孕男！极品蚂蟥！"有的网友骂"两个都没良心，孩子是父母的礼物，不是可扔可不扔的垃圾""两个没头脑的，犯法就该关起来"。在此等有违人伦道德，触动心底信念事件发生时，青少年"直抒胸臆"谩骂抗争性话语。[①]

（2）符号隐喻

除了直抒胸臆的谩骂，还有间接谩骂方式，即"符号隐喻式"谩骂，按照认知语言学观点，隐喻意味着不同意义系统在相似性基础上的转义关系，也就是不同符号系统之间的语境置换与意义借用，青少年微社群"符号隐喻式"谩骂包括英文代替首拼、人物图片漫画化、符号表情包、"谐音

---

① 齐发鹏．群体性事件中的抗争性话语分析［J］．新闻传播，2012（08）：58—59.

梗"等方式，具体实例如，"GUN"代表"滚"。人物图片漫画化的谩骂包括：青少年群体在微社群中制作"袁姗姗坐滚皮球滚出圆圈"的漫画图，隐喻谩骂"袁姗姗滚出娱乐圈"。符号表情包式的谩骂包括：青少年微社群编辑信息时，会采用书写工具软件中"小人物竖中指"来谩骂"不要脸"，"小圆脸带奶嘴"来隐喻谩骂"无知小儿闭嘴"。"谐音梗"式谩骂包括："Go die"谐音是"狗带"代表"去死"。在"李小璐出轨事件"中，这几种类型的"符号隐喻式"谩骂都有体现，李小璐的丈夫贾乃亮被戴"绿帽子"，对此网友大骂李小璐"身在福中不知福，再怎么辩解也是放 P，这样的人就应该 GUN 出娱乐圈"。通过分析青少年微社群谩骂式抗争性话语，发现"符号隐喻式"谩骂传播更广，因为相较于直抒胸臆式谩骂，在国家净化网络空间的要求下，微社群空间中对"符号隐喻式"的包容性更强，所以我们要注意分析那些"符号隐喻式"谩骂的背后含义，从而更好地引导青少年微社群抗争性话语的构建。

五、社会工作视角下青少年微社群抗争性话语引导策略

纵观近几年的青少年微社群抗争事件，青少年借助微信、微博等新媒体实现了抗争性话语表达的愿望，提高了青少年参与社会事务管理的意识和能力；同时也对政府在新媒体时代如何适应环境，积极主动地去改变传统的社会管理观念，调整处理社会公共事务的思路，更重要的是，促进了社会民主化的进程。但是不可否认，在以往的微社群抗争性事件中，抗争方式的采用在很大程度上决定了抗争性话语表达是否容易走向非理性的困境，特别是当青少年微社群的整体媒介素养不高的情况下，甚至会触犯法律，难以提出建设性、系统性的政策主张。另外，虽然近几年我国网络发展已经较规范，政府网络和民间网络之间良性沟通和互动的桥梁比较畅通，但是有的新闻发言人的素质不是很高，导致青少年微社群对政府的工作产生误解，加大了青少年微社群对政府的抗争规模。如何引导青少年微社群正确地表达自己的思想和话语，保证他们的合理建议和看法得到管理者的采纳，在接下来的章节里，笔者试图从社会工作角度来探究如何引导青少年微社群抗争性事件中的抗争性话语表达更加规范和合理。

1. 认知行为模式下青少年"微个案"引导策略

个案是社会工作直接服务方法之一，在"微"时代结合认知行为理论，通过微信视频、微信语音沟通对个案对象进行引导分析，探索"微个案"服务模式。

(1) 认知重建，科学认识抗争性话语

认知行为理论认为所有的社会认知活动都是在一定的情境中进行的，社会工作者可以通过"重温情境"来回顾和理解服务对象的行为，通过案主的描述，社会工作者需要辨认出服务对象心理上认定的固有认知，协助服务对象从各个角度重新审视自身的所作所为，以达到帮助服务对象重新认识某事件的作用，进而使其重建认知。我们采用认知行为疗法对服务对象进行个案介入时，主要有以下步骤：一是通过案主的描述，找出案主意识中的不合理信念，分析其理解事物的思维方式和应对策略，提议案主纠正不良情绪或运用相较之前更为合理的解释，以使症状改善或减少。二是改变案主不合理的行为表现，社会工作者通过阐述他人已有经验和建议分享的方式，让案主自己选择称合心意的行为纠正方法，改变原来的偏差行为。三是遵循社会工作基本原则，相信案主自身的潜能，创建和谐氛围，帮助案主打开心扉，以达到情绪和行为转变的效果。①

在"重庆女司机狂扇男司机"的事件中，笔者通过调查发现，青少年群体对只罚款200元的判处很不满，但是真相就是保时捷女司机违反交规条例，情节符合罚款200元，交警没有渎职。换个角度想，一般交通事故发生后，两方也会有口角和摩擦，只不过"保时捷""所长夫人"让事件变得敏感起来。在"微媒体"时代，可以运用个案介入意见领袖者，修正其信念，在此次事件中，我们可以发现案主这样的不合理信念：对"富"和"官"的刻板印象，"保时捷"意味"富"，"所长夫人"意味"官"，更何况是两者结合，所以网友会有"保时捷了不起啊，保时捷就可以随便打人"的思想和话语，"所长夫人就可以一手遮天，为何不深查背后保护伞"的信念和

---

① 王竹换，庞鑫．浅析认知行为理论在社会工作实务中的运用 [J]．法制与社会，2009 (02)：225—226.

词语。笔者试图纠正这些不合理信念，引导案主正确认识事件本相，交通事故是在于双方行驶规则的失当，而不是着重于标签聚焦，青少年微社群体应科学构建抗争性话语。①

（2）行为干预，理性参与微社群表达

认知行为理论认为个体的行为除了亲身实践获得，还可以通过观察和模仿他人或他物而习得。观察者或模仿者通过观察行为如何出现及这么做的后果来推测：模仿此行为后可能带来的预期后果是什么，以及观察的对象这么做的原因或规则是什么。观察者或模仿者对自己所见所闻在内心形成一套标准体系，并且在碰到类似情形发生时他们会再作出自己之前观察到的行为。在整个行为观察过程中存在四个相互关联的过程，即关注、维护、行为再现及强化和动机（Bandura，1977）。首先，行为发出要足够吸引观察者或模仿者的关注。其次，观察者或模仿者要能够在脑海中形成记忆并维护这一记忆的存在，即所观察到的东西。再次，行为再现，就是个体将心中所想与口中所念做出来，以此调整行为与想象的差别。最后，强化和动机过程，这里还包括行为重现。当个体观察到示范的行为受到奖赏而不是惩罚的时候，他们就会选择复制粘贴或者完美重现这一行为。②

在青少年微社群抗争事件中，青少年群体的非理性行为制约了抗争性话语的积极作用。因此，作为微社群抗争事件的主要参与主体，有必要提高自身的媒介素养，以保证其微社群抗争话语越来越规范，越来越理性。行为疗法可以让青少年微社群体观察理性、规范的抗争语言表达，通过各种微社群传播方式向青少年群体宣传和灌输正确行使话语权的方式，通过电视节目具体案例的制作和讲解，引导青少年群体正确利用微社群行使话语权，示例不正当、不理性的抗争性话语传播会受到怎样的惩罚，而正当、合理的抗争话语表达又会受到怎样的奖赏，青少年群体将会更倾向于再现或复制正当、合

---

① 陈艳. 网络环境下青少年主流信仰危机与引导对策 [J]. 河北能源职业技术学院学报，2021，21（01）：45—47 + 51.

② Fernández-Guisuraga José Manuel，Verrelst Jochem，Calvo Leonor，etc. Hybrid inversion of radiative transfer models based on high spatial resolution satellite reflectance data improves fractional vegetation cover retrieval in heterogeneous ecological systems after fire [J]. *Remote Sensing of Environment*，2021，255.

理的语言表达。在疫情席卷全球期间，部分群众因为自己不正确言行造成不良社会影响而被政府处罚，例如，2020 年 1 月 24 日，河南郑州的张某某在自己的微信朋友圈晒图，"我刚从武汉回来，就为了染上病毒感染你们，大家一起死"。① 在疫情严重的 2020 年，这样的微信朋友圈不胫而走，快速在微博、QQ 流传，消息很快被当地政府机关确认为谣言，并将其判处行政拘留 10 天。1 月 28 日下午，湖南省长沙市的周某某在自己的微博上发布了一条"我希望长沙和武汉一样死的越多越好"，但是微博刚刚发布，不久就删除了，但还是造成了一定的社会不良影响，经过调查周某某是出于情绪宣泄的目的，判处其行政拘留 5 天。对待在"微社群"传谣的青少年群体，社会工作者可以通过"微社群"与其建立联系，让他们知道自己认知的偏颇，采用经验分享的方式制作"疫情微个案"视频和文章，明白自己行为的过错，不再重现或复制不当言论，并且观察理性的语言表达行为，合理、合法的参与微社群表达。②

2. 生态系统视角下青少年"云小组"的引导路径

生态系统理论假设个体有能力在与环境互动中平衡发展，个体身体或心理上的困扰不是个体的单方面原因，这些困扰或问题是个人在与环境互动失衡引起的，强调环境对个人发展的影响。这里将系统分为四个部分，即微观系统、中观系统、外部系统和宏观系统。用生态系统理论分析青少年微社群抗争性话语问题，不能只归结于个体，而应该把它放在系统中，考虑服务对象所处环境的因素，使其认识到自己与周围环境的紧密联系，让服务对象在和环境的互动中发现问题，最后运用社会工作专业方法对服务对象所处的各个环境系统进行介入，协调链接各方资源，促进个体与环境系统之间向好发展，健康运行。③

小组是社会工作直接服务方法之一，在"微"时代结合生态系统理论，

---

① 游思宇. 青少年网络成瘾问题及其社会工作个案干预——以网瘾青少年苏某为例 [J]. 法制博览, 2019 (23): 279—280.

② 韩淑英. 社会工作介入"网瘾"青少年服务研究 [J]. 法制与社会, 2020 (24): 124—125.

③ 袁自立. 从生态系统理论视角探讨青少年性教育缺失问题的社会工作介入 [J]. 就业与保障, 2020 (14): 160—161.

通过微信视频、微信语音沟通对小组对象进行引导介入，探索"云小组"服务模式。

（1）微观系统层面

从青少年群体来看，这里的微观系统主要包括青少年个体、家人和朋友。社会工作介入微观系统进行抗争性话语的引导时要重点关注青少年个体道德观、价值观及世界观，在微观系统中，青少年群体自身可能会因为生理上的变化、心理上的青春懵懂等困扰而与家人、朋友产生行为上的疏离和心理上的鸿沟，这种环境孤独让他们选择在同质性很强的"微社群"中发泄有关社会不公、制度不合理的抗争性语言。另外，青少年群体抗争性话语的形成也有可能是受到了身边微观系统不良影响，因此社会工作者要做好链接者和协调者的角色，协助青少年群体投入亲人的怀抱，家长也要积极耐心倾听青少年群体的烦恼和不良情绪，明白他们的精神需求并尽量满足，为其良好微观环境的营造提供支持和帮助，在环境的熏陶下，理性表达自己的话语权，通过自己正向的变化影响身边的人。

例如，在关于青少年发展的抗争中，"社畜"通过激进的语言抗争社会的不公。所谓"社畜"是指他们做完自己的工作后，又要帮助完成别人的工作。他们散播的抗争性话语影响社会秩序的稳定，需要对这些青少年微社群体开展抗争性话语的引导。在此，可以探索微社群中"云小组"介入，通过关注腾讯QQ社畜交流群，进入自称"社畜"的QQ群中，募集10位青少年，通过QQ与他们建立联系，开展"云小组"活动，活动尽量安排在他们空闲的时间，并且匿名交流，帮助他们发泄"社畜"的不良情绪，在此过程中，引导他们理性、正确地进行微社群抗争性话语的表达。[1] 在"云小组"活动中，社会工作者需要尽快分辨青少年群体中的领导者，他们评论最活跃、情感最激奋、转发量最多，对其他"社畜"社群青少年群体有号召力，能在一定程度上控制抗争性话语的走向。[2] 社会工作者应善于发挥

---

① 刘海春.社会工作介入"问题学生"帮扶的个案研究——基于生态系统理论视角［J］.社会与公益，2020，11（10）：50—52.

② 姚蕊.生态系统理论视角下社会工作介入农村留守儿童家庭教育的应用研究［D］.山东大学，2020.

同伴领导者的作用，一方面让领导者教育、指导其他青少年群体学习理性表达抗争性语言；另一方面让领导者发现过激语言抗争问题及时与社工沟通，所以青少年群体自身也能发挥自我教育的功能。家庭作为青少年微社群支持网络的重要组成部分，由社会工作者传授青少年微社群体生理、心理和社会性发展知识，促进家人对青少年群体更加了解，理解青少年所思所想，实现家庭和青少年微社群之间的良性互动，建立更加积极健康的家庭关系。在此基础之上，社会工作者应选取合适教材，并采取适当方式对青少年进行社会主义核心价值观教育，深化他们"爱国、敬业、诚信、友善"的人生观、价值观。[①]

（2）中观系统层面

中观系统是指两个或两个以上的微观系统之间相互碰撞和联结。微观系统之间积极地联系会对个体产生积极影响，反之，则会产生消极影响。在对青少年微社群进行引导时，将学校引导作为主要阵地，以家庭引导为补充，联动社工引导三者并驱，在中观系统层面，对青少年群体来说，家庭、朋辈群体、学校等都能直接对其产生影响，社工要发挥其资源链接者的角色，促进各子系统之间的联动与互动，构建微观系统之间积极相互影响关系。[②] 一方面，要加强家校联系，让青少年能在两种环境中获得相互补充的教育内容，防控其失范抗争性语言形成，监督评估青少年群体抗争性话语教育的效果和不足，以助力开展后续活动；另一方面，学校组织开展各种"云小组"抗争性话语教育主题活动，并引导青少年及其同伴、家长共同参与微社群，促进其相互交流并建立支持监督系统。[③]

（3）外观系统层面

外观系统是指个体没有直接参与但却影响到个体的环境系统，在研究时应把服务对象放在更广阔的环境系统之中。一是大众传媒，随着时代的变迁，青少年群体获取社会性新闻的渠道不断拓宽。在情感互动和权利压制

---

① 王玲. 小组工作介入问题青少年的认知偏差研究 [D]（硕士论文），湘潭大学，2020：1.

② Kuo Janice，Zeifman Richard，Morrison Amanda，etc. The moderating effects of anger suppression and anger expression on cognitive behavioral group therapy and mindfulness-based stress reduction among individuals with social anxiety disorder [J]. *Journal of Affective Disorders*，2021，285.

③ 朱娜. 社会工作介入困境青少年的个案研究——基于社会生态系统理论分析视角 [J]. 贺州学院学报，2018，34（03）：107—111.

下，青少年选择通过微信、微博、抖音等微社群体传播抗争性话语。通过现代化多样化方式学习新知识，能够推动新知识传播方式的变革，但是，通过未经筛选的方式获得的社会知识，往往鱼龙混杂掺杂着大量毁坏社会秩序的内容，影响青少年抗争性话语的理性传播，因此，要通过大众传媒的影响和舆论，向青少年群体传播正确的社会知识、道德观念、法治意识。二是社会工作者积极利用社区资源，发挥社区教育功能，开展多种形式的线上宣传活动和组织开展教育"云小组"活动，建立青少年教育志愿者服务队伍和专业的社区青少年服务中心，补位学校和家庭的青少年微社群教育。

（4）宏观系统层面

宏观系统位于生态系统模型中的最外层，是微观系统、内部系统、外部系统的总和，包括特定文化中的价值观、文化、态度、法律等。当今，我国正处于社会急剧变革时期，社会文化逐渐显露出多元化、现代化、开放化的特点。但各种社会道德观相互碰撞之时，"社会文化失范"现象也被裹挟而来，"言语的过度自由"思想容易使青少年群体滑向不负责抗争性话语行为的构建。因此，在青少年微社群抗争性话语教育引导中，相关部门要加强法律体系的建立，使得青少年微社群失范言语教育有法可依。要在社会主义核心价值观的引导下，利用网络、电视等媒介宣传积极的语言道德，摒弃说话不过脑子的旧的言语观，更新文明、理性的社会主流观念。创造符合时代特色的社会主义言语观，让社会大众了解青少年微社群抗争性话语引导的重要性，防控越轨暴力行为及犯罪事件的发生，为青少年微社群营造健康成长的社会氛围。[①]

3. 赋权理论下的青少年"线上社区"引导方法

赋权理论是社会工作的一个基本理论，社会工作者通过增强服务对象个人、人际的政治或生存力量，使其能够有权力和能力进行政治、社会、文化生活，赋权的真正目的是改变公共生活现状。赋权存在个体、社区和社会三个层面的划分。[②] 这里我们主要考虑线上社区层面的赋权，它是指在一定虚

---

① 熊丽丽. 生态系统理论下网瘾青少年问题研究 [J]. 大众文艺, 2020 (07): 259—260.

② Keltie Haley. Lauren S. Berliner: Producing Queer Youth: The Paradox of Digital Media Empowerment [J]. *Journal of Youth and Adolescence*, 2018, 47 (11).

拟空间区域内，由拥有共同社会生活和共同意识的一定数量的青少年争取共同权力，改善线上社区福祉的过程。①

（1）培育主体性

在不同类型的青少年线上社区环境中，线上社区赋权所面临的资源、阻碍及各方力量的拉扯关系都不尽相同，应强调线上社区与外界的沟通、对话与联动。线上社区赋权实际上是通过社区居民与外界环境丝丝相扣的互动和联结而产生的一种双向社会交往。在这个社会交往过程中，借由信息传播和资源动员达到权力关系与社会地位的重塑，线上社区青少年逐渐培养起自主赋权的技能，实现持续赋权的效果。赋权的双向社会互动模式强调线上社区自身的主体作用，也重视对弱势社区的外部辅助。② 一方面需要外部力量提供有利的政策扶持和舆论环境；另一方面也亟须借鉴国外社会工作的专业化路径。③ 例如，可以通过社会工作机构的社区工作模式，用微社群连接同类型抗争青少年开展"线上社区"，以专业性的指导帮助社区案主正视自己的弱势和发展困境，纠正心理和行为偏差，分析自我发展的机遇，拓宽社会交往的范围，通过合法有序的话语抗争维护权利。

在线上社区赋权过程中，青少年、线上社区和社会三者之间的关系与互动是复杂的。随着我国社区建设的发展成熟，以社区为中心的赋权逐渐向以社会问题为中心的赋权转变，跨社区、超地域性的赋权行为将会更多，线上社区赋权亟须更有力和更广泛的联结。④ 所以我们在继续关注青少年线上社区的信息获得、意见表达、个体话语权、媒介素养等媒介赋权的"显见"层面的同时，应拓展研究和实践的更多维度，探寻线上社区赋权中所蕴含的理性表达秩序、社区基层政治参与、社会资本占有及分配等更深层次的问

① 王斌，刘伟. 媒介与社区赋权：语境、路径和挑战 [J]. 国际新闻界，2015，37（10）：79—91.

② Magdalena Mądra-Sawicka，Jeretta Horn Nord，Joanna Paliszkiewicz etc. Digital Media：Empowerment and Equality [J]. *Information*，2020，11（4）.

③ 于丽. 传媒公共领域青少年媒介素养研究 [J]. 中国报业，2021（05）：56—57.

④ 陈红梅. 社会工作赋权理论视角下农村妇女参政权研究 [D]（硕士论文）. 内蒙古师范大学，2017.

题，以此引导线上社区青少年抗争性话语的有力传播和合法斗争。①

（2）"线上社区"权力的唤醒

诚如前文所说，因为权力压制导致的自发的社区动员、群体性事件频发。当青少年的切身权益在现实生活中无法实现，利益双方又缺乏有效的沟通协商机制而造成矛盾激化，青少年往往会通过线上社区寻求抗争路径。这些抗争事件以满足青少年共同需求，保障共同利益为目标，自发组织起来进行有计划、有针对性的微社群抗争行动，在线上社区构建抗争文本、标语、口号，激发青少年被压制的权力意识。这种线上线下相结合的动员机制与传统的社会运动动员机制相比更加高效，不需要现实组织的集合就能迅速地形成目标统一的抗争群体，节约了动员和集体行动的时间及成本，为社区抗争和传播赋权提供了新的路径，但线上社区青少年抗争性话语的合理性还需要介入和引导。②

语言是思想的外衣，我们需要通过赋权唤醒线上社区青少年的权力思想，提高他们对自身生活的控制力，对自己解决重要问题的能力的信心，认识并发展自身行动能力的能力，只有权力思想被唤醒，语言的外衣才能编织出合理的抗争性话语。在具体的赋权机制上，表现为线上社区、社会工作者和政府三方的相互作用。线上社区抗争群体方面，通过微博、论坛等新媒体上的联系和讨论凝聚成身份认同，明确针对性的抗争对象和目标，形成统一的口号、标语等抗争性话语表达。另一方面通过线上社区的动员聚合现实空间的抗争队伍，将零散的、互不认识的青少年个体召集起来，自发组织游行等统一的抗争行动。在线上社区和政府双方力量交错时，社会工作者除了保障基本的信息传播，还担当着动员、联系与协调的角色，在引导青少年微社群正确、合理表达抗争性话语中起到重要作用。

六、小结

社会转型矛盾的凸显、青少年生长变化的急速，以及微信、微博等微型

---

① 宋炫霖. 环境抗争中的话语赋权机制研究 [D]（硕士论文），华中科技大学，2018：41—42.

② Aimee Rickman. Book Review: Producing Queer Youth: The Paradox of Digital Media Empowerment by Lauren S. Berliner [J]. *Journalism & Mass Communication Quarterly*, 2019, 96（1）.

社交工具的出现和迅速应用等因素，使得近年来微社群抗争性事件以几何式增长的速度在微社群上演。纵观近年来的青少年微社群抗争性事件，特别涉及就业、社会交往、利益受损、资源分配不公等青少年群体事件时，青少年在微社群的话语表达基本都会蕴含着同样一种内核，那就是抗争。

本章研究的核心内容就是青少年微社群体的抗争性话语，笔者梳理了近几年发生的青少年微社群抗争事件，采用内容分析法、文献研究法，整理出青少年微社群四种抗争性话语类型：戏谑、悲情、愤怒、谩骂，再结合社会工作的理论，对青少年微社群抗争性话语的引导提出探索方法：即认知行为模式下的"微个案"介入、生态系统视角下的"云小组"协助及赋权理论下的"线上社区"引导，帮助青少年微社群抗争性话语正向表达。

本章在对近几年的青少年抗争性话语进行详细分析之后，得出以下结论。

青少年微社群抗争性话语主要分为四种类型：戏谑、悲情、愤怒、谩骂，具体而言，青少年群体通过重大事件中人物或事物的重点词凝练，娱乐化"编码"，焦点反讽来构建"戏谑式"抗争话语；通过塑造当事人地位、身份、阶层的悬殊"哭诉"其境遇的悲惨及人物对比，将他们之间的悲情共点拼在一起来构建"悲情式"抗争性话语；通过质疑身份、权利行使、司法公正和放大、聚焦"官""富"标签来构建"愤怒式"抗争性话语；通过直接咒骂和符号隐喻的方式来构建"谩骂式"抗争性话语。

在"微时代"下，社会工作的介入应作出与时俱进的探索，因此对青少年微社群抗争性话语的引导作出以下建议。

第一，个案工作与微社群结合，构建"微个案"模式，在认知行为理论的指导下帮助案主重建认知，同时经由观察习得良好的行为表现，并通过奖赏强化和保持这一行为。在个案介入时，社会工作者通过电视节目具体案例的讲解，引导青少年群体正确利用微社群行使话语权，示例不正当、不理性的抗争话语传播会受到怎样的惩罚，而正当、合理的抗争话语表达会受到怎样的奖赏，青少年群体将会更倾向于再现或复制正当、合理的语言表达。

第二，小组工作与微社群的结合，构建"云小组"模式，在生态系统理论的指导下帮助服务对象从微观、中观、外观、宏观四个系统分析微社群抗争性话语的问题，把问题放在系统中考察，引导他们理性、正确地进行微社群抗争性话语的表达。

第三，社区工作与微社群的结合，构建"线上社区"模式，在赋权理论的指导下培育青少年群体的主体性，唤醒他们的权力意识，理性表达抗争性话语。

青少年微社群抗争性话语的表达是青少年社会公民权利意识增强的表现，在促进社会事务决策科学化、客观化等方面都会起着重要的促进作用；同时，从深远的社会影响方面来看，对于促进社会民主进程也起着重要的作用和影响。因此对于此类事件的抗争性话语的表达，被抗争对象要以一种接受的心态进行思考，而不是以抵抗和仇视的心态去压制，这样只会适得其反。另外，由于青少年自身媒介素养的缺陷，比如，非理性、非职业化等这些条件的限制，往往容易陷入"网络暴民"或游走在法律的边缘，偏离了这些抗争性话语的积极发展轨迹，这些需要政府、传统媒体及青少年社会工作者共同努力去改变和提升。

第八章 "微社群"集群行为：动机、关系联结与演化逻辑

一、引言

前文已说到，近年来网络集群行为呈现出由一般的网络社群向数量众多的小众化的封闭"微社群"聚踊的新趋势。"微社群"指基于共同的兴趣爱好、利益诉求或临时事务，通过微信、微博等社会化微媒体平台而进行关系搭建的，具有共同目标的，数量众多的，小众化的，成员兴趣爱好、思想倾向、利益追求等同质性高的网络社群。微社群具有"壁垒"和"部落化"特征，蕴藏着重要的结构性因素，"把同一代的青少年区隔在不同的'圈层'和'折叠空间'里"①。

与一般的网络社群相比，微社群内部关系搭建更具便捷性和快速性，成员利益、兴趣、思想观念聚焦，具有小众、封闭的特性，有明显的"圈子文化"，成员认同感和排他性较一般的网络社群更强，存在唯我独尊、排斥异见、审美固化、党同伐异等问题和"群体盲思"之短板，其集群行为更可能"极化"和"恶化"。一部分微社群是直接集群结社的，如，直接通过线下结识而组建的兴趣型、临时事务型、利益诉求型微信群和 QQ 群，以及通过微社群平台结社的各类 App 用户圈，微博"微话题"圈、"饭圈"等；还有一部分是从一般的网络平台层层"筑圈"形成，如，从一般微信群和QQ 群中分离出的各类兴趣型、临时事务型和利益诉求型微群和 QQ 群，以

---

① 胡疆锋. 圈层：新差序格局、想象力和生命力 [N]. 中国艺术报，2021—2—1 (005).

及从"'B 站'筑圈形成的 19 个社区和 7000 余个垂直兴趣社群"①。

在诸多微社群中，国内最受关注、活跃人数最多的社交应用是微信。微信是腾讯公司在 2011 年上线的一款社交应用，以其强大的社交功能受到了人们的欢迎。但微信点对点的传播方式制约了信息传播的范围。而微信群一对多、多对一、多对多的传播，成为大学生的"新宠"，给大学生提供了便利；同时，也容易成为集群行为发生的"温床"。微信群作为一个少则拥有几十人多则几百人的群组，群内任何成员的消息一经发出，其群内的其他成员只要在有互联网触及的地方都能看到、转发，传播效果不断放大，甚至组织线下的活动，尤其是利益诉求型微信群集群行为发生所导致的后果远远超过传统的传播方式所导致的后果。因此，本章以直接结社或通过网络平台筑圈形成的利益诉求型微社群为例，以其中集群结社极为活跃的大学生群体为研究对象，探讨其微社群集群行为的动机、关系联结与演化逻辑。

二、研究方法

1. 调查实施

运用问卷调查研究方法，在兼顾样本代表性的情况下采取判断抽样。样本含高职院校、普通院校、211/985 院校的大学生，有专科生、本科生和研究生，大学生所在院校地区覆盖安徽、北京、四川、吉林、江苏、福建、上海、广东、广西、贵州、黑龙江、河北、河南、湖北、湖南、吉林、山东、江西、云南、甘肃、天津、浙江、宁夏、陕西、山西、辽宁、重庆等省市。采取纸制问卷与在线问卷相结合方式，共发放问卷 1020 份，回收 1016 份，回收率为 99.6%，经分析，共有 1007 份问卷有效，有效回收率约为 98.7%。

2. 样本分布

样本中，男性 354 人（35.2%），女性 653 人（64.8%）；理工科类 476 人（47.3%），人文社科类 531 人（52.7%）；专科生 94 人（9.3%）；本科生 818 人（81.2%）；研究生 95 人（9.5%）（见表 8-1）。

---

① 胡疆锋. 圈层：新差序格局、想象力和生命力 [N]. 中国艺术报，2021—2—1（005）.

表 8－1 样本分布

变量	指标	频数	频率
性别	男性	354	35.2%
	女性	653	64.8%
专业	理工科	476	47.3%
	人文社科	531	52.7%
学历	专科	94	9.3%
	本科	818	81.2%
	研究生	95	9.5%

3. 概念操作化

（1）大学生

"大学生是指接受高等教育过程中尚未进入社会工作的人，专科生、本科生和研究生都属于大学生"①，本章研究对象"大学生"即含以上三类。

（2）利益诉求型微信群

利益诉求型微信群指为了争取某种利益而组建的微信群，一般有两种，第一种为了自己的现实利益诉求，如同样因学校评奖评优等工作感到不公的大学生为维护自身现实权益而聚集组建的微信群；第二种是针对某事件为维护事件某一相关利益方的权益或自己的潜在利益而聚焦组建微信群。实际上，他人的利益同时也是自身的潜在利益。"以北京酒店女生遇袭事件为例，青少年通过微社群等发起和参与的谴责和抗议行动，并非仅仅为了声讨施暴陌生男子的罪恶行径或表达对受害女子的同情。行动者之所以能够达到一致的'群体愤怒'，从根本上说，是因为他们与受害女子是利益共同体：北京酒店女生是现实的受害者，而发起和参与'微行动'的青少年则是潜在的可能的未来受害者。也就是说，今天受害的是该女生，明天受害的可能就是自己，或者自己的姐妹、妻子、好友等。"②

---

① 徐留杰. 大学生乡村就业问题及引导策略研究［D］（硕士论文）. 武汉轻工大学，2021：7.

② 蔡金平，董金权. 弱者的武器、利益共谋与意义空间的生产——青少年"微行动"的基本形式与发生机制［J］. 中国青少年研究，2017（04）：59—64.

三、基本概貌扫描：集群度与活跃度

1. 集群度：四成集群，高学历女生更倾向采取"弱者的武器"形式

调查发现，大学生有一定程度的通过微信群表达利益诉求的意愿，超四成（412 人，41%）的大学生拥有利益诉求型微信群，其中，女性 314 人，占女性总样本的 48.09%，男性 98 人，占 27.68%；理工类 175 人，占理工类总样本的 36.76%，人文社科类 237 人，占 44.63%；本科生 343 人占本科生总样本的 41.93%，专科生 22 人占 23.40%，研究生 47 人占 49.47%（见表 8 - 2）。

表 8 - 2　不同人口变量有利益诉求型微信群情况

变量	指标	频数	频率 （占该变量总样本比例）
性别	男性	98	27.68%
	女性	314	48.09%
学科类别	理工科	175	36.76%
	人文社科	237	44.63%
学历	专科	22	23.40%
	本科	343	41.93%
	研究生	47	49.47%

进一步对人口变量与是否集群进行回归分析，是否集群霍斯默—莱梅肖检验值为 0.577 > 0.05，通过二元 Logistic 模型分析，将"性别"作为虚拟变量处理并以"男性"作为参照。结果显示，性别与"是否集群"有显著相关性（p = 0.000 < 0.05），且 Exp（B）为 2.475；同样，学历与"是否集群"有显著相关性（p = 0.001 < 0.05），学历从专科、本科到研究生每增加一单位，利益诉求型微信群集群就提升 67.4%〔Exp（B）为 1.674〕；专业类别与是否集群无显著相关性。即高学历女生更易集群。笔者曾撰文指出，微社群是"青少年作为'弱者的武器'进行利益表达的手段"[1]，相对于男

---

[1]　蔡金平，董金权. 弱者的武器、利益共谋与意义空间的生产——青少年"微行动"的基本形式与发生机制〔J〕. 中国青少年研究，2017（04）：59—64.

生，女生"弱者的身份"更为明显，现实中面对面的利益表达更不适合受社会性别文化规训的女生，她们更容易采取微社群结社这种"周旋、隐蔽、怀柔"策略，以规避现实社会中公开行动的风险，而高学历则意味着更"拥有技术、知识和信息资源，更善于利用技术、知识和信息等优势为日常的反抗找到更快捷、更隐蔽且更有效的途径"①。

在拥有利益诉求型微信群的数量上，众数是"3个以下"，有353人，占85.6%；有4—6个利益诉求型微信群有46人（11.1%）；拥有7—9个利益诉求型微信群有9人（2.1%）；拥有10—12个利益诉求型微信群有4人（1.2%）（见表8-3）。

表8-3　利益诉求型微信群数量

数量	频数	频率
3个及以下	353	83.25%
4—6个	46	11.1%
7—9个	9	2.1%
10—12个	4	1.2%

2. 线上活跃度：少数人的努力与多数人的围观

调查发现，大学生在利益诉求型微信群中活跃程度呈现出明显的"少数人在努力与多数人在围观"状态。我们用"在群内积极发言""群内一有消息就发言""在其他平台看到本群内相似讨论内容，就转发本群""动员其他成员借助其他网络平台加大事情的影响范围"等4个指标，测量大学生在利益诉求型微信群中的活跃度，结果显示（见表8-4），分别只有约1%与不到或略超10%的利益诉求型微信群使用者"总是"和"经常"发言、转发消息到本群或动员在外群转发，而"偶尔"与"很少"的比例约占八成，从不的占一成左右，"默默关注群内消息和动态是他们的主要行为表现"②。

---

① 蔡金平，董金权. 弱者的武器、利益共谋与意义空间的生产——青少年"微行动"的基本形式与发生机制 [J]. 中国青少年研究，2017（04）：59—64.

② 董盈盈. 大学生网络社群生存样态分析与应对策略 [J]. 思想理论教育，2019（02）：81—85.

表8-4 线上活跃度

活跃度	总是	经常	偶尔	很少	从不
在群内积极发言	0.9%	6.3%	49%	36.6%	7.2%
群内一有消息就发言	1.4%	4.1%	46.6%	37.9%	10.1%
将其他平台的相似讨论内容转发到本群	1.2%	8.7%	46.1%	33.9%	10.1%
动员借助其他平台加大事情的影响范围	1.1%	10.4%	47.8%	27.4%	13.3%

3. 线下活跃度：少数人的动员与多数人的响应

调查发现，大学生在利益诉求微社群线上发言、讨论的基础上有走向线下行动的趋势，与线上活跃度相同的是"少数人在努力"，但不同的是，线下活动呈现出较强的响应度，呈"少数人在动员与多数人在响应"的特点。我们用"组织发起过线下活动""参加过群内其他成员发起的线下活动""既发起过线下活动也参加过其他成员发起的线下活动"3个指标测量大学生通过利益诉求型微信群进行线下活动的程度，结果显示（见表8-5），有利益诉求型微信群的大学生当中，超一成（11.8%）的大学生表示在群里组织发起线下活动，但有近一半（46.3%）的大学生表示参与过别人发起的线下活动，9.7%的大学生表示既发起过线下活动也参加过其他成员发起的线下活动。

表8-5 线下活跃度

活跃度	频数	频率
组织发起过线下活动	49	11.8%
参加过群内其他成员发起的线下活动	191	46.3%
既发起过线下活动也参加过其他成员发起的线下活动	40	9.7%

四、集群动机：从线上获取信息到线下推动事件发展

利益是大学生组建利益诉求型微社群的根本目的，而这一目的的实现需要通过获取事件信息、寻求帮助、推动事件发展等过程得以实现。我们的调查结果显示（见表8-6），为了实现利益诉求，大学生通过微信组建成微社群，其动机表现为从线上获取信息和寻求帮助，到线上线下推动事件发展的基本逻辑。在拥有利益诉求型微社群中的大学生中，其入群的第一动机是

"想在群内获得更多的事件信息",占76.9%（响应百分比28.92%）；其次是"想在群里寻求支持帮助",占66%（响应百分比24.82%）；有54.3%（响应百分比20.44%）的大学生表示"想扩大事件影响力,推动事件朝着自己期望的方向发展"。进一步对人口变量与排在前三位的入群动机进行回归分析,发现专业类别、性别、学历与入群三大主要动机没有显著相关性。另外,也有少部分大学生选择了宣泄情绪（个案百分比16.7%、响应百分比6.29%）、看热闹（个案百分比14.3%、响应百分比5.38%）、获得群成员福利（个案百分比20.6%、响应百分比7.76%）、不加入就落伍（个案百分比12.3%、响应分比4.65%）、其他（个案百分比4.6%、响应百分比1.74%）。

表 8-6　入群动机（%）

	获得事件信息	寻求支持帮助	扩大事件影响	获得成员福利	宣泄情绪	看热闹	不入就落伍	其他	总计
响应百分比	28.92	24.82	20.44	7.76	6.29	5.38	4.65	1.74	100
个案百分比	76.9	66	54.3	20.6	16.7	14.3	12.3	4.6	265.7

在对发起和参与过线下活动的大学生中,我们继续调查其线下活动的动机时发现（见表8-7）,此时"推动事件朝自己期望的方向发展"成为首要动机,在发起过线下活动的大学生中,67.35%的大学生表示其目的是"想事情朝着自己期望的方向发展"；在参加过其他成员发起的线下活动的大学生中,这一比例是69.1%。

表 8-7　线下活动动机（%）

	推动事情朝着自己期望的方向发展	看别人参加就参加,没有别的想法	看别人参加,自己不参加觉得脱离不合群	其他
发起线下活动	67.35	18.37	12.24	2.04
参加线下活动	69.11	16.23	12.57	2.09

我们进一步调查线下活动的演进（见表8-8）,在参加过线下活动的大学生中,若"相关方给出的回应不满意",25.9%的大学生选择"继续在网络上施压,要求重新给予回复",24%的大学生"继续参加或组织线下活

动，要求重新给予回复"，33.7%的大学生采取"搭便车"策略，选择"放弃，但希望别人再继续讨论或参加活动"，只有15.5%的大学生选择了"放弃，也不希望别人再继续讨论或参加活动"。可见，大学生入群动机遵循"先在线上获取信息，寻求帮助，同时扩大事件影响力，推动事件朝着自己期望的方向发展，必要时到线下推动事件发展，若不满意，继续追踪施压"的基本逻辑。

表8-8　线下活动动机的演进（%）

继续在网络上施压	继续参加或组织线下活动	放弃，但希望别人再继续	放弃，也不希望别人再继续	其他
25.9	24	33.7	15.5	0.9

五、关系联结：基于人际信任的熟人纽带和"筑圈"

调查显示，大学生加入利益诉求型微信群的途径（见表8-9），从高到低的顺序依次为"有熟人在群里，拉自己入群"（个案百分比67.7%，响应百分比28.41%）；"从其他平台群聊引流到微信群"（个案百分比62.1%，响应百分比26.07%）；"通过线下认识后直接建群"（个案百分比50.2%，响应百分比21.08%）；"从大群中分离出来的群"（个案百分比29.8%，响应百分比12.53%）；"自己通过搜索功能主动加入微信群"（个案百分比23.5%，响应百分比9.88%）；"其他"（个案百分比4.8%，响应百分比2.03%）。

可见，大学生组建利益诉求型微社群的关系联结方式呈现出"熟人"与"陌生人"交融的特征，但基于人际信任的熟人纽带和筑圈是两种主要方式：通过"在群中的熟人"直接拉入和通过"线下认识"后直接建群两种基于熟人关系而组建利益诉求型微社群的占近一半（响应百分比49.49%，个案百分比117.9%）；"从其他平台引流"和"从大群中分离"出微社群两种通过"筑圈"途径而组建微社群的占近四成（响应百分比38.6%，个案百分比91.9%）。通过搜索功能和其他途径集群结社成微社群的略超一成（响应百分比11.91%，个案百分比28.3%）。"在强联系为主导的网络舆论场域，熟人圈子天然较强的依赖机制、情感联系，以及顾及

'人情'的心理暗示，往往为个体提供了相对安全的表达预期"①。不管是熟人纽带作用，还是通过"筑圈"，两种关系联结方式均基于一定的人际信任，熟人纽带是基于直接的信任关系，而"筑圈"是在前期的"平台"中或"大群"中也形成了一定的信任度，甚至在前期"平台"和"大群"中已经成为"熟人"，可见，大学生对于与什么样的人组建利益诉求型微社群大多持审慎的态度，采取自我保护规避风险的策略，只有约一成的大学生通过"主动搜索"等激进的方式组建微社群以表达和争取利益。

表 8 - 9　入群途径

			响应百分比	个案百分比
基于人际信任	熟人纽带	熟人直接拉入群	28.41%	67.7%
		线下认识直接建群	21.08%	50.2%
	筑圈	从其他平台引流	26.07%	62.1%
		从大群中分离	12.53%	29.8%
陌生化	陌生人	搜索入群	9.88%	23.5%
		其他	2.03%	4.8%

六、演化逻辑：从围观到行动的中介机制

1. 利益和兴趣

前文已调查证实，在线上集群后，少数人在努力而多数人在"网络围观"，但我们加入"兴趣"和"利益"两个中介变量后，集群行为的状态就发生了明显的变化。在没有引入中介变量前，分别仅约 1% 和 4% 的大学生"总是"和"经常"发言互动，引入"兴趣"变量后，"总是"和"经常"发言互动的人数扩大到约 10 倍，分别略超一成（10.8%）、超四成（44.9%）；当引入"利益"中间变量后，主动发起讨论的频率更是激增，"总是"主动发起讨论的人数扩大到超 30 倍，达 31%，"经常"主动发起讨论的人数亦扩大到超 6 倍，达 26.2%，而从不发言互动的人数也在引入兴趣和利益两个中间变量后锐减（见表 8 - 10）。

---

① 郑金铃. 基于信任视角的青少年网络表达行为解读——以广东青少年的实证调查为基础 [J]. 山东青少年政治学院学报，2021，37（06）：42—47.

表 8 – 10   引入利益和兴趣中介变量前后活跃度对比

	总是	经常	偶尔	很少	从不
一有消息就发言互动	1.4%	4.1%	46.6%	37.9%	10.1%
看到自己感兴趣的才发言互动	10.8%	44.9%	25.2%	14.3%	4.8%
与自己利益相关的，主动发起讨论	31%	26.2%	20.1%	16.9%	5.8%

可见，利益和兴趣是促使大学生在利益诉求型微社群里从"围观"转入"行动"的两个重要中介机制。进一步分析，Pearson 相关系数检验结果显示，性别与利益呈现出较为显著的相关性（p = 0.02 < 0.05），专业与兴趣、利益呈现出较为显著的相关性（p 分别为 0.002、0.000 均 < 0.05）。比较均值显示，男生、理工类大学生在群内看到与自己兴趣、利益相关问题时更主动（见表 8 – 11，取值 1—5，数字越小表示成为动员者可能性越大）。前文调查发现，女生更倾向采取微信群这个"弱者的武器"形式表达利益以规避现实社会中公开行动的风险，但一旦入群后，遇到兴趣话题或利益相关话题，女生却表现出更为审慎的"看戏"态度，表明女生虽多"有想法"而"少行动"的特点，映射的是相对于男生其更"既想通过微社群表达利益但一旦实施行动又害怕承担风险"的集体忧虑。

表 8 – 11   人口变量与涉及兴趣和利益话题时的活跃度交叉分析

变量	看到感兴趣的才发言互动	与自己利益相关主动发起讨论
男		2.15
女		2.49
理工类	2.4	2.07
人文社科类	2.71	2.66

2. 事件源

我们进一步调查什么样的事件更易触发大学生的利益或引起大学生的兴趣从而导致他们向微信群集群交流讨论、表达利益。结果显示，最易引起大学生通过微信群集群交流兴趣的前三类型事件源依次为：社会不公事件占66.9%（响应百分比 21.18%）、社会贫富差距事件占 55.9%（响应百分比18.96%）、贪污腐败事件占 18.6%（响应百分比 5.9%）。当前我国处于

"社会深度转型期"①，各种社会矛盾不可避免地暴露出来，一些指涉社会不公、社会贫富差距和贪污腐败等事件易成为大学生集群结社交流讨论的"燃点"，此类事件表面上虽不直接关乎大学生切身利益，但他们会将自身想象为社会负面事件"未来的受害者"，即这些社会负面事件侵害了他们潜在的利益。最易因直接触发大学生切身利益而引起他们通过微信群集群交流的前两类事件为"学业"和"就业"两类型，分别占82.5%（响应百分比26.09%）和67.7%（响应百分比21.41%）。学业与就业是大学生两大人生主题，大学阶段的主要目标是以良好的"学业"成就理想的"就业"，因而大学生在学业上遇到诸如评分、评奖、评优不公和在就业上遇到机会不公平等等问题，他们便通过集群结社以表达和维护利益。因此，兴趣和利益是相互融通的，有兴趣的往往指涉利益，关乎利益的也更感兴趣。

3. 情感动员

调查发现，情感动员在从"围观"到"行动"的演进过程中发挥着重要作用。群体愤怒、悲情叙事、煽情等情感动员形式更能将"沉默的围观者"动员为"积极的行动者"。调查显示，41%大学生表示群成员"愤怒不满的情绪"更能引起他们积极发言；36.4%大学生表示"关于他人利益，有煽情的部分"就"经常"积极发言。这种情感动员往往通过"语言调节联想机制"得以实现，被动员从围观到行动的大学生被"激发产生与所描述情景相似环境的想象，产生与描述者一致的情绪感受"②，26.6%的大学生表示"参与话题讨论后"，情感上感到"很满足"。而"如果感染的是消极情绪的话，消极情绪可能已经变异，其破坏力进一步增强，产生负面情绪的'螺旋效应'"③。如美国学者桑斯坦所说，"在网络和新的传播技术领域里，志同道合的群体，会彼此进行沟通讨论，到最后他们的想法跟原来一

---

① 董金权，颜小燕. 深度转型期大学生思想变化与高校德育调整 [J]. 青少年探索，2010（01）：77—82.

② Hoffman, M. L. How automatic and representational is empathy, and why. Behavioral and Brain Sciences [J]. *Behavioral and Brain Sciences*, 2002 (25): 38—39.

③ Dallimore, K. S., Sparks, B. A. & Butcher, K. The influence of angry customer outbursts on service providers'facial displays and affective states [J]. *Journal of Service Research*, 2007 (1): 78—92.

样，只是形式上变得更极端了"①。

通过相关系数与均值（见表 8 – 12）比较做进一步分析，Pearson 相关系数检验结果显示，专业学科类别与煽情言语、愤怒不满的情绪有较为显著的相关性（p 分别为 0.000、0.000 均 < 0.05），学历与愤怒不满的情绪呈现出较为显著的相关性（p = 0.020 < 0.05）。即理工类和本科生更易受到情感动员而从围观者转为行动者。

表 8 – 12　人口变量与情感动员效果

变量	有煽情的部分我会更积极发言	愤怒不满的情绪使我更积极发言
理工类	2.73	2.39
人文社科类	3.17	2.89
专科		3.82
本科		2.46
研究生		3.7

综上所述，大学生利益诉求微信群集群行为从围观到行动的演化的基本逻辑为：事件源触及利益引发兴趣，意见领袖通过动员尤其是情感动员，引起围观转向行动。

此外，我们还发现了意见领袖和其他成员在其中也发挥了至关重要的作用，关于"利益诉求群内意见领袖说的话影响您发言的内容吗"从高到低排序依次是"总是"（43.9%）、"很少"（19.9%）、"经常"（15%）、"偶尔"（14.1%）、"从不"（7.1%）。可以看出，接近六成的大学生表示"总是""经常"受到意见领袖的影响。

通过相关系数与比较平均值，做进一步分析，经过整理后呈现（见表 8 – 13），在利益诉求型微信群中，性别与受意见领袖影响没有显著相关性（p = 0.063 > 0.05），专业学科类别与受意见领袖影响有显著相关性（p = 0.000 < 0.05），学历与受意见领袖影响有显著相关性（p = 0.026 < 0.05）。

---

① ［美］凯斯·桑斯坦. 信息乌托邦——众人如何生产知识［M］. 毕竞悦，译. 北京：法律出版社，2008：7.

表 8 – 13　大学生在利益诉求型微信群中受意见领袖影响统计检验

相关性

		您的性别	您所就读的专业学科类别	学历	在利益诉求型微信群中，您发言受意见领袖影响
您的性别	皮尔逊相关性	1	.373	.056	.092
	Sig.（双尾）		.000	.260	.063
	个案数	412	412	412	412
您所就读的专业学科类别	皮尔逊相关性	.373	1	.105	.259
	Sig.（双尾）	.000		.034	.000
	个案数	412	412	412	412
学历	皮尔逊相关性	.056	.105	1	.110 *
	Sig.（双尾）	.260	.034		.026
	个案数	412	412	412	412
在利益诉求型微信群中，您发言受意见领袖影响	皮尔逊相关性	.092	.259	.110 *	1
	Sig.（双尾）	.063	.000	.026	
	个案数	412	412	412	412

　　具体分析可以得出，在利益诉求型微信群中，理工类的大学生更容易受意见领袖的影响；本科生最易受意见领袖影响；其次是研究生；专科生最不易受意见领袖影响（数字在 1 到 5 之间变动，数字越小表示受意见领袖影响可能性越大）（见表 8 – 14）。

表 8 – 14　大学生在利益爱好型微信群中受意见领袖影响平均值对比

变量	平均值	个案数	标准偏差
理工类	1.89	175	1.350
人文社科类	2.62	237	1.328
专科	3.82	22	1.097
本科	2.04	343	1.293
研究生	3.55	47	0.951

　　关于"与他人利益相关的，当看到利益诉求型群里好多人发言您就发

言"，1.6%的大学生表示"总是"；33.7%的大学生表示"经常"；41%的大学生表示"偶尔"；17.7%的大学生表示"很少"；6%的大学生表示"从不"。可以看出超七成的大学生经常性或偶尔地受到群内其他成员的影响，群内发言人数多，自己就会被动员，成为响应者，在群内发言。

通过相关系数与比较平均值，做进一步分析，经过整理后呈现（见表8-15），在利益诉求型微信群，性别与受群内其他成员发言有显著相关性（p = 0.000 < 0.05），专业学科类别与受意见领袖影响有显著相关性（p = 0.002 < 0.05），学历与受意见领袖影响无显著相关性（p = 0.299 > 0.05）。

表8-15　大学生在利益诉求型微信群中受其他成员影响统计检验

相关性					
		您的性别	您所就读的专业学科类别	学历	与他人利益相关的，当看到利益诉求型群里好多人发言您就发言
您的性别	皮尔逊相关性	1	.373	.056	.205
	Sig.（双尾）		.000	.260	.000
	个案数	412	412	412	412
您所就读的专业学科类别	皮尔逊相关性	.373	1	.105 *	.153
	Sig.（双尾）	.000		.034	.002
	个案数	412	412	412	412
学历	皮尔逊相关性	.056	.105 *	1	.051
	Sig.（双尾）	.260	.034		.299
	个案数	412	412	412	412
与他人利益相关的，当看到利益诉求型群里好多人发言您就发言	皮尔逊相关性	.205	.153	.051	1
	Sig.（双尾）	.000	.002	.299	
	个案数	412	412	412	412

具体分析可以得出，在利益诉求型微信群中，理工类的大学生更容易受意见领袖的影响；相对女性，男性更易受意见领袖影响（数字在1到5之间

变动，数字越小表示受意见领袖影响可能性越大）（见表 8 - 16）。

表 8 - 16　大学生在利益爱好型微信群中受意见领袖影响平均值对比

变量	平均值	个案数	标准偏差
男性	2.60	98	0.894
女性	3.04	314	0.880
理工类	2.77	175	0.826
人文社科类	3.05	237	0.937

关于"在利益诉求型微信群里，对别人发的消息，您的态度"，比较相信，也会从其他渠道看其他人的发言占比最多，占 54.8%；其次是比较不相信，从其他渠道验证话语的真实性，占 23.3%；随后依次是：不清楚、完全不相信、完全相信，不会从其他渠道验证话语的真实性，分别占比 18.9%、1.8%、1.2%。可以看出，比较相信、比较不相信，从其他渠道验证信息的真伪都是比较理性的，占 78.1%（54.8% + 23.3%），完全不相信或完全相信都是不理性的，占 3%（1.8% + 1.2%），还有 18.9% 不清楚的也属于潜在的不理性人群。

七、小结

总结全章，我们的研究有如下一些重要发现：大学生一定程度上采取"微信群"这种"弱者的武器"形式表达利益诉求，女生更有此倾向，但却"有想法"而"少行动"；动机上遵循"线上获取信息并扩大事件影响力，线下推动事件发展，持续追踪施压"的基本逻辑；基于人际信任的熟人纽带和"筑圈"是其主要的关系搭建方式；线上行动呈现出少数人的努力与多数人的围观，而线下行动却是少数人动员而多数人响应；事件源触发利益和兴趣的中介机制并经过情感动员得以强化，引起围观转向行动。大学生通过小众化、封闭式的"微信群"等"微社群"集群结社，在事件源引起的利益和兴趣触发及情感动员之下，从围观走向行动以表达和争取利益，一方面是对现实中有限的利益表达渠道的补充，有利益于促进相关方重新审视政策和程序，推进公平正义的实现；另一方面，行为合理性的边界难以把握，再加上微社群"壁垒"和"部落化"的特征及其成员高度同质性形成的

"群体盲思"，可能使"网络正义"演变成"网络暴力"，从调查结果看，也有可能通过群情激愤式的情绪渲染演化为线下非理性的集体行动。因此，有必要对大学生合理的利益表达进行增能赋权，解决学业就业切身利益问题，畅通线上线下渠道，建立健全合理的利益表达机制；组建网络学工、心理、思想政治教育、网络宣传、意识形态等工作队伍渗入学生自媒体，将"官方媒体与学生自媒体互动渗透，打通两个媒体之间的'壁垒'，相互借鉴，互为补充，促进圈层间共识的形成"①；引导消除表达对抗与偏见，针对其公平正义的合理成分进行"收编"；掌握集群者情感演变规律，及时疏导和纾解负面情绪，控制情绪盲目极端化，将微社群集群行为引向正途。

---

① 郑金铃. 基于信任视角的青少年网络表达行为解读——以广东青少年的实证调查为基础[J]. 山东青少年政治学院学报，2021，37（06）：42—47.

第九章　总结与建议

一、全书研究总结

在探讨了网络社群、微社群及集群行为的基本理论，梳理现有文献的基础上，本书将微社群定义为基于共同的兴趣爱好、利益诉求或临时事务，通过微信、微博等社会化微媒体平台而进行关系搭建的，具有共同目标的，数量众多的，小众化的，成员兴趣爱好、思想倾向、利益追求等同质性高的网络社群，具有小众、封闭的特性，有明显的"圈子文化"，成员认同感和排他性较一般的网络社群更强。它一部分是直接集群结社的，如，直接通过线下结识而组建的兴趣型、临时事务型、利益诉求型微信群与QQ群，App用户圈，微博"微话题"圈、"饭圈"等；还有一部分是从一般的网络社群层层"筑圈"形成，如，从一般微信群和QQ群中分离出的各类兴趣型、临时事务型和利益诉求型微群与QQ群，从"B站"筑圈出来的19个社区和7000余个垂直兴趣社群。概括起来，微社群就是指因兴趣、临时事务和利益诉求而组建的微信群、微博"微话题"、QQ群、App微应用用户群。对集群行为的界定借鉴美国学者波普诺的观点：即"社会公众在无组织的、相对自发和不稳定的情境下，受到某种普遍的影响和鼓舞而发生的行为"。将青少年微社群集群行为定义为一群具有共同的价值观、兴趣爱好、需求、利益诉求和社交需求的青少年，在"微社群"中聚集、发言、互动等，通过在线的或离线的方式共同参与的集体行动。微社群的去个性化、隐匿性、虚拟性、同质性强、闭环性、从意见领袖意见到全民狂欢、负面信息更能在微社群中快速传播、"多对一"的传播方式等特征推动了青少年群体在微社群中集群行为的发生。微社群的发展历程经历了虚拟社群、网络社会、网络

184

社群三个时期，再由网络社群进化到微社群。由此，微社群在青少年群体内流行起来，随着微社群使用人群和范围的发展，出现三大类的微社群：兴趣型微社群、利益诉求型微社群与事务型微社群。在此基础上，我们采用了问卷调查法、访谈法、网络民族志、案例研究法、内容分析等研究方法，分别对微社群中流言传播特点与传播机制，集群行为发生的动机、关系联结与演化逻辑，青少年在"微社群"中表达、追星、打赏，使用短视频与弹幕状况，青少年"网络圈群"中的越轨行为，"情感"视角下的网络直播，"微社群"中青少年表演式抗争，青少年微社群抗争性话语的建构与引导进行研究，取得一些重要的研究发现。

1. 流言传播

在微社群流言传播特点与传播机制研究中发现：

（1）流言传播特点

议题生成具有较强的自发性、舆论空间具有广阔的延展性、意见汇聚及时性强与舆论发酵期短等。

（2）微社群中流言传播机制

首先，社会矛盾是流言生成的"刺激源"；其次，微媒体及其责任的缺失给流言传播创造了低风险的渠道；再次，真相的暧昧性与社会流瀑使网民接受流言；复次，"群体极化"与"沉默的螺旋"发生着作用，使流言得以强化；最后，网民的"疯狂"使微社群内成员"合流"，流言得以加速传播。

2. 网络社区

我们以网络社区为例，对青少年在"微社群"中表达、追星、打赏，使用短视频与弹幕状况进行调查研究，发现：

（1）青少年在微社群中集群的共同特点

集群行为具有普遍性，兴趣爱好是集群行为发生的重要动机，集群途径具有多元性，理性与非理性是并存的，线上与线下是相互交融的。

（2）青少年在微社群中集群的个性

除了共性之外，各自又有一些个性，在网络社区表达方面，青少年在网络社区中表达的偏好是负面事件（正面事件、负面事件分别占41.88%、58.12%），娱乐明星和政府官员的负面事件更加受网民关注。且女性普遍对娱乐明星更感兴趣,男性群体则更关注政府官员群体的负面事件。表达动机除了兴趣外,还有情绪、现实生活中缺少表达渠道、利益等多维动机。

在网络追星方面,近八成(78.87%)有偶像,偶像类型偏好聚焦演艺明星;其中,偶像是演艺界的占83.1%(响应百分比为38.18%),女性偏向喜爱男明星,男性则偏向喜爱女明星。偶像的吸引因素是多元的,但才华、形象与性格更为凸显。逾三成(32.41%)每天花费4—7小时在网络社区追星。追星的形式有观看偶像直播,收集和转发偶像信息,抢演唱会门票,动员参加见面会、接送机、微博打榜等线下活动。入群与互动是在网络社区深入追星的关键一步,存在不同程度的观看直播、发言。

在使用短视频方面,青少年对生活类(如购物、美食、美妆护肤)感兴趣人数最多,占69.47%(响应百分比19.94%),女生更喜欢生活类和日常生活帅哥类视频;男生更喜欢兴趣类和日常生活美女类视频。动机除了欣赏视频内容的丰富有趣外,还有打发时间和缓解压力,学习或工作性质需要,探索新鲜事物,看自己喜欢的明星或关注的人的视频,认识新的朋友等多元动机。超九成的青少年(95.37%)在抖音中有关注的作品,约六成(58.53%)在抖音发布过短视频,短视频评论偏好除了兴趣类外,还有生活类、时政新闻或社会突发事件类视频,某个明星或主播的视频,日常生活帅哥视频,日常生活美女视频,日常朋友、家人、同事发的视频等。评论内容偏好以日常生活调侃类(个案百分比61.68%,响应百分比29.80%)为主;除此之外,还有从未发表过评论,如,商品质量、社会突发事件、时政新闻、动员对某件事进行关注、动员对某件事进行线下行动等。

在使用弹幕方面,近九成(87.65%)发送过弹幕,超四成(45.72%)的青少年主要使用爱奇艺、优酷、腾讯视频类发送弹幕。青少年使用弹幕的视频类型偏好以影视剧(个案百分比57.05%,响应百分比17.09%)、综艺(个案百分比56.6%,响应百分比16.96%)为主。动机除了兴趣吸引下的互动外还有网络爱国主义的抒发,视频中的正面故事情节较负面故事情节更容易促使青少年使用弹幕。回应与疑惑是弹幕话语的两种主要类型,其中,回应占56.38%(响应百分比24.45%),疑惑求解占40.04%(响应百分比17.36%)。

（3）青少年在"微社群"中集群存在以下问题

现实生活中表达机会缺乏导致青少年在微社群中集群，在群内关注领域较单一，更倾向关注负面信息，群内无门槛交流，言语低俗，内容碎片化，存在明显的泛娱乐化倾向；部分青少年有非理性偏激倾向，使价值观受到冲击，思维能力退化。有从线上到线下的潜在风险。

3. "227 事件"

我们以"227 事件"为例，对青少年"网络圈群"中的越轨行为进行研究，发现：

（1）青少年"网络圈群"具有封闭排他、虚实共生、嵌套叠加的特点。

（2）越轨行为的发生与演变：首先缘起是来自亚文化冲突引发"网络圈群"对立谩骂；其次爆发是来自网络意见领袖借公权力围攻对方；再次，非理性情绪致越轨行为升级到失控状态；最后是越轨行为的消退与反思。

4. 网络直播

在与 30 名青少年主播和粉丝的深度访谈基础上，对"情感"视角下的网络直播进行了研究，发现：

（1）在个体化进程中，情感的陪伴是网络直播的内生机制。

（2）虚拟社群的情感行动是网络直播的打赏与交流，而行动是出于情感力量，受情感的驱使。情感力量大致有四：一是对主播的喜爱、崇拜与依赖。二是满足虚荣心，张扬存在感，获得尊重与仰视。三是弥补现实情感缺失。四是情感冲动、情感宣泄、激情或狂热等。构建行动的价值情感合理化机制，其方式大致亦有四：一是通过亲昵性角色表演，构建网络虚拟亲情私人关系，拉近情感距离，称粉丝为"老公""老婆""妈妈""干妈""兄弟"等。二是通过频繁互动，推进虚拟亲情关系现实化。三是通过印象管理，构建粉丝喜爱的"可爱""可怜""温柔""善解人意""平易近人"等性别气质或外在形象，满足粉丝情感需要。四是环境塑造与激情表演创造"集体欢腾"状态。

（3）主播与粉丝及粉丝与粉丝间情感却是流动的、不稳定的、多变的，看似很靠近，却又很疏远；看似亲密无间，却又貌合神离，暧昧不清。处于一种"若即若离"的联结状态。

5. 表演式抗争

基于增权理论的视角，对"微社群"中青少年表演式抗争进行了研究，发现：

（1）青少年这一弱者身份，运用"微社群"这一隐蔽而安全的武器，是青少年表演式抗争的基本形式。

（2）"微社群"中表演式抗争发生机制有以下几点：基于意见领袖的舆论引导、基于利益损益的预期、基于情感社会的语境渲染、基于道德正义的身份认同、基于社交媒体的资源动员。

（3）针对微社群中青少年的表演式抗争，有必要对青少年进行增权赋能，社会工作进行介入，要将个体增权、人际增权、社会增权结合起来，发挥好个体增权的基础，人际增权的关键，社会增权的保障作用。

6. 抗争性话语

对青少年微社群抗争性话语进行了研究，发现：

（1）有以下几种抗争性话语类型：戏谑式、悲情式、愤怒式、谩骂式。

（2）有必要采取措施对青少年微社群抗争性话语进行引导：

首先，从社会工作视角下对青少年微社群抗争性话语进行引导：在认知行为模式下对青少年进行"微个案"引导，在认知上重新正确、科学地认识抗争性话语，在行为上要理性参与微社群表达。

其次，在生态系统视角下青少年"云小组"的引导路径，分别从微观系统层面、中观系统层面、外观系统层面、宏观系统层面四个方面入手。

最后，赋权理论下的青少年"线上社区"引导方法，包括培育主体性和"线上社区"权力的唤醒两个方面。

7. 利益诉求型微信群

以大学生利益诉求型微信群为例，对"微社群"集群行为的动机、关系联结与演化逻辑进行了研究，发现：

（1）约四成大学生选择"弱者的武器"形式在利益诉求型微社群中维护利益且在女生、高学历中更为突出。

（2）线上活跃度呈现出少数人的大努力与多数人的小努力，即少数动员，多数围观，然而线下却是少数人的动员与多数人的响应。

（3）线上获取信息，扩大事件影响力，线下推动事件发展，持续追踪施压是集群动机的演变逻辑。

（4）主要通过人际信任的熟人纽带和筑圈两种途径入群。

（5）在利益、兴趣、事件源、情感中间机制刺激下，使大学生由线上围观到在线评论，甚至将线上行动带到线下释放，进而产生巨大的线下群聚事件，且男生、理工类大学生更易受中间机制影响。

（6）集群偏好与集群结果发生背离，女性、高学历更易集群，而实际是男性、理工类大学生在群里更积极动员，也更易受中间机制影响。

二、微社群中话语特点

1. "极端化"表达

我们通过调查研究，发现集群在微社群中的部分青少年不能理性对待已发出的言论。往往缺乏冷静思考和准确判断，缺乏应有的辨别能力，或者偏激思考，或者不假思考，随意附和或盲目跟从他者意见与观点，越偏激越能引发他者跟风。当遇到敏感事件后，大量的网民个体多依据自己的理解，在互联网空间发表了大量言论。而且，这些意见和看法多有片面倾向，甚至有些带有显著偏激与非理性。① 在对微社群中流言传播特点与传播机制进行研究，发现：微社群中流言传播议题生成具有较强的自发性、舆论空间具有广阔的延展性、意见汇聚及时性强及舆论发酵期短的特点给网民创造了"自由发挥""言论自由""多种选择""越快越好"的条件。每位成员都可以借助虚拟身份畅所欲言，加上群内成员的支持，这种畅所欲言会被大大加强。"群体中其他成员的存在，为那些不作为的个体提供了有效的遮蔽，使其减轻了不作为所带来的心理压力，助长了不作为行为"。② 当群内多数成员都做这件事，即使是不合理的，走在道德的边界，行为越轨，群内成员也觉得大家都在做这件事，即使不道德，也追究不到我身上的心理。对于"官二代"、"富二代"，大学生、青少年群体在现实生活中往往会比较理性，

---

① 姚江龙. 网络集群中的情感元素分析与纾解策略研究 [D]（博士论文）. 中国科学技术大学，2019：36.

② 张耀灿. 思想政治教育心理学 [M]. 北京：中国人民大学出版社，2014：161.

谨慎和克制。但是网络世界法制相对不健全，在发声之后，只要删帖，删除评论，注销账号，就可以做到销声匿迹，大学生微社群中去个性化的特点，使责任分散，法不责众，基于这种心理，大家都疯狂在微社群中发声，为弱者打抱不平，甚至做出有违社会规则的偏激行为。

对网络社区表达方面进行研究，发现：63.99%的青少年网民的表达是理性的，24.85%的青少年网民网络社区表达比较理性，但仍有11.16%青少年网民不够理性。对青少年"网络圈群"中的越轨行为进行研究发现：越轨行为的发生与演变的缘起是亚文化冲突引发"网络圈群"对立谩骂。在"网络圈群"缺乏理性，极端地表达自己的看法，通常以直接谩骂或以侮辱性语言进行攻击，语言毫不避讳、不堪入目，甚至进行人格侮辱和人身攻击。对"微社群"中青少年表演式抗争与抗争性话语进行研究，发现：青少年这一弱者身份要借助微社群这一武器，在其中进行抗争性话语表达，以寻求自己的合法权益。通过访谈，对"情感"视角下的网络直播进行调查，发现：亲昵性话语表达在拉近情感距离中起着至关重要的作用，称粉丝为"老公""老婆""妈妈""干妈""兄弟"等。但这种话语存在一定的非理性，偏激，使粉丝误以为真，不能理性面对现实生活中自己扮演的角色。对"微社群"集群行为动机、关系联结与演化逻辑进行研究，发现：超四成（46.6%）的大学生会偶尔在群内一有消息就发言，不管消息类型是什么，没有经过自己的理性思考就去发言。在利益诉求型群里，对别人发的消息的态度，比较相信，也会从其他渠道看其他人的发言占54.8%；比较不相信，从其他渠道验证话语的真实性，占23.3%；不清楚占18.9%、完全不相信占1.8%、完全相信占1.2%。比较相信，比较不相信，从其他渠道验证信息的真假都是比较理性的，占78.1%（54.8%＋23.3%），完全不相信或完全相信都是不理性的，占3%（1.8%＋1.2%），还有18.9%不清楚的也属于潜在的不理性人群，具有"极端化"表达的倾向。

2. "单极化"推演

群体意见经常出现"一边倒"的倾向，这样分明的立场在诸多涉及争议话题的事件中都表现得十分明显。网络集群行为中，网民群体意见的单极化发展属于"联合原则"，即群体的极化意见、特别是道义上的坚守原则，会与社会的普遍认同、共同信念存在高度相关，甚至会出现某种合谋。①

对微社群中流言传播特点与传播机制进行研究，发现："群体极化"与"沉默的螺旋"使流言得以强化，形成了强者愈强，弱者愈弱的两极分化，群内言语倒向"强者"，"强者"之间的谋合，成为主导言论，弱者的声音越来越弱，直至消失。

在对"微社群"中青少年表演式抗争、"微社群"集群行为动机、关系联结与演化逻辑进行研究，都发现意见领袖在其中发挥着至关重要的作用。在对"微社群"集群行为动机、关系联结与演化逻辑调研发现：关于"利益诉求群内意见领袖说的话影响您发言的内容吗"从高到低排序依次是"总是"（43.9%）、"很少"（19.9%）、"经常"（15%）、"偶尔"（14.1%）、"从不"（7.1%）。可以看出，接近六成的大学生"总是""经常"，受到意见领袖的影响。在动员方面，意见领袖起到了"推波助澜"的作用。意见领袖思想敏锐，知识面广，凭借着自己在微社群中的声望，对问题发表观点能直击要害，又是网民身边人，在群内用饱含情感和锐气的语言进行"呐喊"，并对他人施加影响。网民更愿意相信与自己身份相似者的言行，意见领袖的观点像"病毒式"的快速扩散和传播。短时间内，"意见领袖"观点汇成"羊群效应"，形成以意见领袖为中心的群体意见。在微社群中出现意见"一边倒""单极化"推演的现象。

三、微社群中青少年集群行为的演化逻辑

微社群中青少年集群行为的演化，并不是杂乱无章的，而是遵循着一定的演化逻辑。

1. 社会背景与技术环境

长期以来社会现实类突发事件频繁发生，这些事件背后反映出了目前国内外的焦点矛盾，能够在短时间内引起大多数青少年的共鸣，尤其与青少年息息相关的学业压力、就业压力，就像导火索一样使青少年在微社群中集

①　姚江龙. 网络集群中的情感元素分析与纾解策略研究 [D]（博士论文）. 中国科学技术大学，2019：36.

群。同时网络技术的快速发展，为青少年在微社群中集群，对事件进行传播提供了技术条件。青少年在微社群中常常能做到"一拍即合""一呼百应"。

（1）社会背景：热点事件的爆发

社会上热点事件的发生往往是微社群集群行为发生的导火索。热点事件会成为后续环节的总基调，所有的环节都是由热点事件来展开和蔓延。因此，热点事件是微社群集群行为发生和演变的基础，并在此基础上展开声势浩大的议论。对"微社群"集群行为动机、关系联结与演化逻辑进行调查，结果显示，最易引起大学生通过微信群集群交流的前三类型事件源依次为：社会不公事件占 66.9%（响应百分比 21.18%）、社会贫富差距事件占 55.9%（响应百分比 18.96%）、贪污腐败事件占 18.6%（响应百分比 5.9%）。社会热点事件触发大学生的利益或引起大学生的兴趣从而导致他们向微信群集群交流讨论、表达利益。对青少年"网络圈群"中的越轨行为、表演式抗争进行研究，发现社会热点事件都是集群行为发生的导火索。

（2）技术环境：微社群对事件的传播

事件的发生是基础，但如果大事件的发生不为人知，其造成的影响也是微乎其微的，对它进行讨论的人数则会寥寥无几。因此微社群对于事件的传播则使其蔓延、扩大影响成为可能，使事件的热度得以不断提升，只有更多的人在网络上了解到该事件之后，他们才会去进行关注和进一步的传播。通过研究，我们发现微社群中的集群行为存在普遍性，超八成受访者（80.63%）进行过网络社区表达，在网络社区存在程度不同的普遍追星，近九成的青少年（89.26%）在抖音短视频中评论区进行过评论互动，近九成（87.65%）的青少年发送过弹幕，等等，都表明通过微社群对事件进行传播是使事件得以"家喻户晓"并"影响深远"的必要途径。

2. 逻辑起点：酝酿阶段

（1）相对剥夺感，失衡心理

"00 后""90 后"青少年，大多数是独生子女，对处于初中，高中，大学或刚步入社会的他们来说，父母、学校，社会对他们的要求相对较低，舒适的圈子使他们压力较小。但随着年龄的增长，随着学习各类知识，网络技术也成为他们学习的新课题，手机成为最宠幸的"宝贝"，开始与网络世界形影不离，接触到形形色色的人，在与他人交往中发现自己和别人的差距，感受到了落差，舒适的圈子渐渐"不复存在"，相对不平衡感，相对剥夺感由此产生。加上青少年、大学生作为"数字化生存"的主体，对突发事件的关注，一旦发生和贫富差距，教育不公平相关的事件，就像导火索一样，激发了青少年仇官仇富情绪的宣泄。

对青少年网络社区表达进行调查，我们发现：青少年群体对娱乐明星群体的负面事件关注度最高，占 30.33%；其次是政府官员群体的负面事件关注度较高，占 25.83%，且女性普遍对娱乐明星更感兴趣，男性群体则更关注政府官员。可以看出，娱乐明星、政府官员有钱有权有势的形象映射出了青少年这一群体相对弱势的地位。再如，"有钱的老板娘说的人不如狗"的"徽州宴事件"，如果这是普通人的言论，可能不会引起网民的广泛关注，但徽州宴的老板娘被贴上了有钱有地位的标签，以及"公安局局长儿子撞人"的"我爸是李刚"事件。他们会把这些事件与自身经历的不平等、不公正的事件联系起来，将自身归为相似的群体之中，在微社群中集群，扩大事情的影响力，以引起社会，政府的关注。

（2）社会正义感

党的十九大报告指出："社会主义核心价值观是当代中国精神的集中体现，凝结着全体人民共同的价值追求。要以培养担当民族复兴大任的时代新人为着眼点"[①]。"核心价值观"，其实就是一种德，既是个人的德，也是一种大德。社会主义核心价值观的观点深入人心，青少年对于德的理解认为"人之初，性本善"，每个人都应该践行社会主义核心价值观的"友善"。因此，青少年在"微社群"中最初对某一件事的关注与参与大多数是出于社会正义感。这种正义感主要表现为对弱势群体的同情、支持、帮助；对"官二代""富二代"憎恶，因为"官二代""富二代"的"污名化"，给人一种不学无术、天生优越的刻板印象；对违背伦理道德的痛心疾首以及对社

---

① 习近平. 决胜全面建成小康社会　夺取新时代中国特色社会主义伟大胜利——在中国共产党第十九次全国代表大会上的报告. 北京：人民出版社，2017：40—42.

会公平正义的向往与追求。例如，"日本留学生江歌被好友的前男友陈世峰杀害"的"江歌事件"，事件发生后，网民纷纷在微博超话社区表达对江歌、江歌母亲的同情。同时对好友刘鑫见死不救的指责，大量大学生、青少年发起请愿书请求判杀人犯陈世峰死刑。在这起案例中青少年根深蒂固的价值观认为刘鑫应该救江歌，大学生、青少年群体内心的正义感对江歌一家同情，用实际行动支持江歌母亲查明真相、追究责任、伸张正义。

对青少年网络社区表达进行调查，我们发现：正面事件中爱国典型类事件关注度最高，占 35.62%；紧跟其后的便是社会公德类正面事件占 19.77%，再者是国家发展类正面事件占 15.46%，职业道德善举正面事件关注度为 6.85%，家庭道德善举正面事件关注度为 8.81%。可以看出，青少年的社会正义感普遍存在。

理论上，青少年接受社会主义核心价值观教育，平等、公正、法治，友善这些正能量名词是当代大学生、青少年所追求和向往的。而现实生活中大学生、青少年的相对剥夺感，失衡心理普遍存在。理论与现实的矛盾运动构成了大学生、青少年在微社群中集群行为发生的逻辑起点。

3. 催生因素：催化阶段（内部动力）

（1）从众心理（社会标准化倾向）

"社会标准化倾向就是一种从众行为，即当个体在群体中受到群体的压力时，常常会不知不觉地在知觉、判断及行为上表现得与群体中多数人一致的现象。美国社会心理学家弗里德曼认为，对他人的信任和对偏离的恐惧是人们从众的重要原因"[①]。微社群中成员因利益，兴趣聚集在一起，彼此之间是相互信任的。马克思认为，"一个人的发展取决于和他直接或间接进行交往的其他一切人的发展"[②]。基于马克思的观点，人是有社交需要的，对偏离的恐惧，合群似乎成为微社群中每个成员必须遵守的最基本原则。青少年以兴趣爱好、思想观念的相似性而集聚在各类微社群里，根据"群体极化"理论（指"当想法相似的人聚在一起的时候，他们最后得出的结论会

---

① 张耀灿. 思想政治教育心理学 [M]. 北京：中国人民大学出版社，2014：161.

② 马克思恩格斯全集，第 3 卷 [M]. 北京：人民出版社，1960：515.

比交谈之前的想法更加极端")①，在"群体极化"的同时，"沉默的螺旋"②，也在发挥着作用。

在对"微社群"集群行为动机、关系联结与演化逻辑进行研究，我们发现：在关于"利益诉求群内意见领袖说的话影响您发言的内容吗"从高到低排序依次是"总是"（43.9%）、"很少"（19.9%）、"经常"（15%）、"偶尔"（14.1%）、"从不"（7.1%）。可以看出，接近六成的大学生"总是""经常"，受到意见领袖的影响。在关于"与他人利益相关的，当看到利益诉求型群里好多人发言您就发言"，1.6%的大学生表示"总是"；33.7%的大学生表示"经常"；41%的大学生表示"偶尔"；17.7%的大学生表示"很少"；6%的大学生表示了"从不"。可以看出超七成的大学生经常性或偶尔地受到群内其他成员的影响，群内发言人数多，自己就会被动员，成为响应者，在群内发言。可以看出，青少年在群内普遍受到意见领袖与群内其他成员的影响。

任何事件在微社群中都会经历酝酿阶段、形成阶段、发展阶段、扩散阶段和消退阶段。最初都是某个成员看到某条视频想要分享给群内成员或单纯想要分享情感，宣泄情绪而酝酿组织语言，随后在群内发表言论或转发视频链接，其他成员点开链接了解事件的前因后果并观看他人评论，看到多数评论和自己观点一致时，增加自己发言的欲望，随后在群里踊跃发言，并在链接后面疯狂评论，以提升自己在群中的威望；相反，当看到自己观点和其他成员不一致时，害怕偏离群体成员，会心照不宣的少数服从多数，保持沉默或者发表知行不一的评论。与此同时，当你关注此类信息、评论时，智能推送此类信息也就越多，而屏蔽了除此之外的重要信息。信息的窄化使成员的思维认知逐渐出现固定化倾向，接受与其他成员一致的观点。让人们沉醉在自己的"信息茧房"。例如"吴亦凡事件"，忠粉与普通网民在微博超话展开激烈的"抗战"，忠粉认为他们的偶像没错，是他人为了获流量，提高自己的社会存在感对吴亦凡作出的诬陷，普通网民评论"吴亦凡错了，应该

---

① 董金权，潘昕. 微社群中流言传播特点与传播机制 [J]. 内蒙古农业大学学报（社会科学版），2020（3）：80.

② ［美］卡斯·R. 桑斯坦. 谣言 [M]. 张楠，迪扬，译. 北京：中信出版社，2010：3—8.

受到应有的惩罚"等。在循环往复的几次"抗战"后，根据"群体极化"理论和"沉默的螺旋"，忠粉势单力薄，部分成员保持沉默，声音越来越弱，直至消失，而普通网民因为想法相同而发表相似的言论，他们的声音比交流之前更强，成为主导言论。大家都"抱团取暖"在短时间内产生巨大的"蝴蝶效应"，形成了强者越强、弱者越弱（马太效应）的两极分化。

（2）获得认同

群体从众心理归根到底是因为成员想要获得他人认同、尊重，有归属感。例如，对某个偶像的崇拜，在粉丝群里讨论偶像近况，为偶像打榜（榜单投票）、轮博（重复转发微博）、反黑（反对黑粉）、为偶像"刷礼物""打赏"、买偶像代言的产品、偶像线下活动到场支持，比如，买偶像演唱会门票，为偶像接机等。

通过访谈，对网络直播进行研究，发现：在网络直播间里粉丝通过对主播物质打赏的数量比较，重新构建了粉丝间的权力关系，形成粉丝间的地位与身份差异，原本扁平化的人际交往格局实际上再次被打破，形成新的权力结构。你只要打赏得多就拥有更高的权力，可获取更多的情感回报。这种在微社群中按照为偶像贡献率多少形成隐性地位差，根据群体动力学理论（在群体中，只要有别人在场，一个人的思想行为就同其独自一个人时有所不同，会受到其他人的影响）。当看到群内其他成员为偶像贡献较多，激发了为偶像贡献更多的动力，以获得认同感、存在感、归属感。

个人在群体中，通过与他人互动，来调整自己的观点和行为，获得与群体成员的一致性。这样，一方面可以增加个体自信，减少心理冲突；另一方面，还可以获得他人的认可和良好的评价。个体在群体中所获得的地位和评价皆可满足其自尊的心理需要。①

（3）情感渲染下的宣泄情绪

青少年在微社群中从众想要获得认同感从本质上看是由于现实生活中缺少认同感和同辈效应，负面情绪的积累急需宣泄，而微社群中大家都是抱着一样的兴趣爱好、利益目标，相同情绪的渲染使情绪宣泄一触即发。当前我

---

① 张耀灿. 思想政治教育心理学 ［M］. 北京：中国人民大学出版社，2014：161.

国处于社会转型期，各种矛盾不可避免地暴露出来。在利益诉求型群中当发生的事件和自己利益紧密相关，青少年会以主人公的姿态积极推动事情的进一步发展。借助微社群转换心情，以此来说出自己和主人公相似的不公经历，宣泄情绪。现实生活中，人们基于血缘、业缘、地缘的限制，接触群体的单一，不同代际之间缺乏共同语言，而在微社群中群内成员有共同的爱好、信仰，在微社群中互动，能够更好地发挥"同辈效应"，常常是一拍即合，一呼百应，青少年在此群体中找到了志同道合的"朋友"，群内成员彼此信任，每位成员都借机释放压力，把在微社群中集群当作宣泄情绪的"垃圾桶"。

对网络社区使用情况进行调查，我们发现：现实生活中缺乏表达机会，微社群提供了表达渠道且不受时间、空间的限制。通过访谈，发现情感在网络直播中有着不可替代的作用。在对微社群集群行为动机、关系联结与演化逻辑调查发现：情感动员是大学生从"围观"走向"行动"的至关重要的因素。群体愤怒、悲情叙事、煽情等情感动员形式更能将"沉默的围观者"动员为"积极的行动者"。调查显示，"关于他人利益，有煽情的部分"，36.4% 大学生表示经常会更积极发言；"与自己曾关注过或参与过的事件类似"，33.7% 大学生表示经常会更积极发言；"愤怒不满的情绪"，41% 大学生表示经常会更积极发言；"关于在利益诉求群内参与话题讨论，我很有参与感，感到很满足"，40% 的大学生表示偶尔很满足，26.9% 的大学生表示经常感到很满足。

因此，在包含信息的事件中，经过情感的渲染，再由广大网民来回反复地传播，进而让情绪在一个相对单一化的信息空间中被酝酿放大。

4. 核心因素：前行动阶段

（1）群体效能感

群体效能感指成员对群体能否成功从事某一行为的主观判断。当群体遇到外界压力时，成员团结一致，共同对外。比如，在粉丝群中，网络意见领袖会发出评论"偶像目前地位很危险，偶像需要我们"。营造了一种我们是一个团体，我们是一家人，只有我们心往一处想、劲儿往一处使才能使偶像这次化险为夷。在这种言语劝说，情绪唤起的情境下，成员为了偶像参与其中，采取行动的想法越来越强烈，一触即发。

（2）法不责众心理

大学生微社群具有隐匿性，去个性化的特点，每位成员都可以借助虚拟身份畅所欲言，加上群内成员的支持，这种畅所欲言会被大大加强。"群体中其他成员的存在，为那些不作为的个体提供了有效的遮蔽，使其减轻了不作为所带来的心理压力，助长了不作为行为"①。当群内多数成员都做这件事，即使是不合理的，走在道德的边界，行为越轨，群内成员也觉得大家都在做这件事，即使不道德，也追究不到自己身上的心理。这种心理为成员扫除了参与行动的后顾之忧。

5. 爆发因素：行动阶段

（1）理性选择

成员会基于自己的理性选择，考虑成本收益等因素。微社群组建快捷、方便，几个人就可以快速组建起来，随时进入，随时退出，只需要简单几步，短暂几秒就能完成消息的转发、评论和回复。成本低，准确地说是无成本，在微社群中就能找到与自己兴趣爱好相同的"朋友"，迅速集群，获得长期压力下宣泄情绪的快感。在与群内成员交流时，获得认同、尊重，在微社群中找到了归属感。这些都是基于大学生在微社群中集群行为所带来的精神收益，因此大学生往往会选择参与其中而不是冷眼旁观。

（2）社会流瀑

人们会相信他人所说的、所做的，当人们追随一些先行者或"领头羊"的言行时，社会"流瀑"现象就会发生。当社会"流瀑"现象发生时，人们酝酿了许久的从众，追求认同，法不责众等心理彻底爆发，群体极化也使这种追随进一步加强，群体对成员有支持作用，成员对群体认同。大家都约定俗成地快速融入群体，群体是我，我是群体。短时间内就像染上某种"传染病"，传播速度极快，传播范围极广，行动力极强，影响范围深远。

四、措施与建议

青少年在微社群中集群行为具有两面性，它既是推动社会发展的积极因

---

① 张耀灿. 思想政治教育心理学 [M]. 北京：中国人民大学出版社，2014：161.

素，又可能是影响社会和谐稳定的潜在因素。为了更好地发挥青少年参与的积极作用，我们需要明确其产生了哪些消极影响，从而及时采取措施引导青少年在网络集群中规范自己的行为，向着良性的方向发展，提高社会管理科学化水平和促进社会的稳定发展，青少年的集体行动及其容易导致网络性公共事件或社会群体性事件，若不加以解决，他们会受人策动，经过酝酿，最终采取集会、游行，集体上访、集体罢课、罢市、罢工等危害治安的集体活动。通过研究，我们发现在微社中集群有以下风险。

首先，我们发现，在微社群中集群的青少年存在理性与非理性并存的情况，在微社群中，由于大家的言论都是自由的，在这种背景下，人们往往会不加考虑的发表个人的意见，有时是为了哗众取宠，对事件的真实性，形成了一种歪曲甚至是主观的扭曲，在网络大众的随风跟从的心理下，错误的意识会愈演愈烈，甚至会超过事实的本身从而占据主导的地位，这样在无形中就给正确的事实带来了主观的歪曲和人为的误解。

其次，无论是对网络直播还是对微社群演化逻辑进行研究，都发现情感在其中发挥着重要的作用。在这过程中，个体随时会出现情绪，但影响比较小。如果大量持有相同情绪的个体汇聚形成群体情绪，就会产生巨大能量。累积形成极化，在网络集群行为演变中，情绪交换与聚合加快，个体或群体的情绪会越积越多，太多的情绪会走向极化，或者形成"正能量"，或者形成"负能量"，甚至出现"极端的"情绪表达。传染燃爆舆情，个体进入群体之后，个体特性就会消失，其对群体的情绪毫无抵抗力，推动舆情迅速升温、进入爆燃。

最后，青少年关注负面信息的心理偏好，社会热点事件是集群行为发生的导火索，兴趣和利益使集群行为进一步升级强化，最后，存在从线上走向线下的可能性。

因此针对其存在的诸多风险，应从以下几个方面进行防范与治理。

1. 加强教育引导

（1）加强心理建设，疏导和纾解负面情绪

2016 年，习近平总书记在全国高校思想政治工作会议上强调，要坚持不懈促进高校和谐稳定，培育理性平和的健康心态，加强人文关怀和心理疏导。党的十九大报告中提出，要"培育自尊自信、理性平和、积极向上的社会心态"① 健康的社会心态作为个人、社会、国家发展进步的重要促进因素，对国家文化软实力的提升和社会的和谐稳定有着重要影响。

现实生活中，青少年由于缺少"同辈交流"内心孤独、焦虑，家庭贫困引起自卑、孤僻、情感焦虑与愤怒等情绪，在微社群的"同辈"作用下这种不平衡感，相对剥夺感，负面情绪一触即发。对此我们首先应该组织心理健康知识活动，如，心理健康讲座、"远离 emo，保持积极健康心态"主题班会等活动，以增加青少年心理健康方面的知识，形成预防为主的干预体系。

其次，定期以班级或部门为单位对大学生或青少年的共性问题进行心理疏导，重点关注潜在的"问题少年"。

再次，对有心理隐患的青少年要注意发挥"同辈作用"，对隐患青少年的朋友、同学、同事、父母、老师进行专业培训，当该青少年遇到心理困惑，向同辈倾诉时，同辈能够自如地帮助该青少年走出困境。

最后，对于学生而言，学校的辅导员、班主任应对学生提供心理帮助，他们对学生的心理特点比较熟悉，对学生的一些基本情况也会比较了解，且他们也是接受过专业培训的人员。所以在学生心理健康促进的过程中，辅导员、班主任利用这些优势，学习心理学知识与技巧而运用到学生工作中，有利于与学生的交流，普及心理学健康知识，并可以通过举办一些活动来提高学生的心理健康程度，从而利于学生不适心理状态的及时调整，预防心理问题与心理障碍的产生。对学生加强爱党与爱国主义教育，坚定自信心。

（2）加大教育力度，规范微社群中的青少年集群行为

在我们生活中，网络世界无时无刻不环绕在我们身边，人们在网络世界里，在微社群中，总是可以随心所欲地实现着自己的言论自由，与此同时一大批不负责任的言论甚至是谣言充斥着我们的生活。归根到底这是由于在微社群中我们个体的文化素质不高，缺乏责任意识。因此，要进一步加大教育

---

① 习近平. 决胜全面建成小康社会　夺取新时代中国特色社会主义伟大胜利——在中国共产党第十九次全国代表大会上的报告. 人民日报，2017—10—28.

力度，普及网络知识来提升青少年对信息的认知、对情绪的认知和对行动的认知。要深入社区、事业单位、青少年社团组织等青少年较为集中的地方经常举办普及网络教育的宣传活动、主题教育活动，将他们培养成有品德，有素质，有文化，有理想的社会主义接班人，明确个人的义务和责任从而更好地规范自己在微社群中的行为，促进微社群健康发展。

2. 提高青少年的网络媒介素养

习近平总书记指出："要坚持依法治网、依法办网、依法上网。让互联网在法治轨道上健康运行。同时，要加强网络伦理、网络文明建设，发挥道德教化引导作用，用人类文明优秀成果滋养网络空间、恢复网络生态。"①

（1）正确分析、对待网络舆情

第一，在事件发生后，主流媒体要快速发布真实信息，保障青少年知情权，不给"流言""先入为主"的机会。在微社群中各种信息鱼目混珠，各种谣言满天飞，对此相关部门要充分利用信息化手段，建立畅通有效的信息沟通渠道，通过官方网站、官方微信和微博等平台，及时发布有关情况和动态，不回避困难和问题，保障青少年的知情权。第二，构建理性、畅通的对话渠道，保障青少年有效对话与发表意见的权利。第三，在舆情传播时，要注意对信息进行收集、预判，进而在微社群中更能针对性地、有效地对网络舆情进行引导。第四，对于网络舆情背后反映的社会问题要找到社会根源，通过解决现实矛盾和问题，使舆情得以平息。

（2）善于辨别、选择网络信息

第一，要提高青少年运用网络的能力，包括获取、识别、选择、辨析和处理网络信息的能力及加工、创造信息的能力，教育和引导他们理性使用网络资源，提高对各类网络信息的解读、批判和应用能力，增强在复杂的网络信息生态中的辨别力、批判力与免疫力。

第二，要增强网络信息对人们发展的促进作用，引导其树立清醒的信息主体意识和正确的信息观念，准确把握信息目标与需求，明确有效信息对自身行为与全面发展的重要意义和作用。人们在浩渺的信息海洋中，通过辨

---

① 习近平谈治国理政：第2卷［M］．北京：外文出版社，2017：534.

别、选择、运用网络信息而形成正确判断，有助于他们理性分析和认识各种社会矛盾和社会问题，增强社会参与意识和社会责任感。

第三，要构筑形成网上网下同心圆。充分调动各方面积极性，共同构建平等尊重、开放共享、安全有序、和谐透明的网络空间，共同形成为实现中华民族伟大复兴的中国梦而奋斗的共同理想、共同目标、共同价值观。①

（3）掌握运用网络的自主权，成为网络的"主人"

加强青少年的网络意识教育，明确上网需求与动机，理性对待网络，养成网络自制与自律的能力，避免和克服过度沉溺网络世界，拒绝形成"网瘾"成为"网虫"。

（4）正确对待海量信息，避免和克服信息异化

提高青少年把网络信息作为自身发展服务工具，引导他们充分认识信息异化的实质和危害，促使他们克服信息活动的自发、片面、畸形状态，从而正确地获取、选择、利用信息，科学地整合、转化与创新信息，促进自身全面发展。②

3. 加强制度建设

网络空间同现实社会一样，既要提倡民主与自由，也要保持法制与秩序；既要实现网民交流思想、表达意愿的权利，也要依法构建良好的网络秩序，保障广大网民的合法权益；既要认识网络空间是亿万民众共同的精神家园，是发扬人民民主、接受人民监督的新渠道，也要认识网络空间不是"法外之地"，任何人不能超越法律和道德的约束之外。

（1）建立健全合理的利益表达机制

现实生活中缺少表达渠道是青少年作为弱者选择微社群这一武器的重要原因，因此需要不断完善青少年利益诉求表达的途径，打造线上线下利益表达同心圆，保障青少年对学校、对单位及对社会公共事务的知情权、表达权、参与权与监督权，营造一种良好的网上网下表达机制，引导青少年通过正当的方式表达自身合理的诉求。

---

① 郑永延. 思想政治教育学原理（第2版）[M]. 北京：高等教育出版社，2018：270.
② 郑永延. 思想政治教育学原理（第2版）[M]. 北京：高等教育出版社，2018：271.

（2）制定微社群文明协约，健全微社群网络参与规则

青少年在网络社群中总是会根据自己的意志来进行自我行为及其言论的释放，在此过程中，他们可能是随心所欲，毫无忌讳地发表言论，最终可能会造成不良的社会影响。因此企业在对微社群软件进行开发时及政府部门都应该制定相关的社群文明协约，制定相应的规章制度，从技术和制度两方面加以规范。只有在这种环境中，青少年人在微社群中的言论才会符合社会的需要，才能涌现出更多的具有意义和正能量的言论，更有利于事件的发展和社会的进步。

（3）规范制度，加强对于恶性网络言论的处罚

当前我国对于微社群的管理尤其法律方面的建设仍然处于一个初级阶段，正因如此，微社集群行为有时才会表现出恶性的一面。任何一个事物都需要法律制度的规范和约束，广大青少年已经成为微社群中的主体，他们往往活跃在各种微社群中，对于他们而言，在网络世界中没有什么可以约束到他们，因此在网络上他们会表现出过度的行为或言论，然而并没有法律制裁他们。所以，在当今网络世界中，在微社群集群行为日益成熟的今天，我们必须将其纳入法律规范的范畴，通过法律的惩处来增加相对应的威慑力，规范网民的网络集群行为，也只有这样，在微社群中青少年的行为和言论才会有所约束，他们才会更加谨慎更加认真负责地对待自己的言行举止。

（4）加强微社群规范与管理，严惩恶劣社群不良行为

网络的自由平等不受任何经济、政治、军事权力的约束，任何人只要一台联网计算机便能向受众传递信息，自由开放的网络空间使每个人都能成为信息的传播者和接受者。事实上，每一个网络社群都是一个"自我服务"的团体，社群内强烈的群体意识使网络社群内的交流具有强化作用，如果不加以妥善地规范和管理，这些信息传播很容易制造激进思想，影响网络安全稳定。对于恶劣社群必须及时打击，恶劣社群的"反社会"效应易随着社群人数增长而强化，且由于互联网的推送功能，个体或群体在选择某一事物后，互联网会推送同类型事物，无形中又将强化这种效应。及时防控恶劣社群不良行为，对此严加惩办，规整网络风气，才能巩固和发展网络和谐安定的局面。

参考文献

专著类

[1] 马克思恩格斯全集，第3卷 [M]. 北京：人民出版社，1960.

[2] 马克思恩格斯选集，第1卷 [M]. 北京：人民出版社，1995.

[3] 习近平谈治国理政（第2卷）[M]. 北京：外文出版社，2017.

[4] 香港青年协会. 香港青年与青年工作 [M]. 香港：广角镜出版社有限公司，1989.

[5] 刘秀生，杨雨青. 中国清代教育史 [M]. 北京：人民出版社，1994.

[6] 香港青年协会. 今日青年一五地青少年发展状况分析 [M]. 香港：香港青年协会，1996.

[7] 王思斌. 社会工作概论 [M]. 北京：高等教育出版社，2004.

[8] 严峰. 网络群体性事件与公共安全 [M]. 上海：上海三联书店，2012.

[9] 王玉香，宋歌，孙艳艳，成伟. 青少年社会工作 [M]. 济南：山东人民出版社，2012.

[10] 郑杭生. 社会学概论新修（第4版）[M]. 北京：中国人民大学出版社，2013.

[11] 张耀灿. 思想政治教育心理学 [M]. 北京：中国人民大学出版社，2014.

[12] 何安明，惠秋平. 手机时代青少年的价值观和社会化问题研究 [M]. 北京：科学出版社，2015.

[13] 董金权，洪亚红. 爱与疼的边缘：青少年使用社会化媒体调查研究 [M]. 北京：光明日报出版社，2016.

［14］董金权．媒体视野中的青少年研究［M］．北京：金城出版社，2017．

［15］郑永延．思想政治教育学原理（第 2 版）［M］．高等教育出版社，2018．

［16］费孝通．乡土中国［M］．上海：上海人民出版社，2019．

［17］董金权，朱蕾．微社群空间中的青少年亚文化研究：以网络剧和短视频用户圈为例［M］．北京：九州出版社，2021．

［18］［美］巴克．社会心理学［M］．南开大学社会学系，译．天津：南开大学出版社，1984．

［19］［美］尼葛洛庞帝．数字化生存［M］．胡泳，译．海南：海南出版社，1996．

［20］［美］戴维·波普诺．社会学（第 10 版）［M］．李强等，译．北京：中国人民大学出版社，1999．

［21］［法］涂尔干．社会分工论［M］．渠东，译．北京：生活·读书·新知三联书店，2000．

［22］［德］马克斯·韦伯．经济与社会［M］．林荣远，译．北京：商务出版社，2004．

［23］［美］柯林斯．互动仪式链［M］．林聚任，王鹏，宋丽君，译．北京：商务印书馆，2009．

［24］［美］华莱士，［英］沃尔夫．当代社会学理论：对古典理论的扩展：第 6 版［M］．刘少杰，等，译．北京：中国人民大学出版社，2008．

［25］［美］卡斯特．网络社会的崛起［M］．夏铸九，译．北京：社会科学文献出版社，2001．

［26］［美］乔纳森·特纳．社会学的理论结构［M］．邱泽奇，等，译．北京：华夏出版社，2006．

［27］［美］欧文·戈夫曼．日常生活中的自我呈现［M］．冯钢，译．北京：北京大学出版社，2008．

［28］［美］詹姆斯·斯科特．弱者的武器——农民反抗的日常形式［M］．邓广怀，张敏，何江穗，译．南京：译林出版社，2007．

［29］［法］古斯塔夫·勒庞著．乌合之众——大众心理研究［M］．冯克

利，译．北京：中央编译出版社，2004.

［30］［美］戴维．波普诺．社会学［M］．杨中芳，译．北京：中国人民大学出版社，1999.

［31］［美］凯斯·桑斯坦．网络共和国：网络社会中的民主问题［M］．黄维明，译．上海：上海人民出版社，2003.

［32］［西班牙］曼纽尔·卡斯特．网络社会的崛起［M］．夏铸九，等，译．北京：社会科学文献出版社，2006.

［33］［美］乔纳森·特纳，简·斯黛兹．情感社会学［M］．孙俊才，文军，译．上海：上海人民出版社，2007.

［34］［美］凯斯·桑斯坦．信息乌托邦——众人如何生产知识［M］．毕竞悦，译．北京：法律出版社，2008.

［35］［美］塞缪尔·亨廷顿．变化社会中的政治秩序［M］．王冠华，译．上海：上海世纪出版集团，2008.

［36］［美］卡斯·R.桑斯坦．谣言［M］．张楠，译．北京：中信出版社，2010.

［37］［美］安德鲁·基恩．网民的狂欢：关于互联网弊端的反思［M］．丁德良，译．海口：南海出版公司，2010.

［38］［美］文森特·莫斯可．数字化崇拜［M］．黄典林，译．北京：北京大学出版社，2010.

［40］［美］克莱·舍基．人人时代：无组织的组织力量［M］．胡泳，沈满琳，译．北京：中国人民大学出版社，2012.

［41］［英］齐格蒙特·鲍曼．来自液态现代世界的44封信［M］．鲍磊，译．桂林：漓江出版社，2013.

［42］［美］拉塞尔．哈丁．群体冲突的逻辑［M］．刘春荣，汤艳文，译．上海：上海世纪出版社，2013.

期刊类

［1］史宇鹏．网络集群行为——集群行为的新形式［J］．社会学，2001（01）.

［2］郭于华．"弱者的武器"与"隐藏的文本"——研究农民反抗的底层
视角［J］．读书，2002（07）．

［3］陈树强．增权：社会工作理论与实践的新视角［J］．社会学研究，
2003（05）．

［4］范斌．弱势群体的增权及其模式选择［J］．学术研究，2004（12）．

［5］管向梅．香港学校社会工作制度及其启示［J］．社会，2004（04）．

［6］潘泽泉．理论范式和现代性议题：一个情感社会学的分析框架［J］．
湖南师范大学社会科学学报，2005（04）．

［7］陆士桢．治理网络游戏成瘾是青少年成长发展辅导的系统工程［J］．
中国青少年政治学院学报，2005（06）．

［8］周林刚．激发权能理论：一个文献的综述［J］．深圳大学学报（人文
社会科学版），2005（06）．

［9］岳晓东，严飞．青少年偶像崇拜系列综述（之二）——偶像崇拜的性
别差异［J］．青少年研究，2007（04）．

［10］曾鹏．新型社区网络建构中社会工作的介入探讨［J］．浙江工商大学
学报，2008（01）．

［11］周会敏．增权理论与传统社会工作理论之比较与反思［J］．东华大学
学报（社会科学版），2008，8（04）．

［12］唐咏．中国增权理论研究述评［J］．社会科学家，2009（01）．

［13］唐咏．中国增权理论研究述评［J］．社会科学家，2009（01）．

［14］王竹换，庞鑫．浅析认知行为理论在社会工作实务中的运用［J］．法
制与社会，2009（02）．

［15］王竹换，庞鑫．浅析认知行为理论在社会工作实务中的运用［J］．法
制与社会，2009（02）．

［16］孙凤，郑欣．理性与非理性之辨：网络集群行为的产生及其演变
［J］．南京邮电大学学报：社会科学版，2009（03）．

［17］张小兵．网络表达与社会稳定［J］．中国人民公安大学学报（社会科
学版），2009（03）．

［18］杨国斌．悲情与戏谑：网络事件中的情感动员［J］．传播与社会学刊

（香港），2009（10）．

[19] 董金权，颜小燕．深度转型期大学生思想变化与高校德育调整 [J]．青少年探索，2010（01）．

[20] 邓希泉．网络集群行为的主要特征及其发生机制研究 [J]．社会科学研究，2010（01）．

[21] 白淑英，邵力．社会存在还是意义建构？——为青少年网络越轨行为辩护 [J]．青少年犯罪问题，2010（03）．

[22] 谢建芬．论网络集群事件中的社会控制机制构建 [J]．前沿，2010（22）．

[23] 赵芳，黄宇新．青少年身心发展特点及网络成瘾的成因分析 [J]．三峡大学学报（人文社会科学版），2010（32）．

[24] 许轶冰．米歇尔·马费索利和他的后现代性 [J]．江南大学学报（人文社会科学版），2012（02）．

[25] [法] 米歇尔·马费索利．部落游牧性 [J]．许轶冰，译，江南大学学报（人文社会科学版），2012（02）．

[26] 郑小青，陈力予．灾害危机事件中的政府语言运用——政府应对地震传言的策略研究 [J]．内蒙古农业大学学报（社会科学版），2012（04）．

[27] 齐发鹏．群体性事件中的抗争性话语分析 [J]．新闻传播，2012（08）．

[28] 李晓娟．网络集群行为演化机制及其调控策略的研究综述 [J]．法制与社会，2012（8）．

[29] 成伯清．情感的社会学意义 [J]．山东社会科学，2013（03）．

[30] 李华君．网络舆情危机中政府形象修复的影响维度与路径选择 [J]．现代传播（中国传媒大学学报），2013（05）．

[31] 李彪．不同社会化媒体圈群结构特征研究——以新浪姚晨微博、草根微博和人人网为例 [J]．新闻与传播研究，2013（20）．

[32] 王蒙．当代中国政治中的表演式抗争：景观、结构与效能 [J]．西南大学学报：社会科学版，2013（39）．

［33］许轶冰：对米歇尔·马费索利后现代部落理论的研究［J］．西北大学学报（哲学社会科学版），2014（01）．

［34］王鹏．基于情感社会学视角的社会秩序与社会控制［J］．天津社会科学，2014（02）．

［35］李金铨．走进"流动的家园"［J］．读书，2014（03）．

［36］周裕琼，齐发鹏．策略性框架与框架化机制：乌坎事件中抗争性话语的建构与传播［J］．新闻与传播研究，2014（21）．

［37］周裕琼，齐发鹏．策略性框架与框架化机制：乌坎事件中抗争性话语的建构与传播［J］．新闻与传播研究，2014（21）．

［38］周裕琼，蒋小艳．环境抗争的话语建构、选择与传承［J］．深圳大学学报（人文社会科学版），2014（31）．

［39］苏晓伟．群体性事件网络舆情逻辑过程与特征及对策建议［J］．贵州学院学报（社会科学版）．2015（02）．

［40］段洪涛，赵欣．高校网络圈群的特征及其舆情治理研究［J］．思想理论教育，2015（03）．

［41］李春雷，凌国卿．环境群体性事件中微社群的动员机制研究［J］．现代传播，2015（06）．

［42］王斌，刘伟．媒介与社区赋权：语境、路径和挑战［J］．国际新闻界，2015（37）．

［43］宁晶，许放明．青少年趣缘群体符号边界的建构—以 XZ 户外俱乐部为例［J］．当代青少年研究，2016（01）．

［44］黄鸿业，马燕．社交媒体抗争性话语的生产与变迁——以哈贝马斯交往行为理论为理解框架［J］．当代传播，2016（03）．

［45］汤景泰．网络社群的政治参与与集体行动［J］．新闻大学，2016（03）．

［46］彭小兵，谢文昌．社会工作介入环境群体性事件预防的机制与路径——基于大数据视角［J］．社会工作，2016（04）．

［47］周亚越．网络谣言的传播机制分析［J］．江苏社会科学，2016（04）．

［48］周裕琼．从标语管窥中国社会抗争的话语体系与话语逻辑：基于环保

和征地事件的综合分析［J］. 国际新闻界, 2016 (05).

［49］黄钦. 系列反 PX 事件中网络抗争性话语的建构［J］. 新闻界, 2016 (08).

［50］孟威. 网络爱国主义的精神源流与现实特征［J］. 人民论坛, 2016 (08).

［51］刘涛. 情感抗争: 表演式抗争的情感框架与道德语法［J］. 武汉大学学报: 人文科学版, 2016 (09).

［52］杨婷. 社会越轨理论发展脉络浅析［J］. 法制与社会, 2016 (10).

［53］黄鸿业. 社交媒体对青少年价值观的解构与重构——以网络话语抗争为视角［J］. 当代传播, 2017 (02).

［54］王宁. 自目的性和部落主义: 消费社会学研究的新范式［J］. 人文杂志, 2017 (02).

［55］王贺. 大学生网络交往 "圈层化" 的困境及对策［J］. 江苏高教, 2017 (03).

［56］蔡金平, 董金权. 弱者的武器、利益共谋与意义空间的生产——青少年 "微行动" 的基本形式与发生机制［J］. 中国青少年研究, 2017 (04).

［57］陈瑞华. 直播社群: 青少年网络社交的关系具象［J］. 中国青少年研究, 2017 (08).

［58］倪建均. 青少年学生参与网络集群行为的社会心理机制和风险管控［J］. 当代青少年研究, 2018 (05).

［59］董圆圆. 微时代大学生网络社区表达现状调查与结果分析［J］. 大庆社会科学, 2018 (05).

［60］原欣伟, 李延, 窦天苗, 李雨萌. 消费者虚拟社区参与对创新产品采用意愿的影响研究［J］. 生产力研究, 2018 (05).

［61］何必夫. 把握 "网络圈群" 舆论引导的主动权［J］. 人民论坛, 2018 (07).

［62］朱娜. 社会工作介入困境青少年的个案研究——基于社会生态系统理论分析视角［J］. 贺州学院学报, 2018 (09).

［63］陈昕．情感社群与集体行动：粉丝群体的社会学研究——以鹿晗粉丝"芦苇"为例［J］．山东社会科学，2018（10）．

［64］高丽静，王秋慧．网络圈群视域下高校思想政治教育的思考［J］．未来与发展，2019（01）．

［65］赵联飞．70后、80后、90后网络参与行为的代际差异［J］．中国青少年研究，2019（02）．

［66］马新妍．新媒体背景下青少年媒介素养的提升［J］．新闻战线，2019（05）．

［67］刘广乐．网络圈群视阈卜高校学生理想信念教育探究［J］．学校党建与思想教育，2019（07）．

［68］游思宇．青少年网络成瘾问题及其社会工作个案干预——以网瘾青少年苏某为例［J］．法制博览，2019（08）．

［69］王志昭．短视频对青少年的利弊影响及治理［J］．新闻爱好者，2019（11）．

［70］董金权，潘昕．微社群中流言传播特点与传播机制［J］．内蒙古农业大学学报（社会科学版），2020（03）．

［71］熊丽丽．生态系统理论下网瘾青少年问题研究［J］．大众文艺，2020（07）．

［72］臧海群．后疫情时代社交媒体公共治理和媒介素养的多维建构——以网络亚文化社群冲突为例［J］．新闻与写作，2020（08）．

［73］汪兴和．强化"微社群"建设增强县级融媒体传播力［J］．中国广播电视学刊，2020（08）．

［74］刘海春．社会工作介入"问题学生"帮扶的个案研究——基于生态系统理论视角［J］．社会与公益，2020（11）．

［75］谭天．披着正义外衣的网络暴力——"肖战事件"舆论演变反思［J］．声屏世界，2020（12）．

［76］袁之砚．当代青少年亚文化视角下的弹幕文化探析［J］．科技传播，2020（12）．

［77］袁自立．从生态系统理论视角探讨青少年性教育缺失问题的社会工作

介入 [J]. 就业与保障, 2020 (14).

[78] 常学洲. 网络非理性表达的成因与应对策略 [J]. 石家庄铁路职业技术学院学报, 2020 (19).

[79] 韩淑英. 社会工作介入 "网瘾" 青少年服务研究 [J]. 法制与社会, 2020 (24).

[80] 王绮. 饭圈 "掐架" 策略及效果分析——以 "肖战粉大战同人粉" 为例 [J]. 沙民政职业技术学院学报, 2020 (27).

[81] 殷丽环. 将网络与社会工作专业优势相结合 [J]. 现代营销, 2020, (34).

[82] 张莉. 80 后的多元话语建构与重构 [J]. 青少年学报, 2021 (01).

[83] 何秋红, 周红. 眼见为虚: 青少年短视频沉迷现象探究 [J]. 当代传播, 2021 (05).

[84] 于丽. 传媒公共领域青少年媒介素养研究 [J]. 中国报业, 2021 (05).

[85] 廖卢琴, 谢爱林. 圈层与连接: 思政教育网络话语传播困境与出路——基于矩阵传播的视角 [J]. 教育学术月刊, 2021 (07).

[86] 刘望秀, 王歆玫. 党史学习教育如何 "破壁" 青少年圈层文化 [J]. 思想教育研究, 2021 (09).

[87] 王雪冰. 大学生微社群的生存样态及教育引导研究 [J]. 新闻研究导刊, 2021, (12).

[88] 陈艳. 网络环境下青少年主流信仰危机与引导对策 [J]. 河北能源职业技术学院学报, 2021 (21).

[89] 梁巧. 短视频对时代新人培养的消极影响及理性应对 [J]. 邯郸职业技术学院学报, 2021 (34).

[90] 郑金铃. 基于信任视角的青少年网络表达行为解读——以广东青少年的实证调查为基础 [J]. 山东青少年政治学院学报, 2021 (37).

[91] 朱一帆, 董金权. "微社群" 中青少年 "表演式抗争" 的缘起 [J]. 佳木斯大学社会科学学报, 2021, (39).

[92] 风笑天. 从青少年社会学的视角认识青少年与研究青少年 [J]. 广东

青少年研究，2022（36）．

[93] 郑满宁，李彪．舆情治理视域下社交网络中的信息茧房现象与破茧之道 [J]．西南民族大学学报（人文社会科学版），2022（43）．

报纸类

[1] 习近平．在全国高校思想政治工作会议上的讲话 [N]．人民日报，2016—12—8．

[2] 习近平．决胜全面建成小康社会　夺取新时代中国特色社会主义伟大胜利——在中国共产党第十九次全国代表大会上的报告 [N]．人民日2017—10—28．

[3] 胡疆锋．圈层：新差序格局、想象力和生命力 [N]．中国艺术报，2021-—2—1．

网络与电子资源

[1] GKVan，AH Fischer，"Emotional collectives：How groups shape emotions and emtions shape groups"，in Cognition &Emotion，vol. 30（2016）．[EB/OL]．https：//news. 163. com/17/0519/11/CKQ0IHVR00018AOR. html.

[2] 疯狂女粉丝挪用360万元公款 为"男主播"刷礼物．[EB/OL]．http：//news. cctv. com/2016/12/09/ARTIcEgoIzFjQAlQo0cuxDCK161209. shtml.

[3] 乡镇干部向群众骗取38.7万元打赏女主播．[EB/OL]．https：//society. huanqiu. com/article/9CaKrnK2FL4

[4] 男子失恋后沉迷网络直播，半年打赏250万，钱都是这样来的．[EB/OL]．https：//baijiahao. baidu. com/s？id = 1597361194571584720&wfr = spider&for = pc.

[5] 16岁少女偷几万打赏男主播 见面发现对方仅1米．[EB/OL]．5http：//news. sina. com. cn/s/wh/2017—04—01/doc – ifycwyns4104110. shtml.

[6] 女出纳花公款490万打赏男主播：释放了好多压力．[EB/OL]．https：//baijiahao. baidu. com/s？id = 16326818329168977255.

[7] 男子工资月4000，打赏女主播欠32万，母亲得知当晚被活活气死．[EB/

OL］．https：//baijiahao. baidu. com/s？id = 1636034879686155945&wfr = spider&for = pc.

［8］六旬大妈打赏主播 30 万 出手阔绰男主播"认干妈"［EB/OL］．https：//www. takefoto. cn/viewnews - 1464633. html.

［9］男子迷恋女主播，花近 90 万成为男女朋友，分手后：还我钱．［EB/OL］．https：//dy. 163. com/article/DRN3VCJD0544086K. html；NTESweb-SI = F7A03AC90AE16F7154B7BAE9E12409C5. hz - subscribe - web - docker - cm - online - rpqqn - 8gfzd - no6gz - 957844wnskh - 8081.

［10］斗鱼多位主播偷偷举办粉丝聚会，DNF 主播旭旭宝宝被坑惨了．［EB/OL］．https：//www. sohu. com/a/319559278_120099890.

［11］网店客服截留货款打赏女主播：她们撒娇 我就心软．［EB/OL］．ht-tp：//news. china. com. cn/2017—11/30/content_41956745. htm.

［12］3 个月 65 万！16 岁女孩疯狂打赏男主播：他们都温柔善解人意．［EB/OL］．https：//k. sina. cn/article_6408494814_17df9dede001002bly. html.

［13］吴一兴．《肖战事件：没有胜利者的战争》［EB/OL］．http：//news-paper. jcrb. com/2020/20200311/20200311_006/20200311_006_1. htm, 2020—3—11．

［14］团中央联络部．《于做好政府购买青少年社会工作服务的意见》［EB/OL］．http：//www. ccgp. gov. cn/gpsr/zcfg/201710/t20171009_8948772. htm, 2017—10—9. http：//newspaper. jcrb. com/2020/20200311/20200311_006/20200311_006_2. htm, 2020—3—11.

［15］中国互联网络信息中心（CNNIC）．第 49 次中国互联网络发展状况统计报告．［R/OL］．（2021—08）［2021—12—23］．

其他中文资源

［1］姚霞．艾滋病反歧视的介入空间与介入途径探究［D］（博士论文）．武汉大学，2010.

［2］曾舟．网络群体行为失范的政府治理机制研究［D］（硕士论文）．电

子科技大学，2012.

［3］蒋小艳．环境运动中抗争性话语的建构、传播与社会影响［D］（硕士论文）．深圳大学，2012.

［4］张亚静．医务社工角色距离的调查与分析［D］（硕士论文）．华中师范大学，2013.

［5］张东进．微博群体性事件的抗争性话语研究［D］（硕士论文）．陕西师范大学，2014.

［6］凌国卿．环境群体性事件中微社群秩序的构建研究——基于昆明PX事件的实证分析［D］（硕士论文）．江西师范大学，2015.

［7］黄鹤．悲情、愤怒、戏谑：网络集群行为的情感动员［D］（硕士论文）．华中师范大学，2015.

［8］凌国卿．环境群体性事件中微社群秩序的构建研究［D］（硕士论文）．江西师范大学，2015.

［9］曹珊．环境群体性事件中微社群流动聚合效应研究——基于"茂名PX事件"的实证分析［D］（硕士论文）．江西师范大学，2016.

［10］付雪松．社会化媒体时代地方政府应对公共舆论的策略研究［D］（硕士论文）．华东师范大学，2016.

［11］姜明．大众文化视域下的中国粉丝文化研究［D］（博士论文）．吉林大学，2016.

［12］李佳．大学生在网络舆论中非理性表达的现状、危害与对策研究［D］（硕士论文）．重庆邮电大学，2016.

［13］张佳．山西理工类大学生政治参与意识探析［D］（硕士论文）．太原理工大学，2016.

［14］陈红梅．社会工作赋权理论视角下农村妇女参政权研究［D］（硕士论文）．内蒙古师范大学，2017.

［15］王译梵．社会工作介入网络暴力必要性与实践性研究［D］（硕士论文）．陕西师范大学，2017.

［16］陈慧东．当前社会舆情场域态势下网络集群效应研究［D］（硕士论文）．西北大学，2018.

［17］沈怀勇. 网络群体的生成机制［D］（硕士论文）. 浙江师范大学，2019.

［18］侯博. 新媒体语境下粉丝文化的权力与对抗［D］（硕士论文）. 吉林大学，2020.

［19］邱金龙. 生态系统视角下强制隔离戒毒人员预防复吸的研究［D］（硕士论文）. 华南理工大学，2020.

［20］袁维钟. 提升高职生网络媒介素养的社会工作介入研究［D］（硕士论文）. 江西财经大学，2020.

［21］邢征宇. 网络社群中意见领袖的商业价值研究［D］（硕士论文）. 江西财经大学，2020.

［22］郭佳欣. 网络社区中"养成系"偶像粉丝的群体身份认同建构［D］（硕士论文）. 西安外国语大学，2020.

［23］刘方方. 网络舆论非理性表达研究［D］（硕士论文）. 吉林大学，2020.

［24］刘娟，网络直播打赏的法律问题研究，［D］（硕士论文）. 石河子大学，2020.

［25］姚蕊. 生态系统理论视角下社会工作介入农村留守儿童家庭教育的应用研究［D］（硕士论文）. 山东大学，2020.

［26］辞海（第七版）［Z］. 上海：上海辞书出版社，2020.

［27］王艳玲. 网络时代高中生追星问题及教育引导研究［D］（硕士论文）. 哈尔滨师范大学，2021.

［28］徐留杰. 大学生乡村就业问题及引导策略研究［D］（硕士论文）. 武汉轻工大学，2021.

外文文献

［1］Jones，Q.. Virtual – communities，virtual settlements & cyber – archaeology：A theoretical outline［J］. *Journal of Computer – Mediated Communication*，1997（3）.

［2］Liu，G. Z. Virtual community presence in Internet Relay Chatting［J］.

Journal of Computer – Mediated Communication, 1999 (1).

[3] HOWARD RHEINGOLD. *The virtual community*: *Home – steading on the electronic frontier* [M]. Cam – bridge: MIT Press. 2000.

[4] (Howard Rheingold. *The Virtual Community*: *Home – steading on the Electronic Frontier* [M]. Cam – bridge: MIT Press. 2000.

[5] Hoffman, M. L. How automatic and representational is empathy, and why? [J]. *Behavioral and Brain Sciences*, 2002 (25).

[6] Dallimore, K. S., Sparks, B. A. & Butcher, K.. The influence of angry customer outbursts on service providers' facial displays and affective states [J]. *Journal of Service Research*, 2007 (1).

[7] Yang Jianhua. Research on College Students' Network Ideological and Political Education from the Perspective of Cultural Self – confidence [C] //. Proceedings of 2019 International Conference on Reform, Technology, Psychology in Education (ICRTPE 2019). *Francis Academic Press*, 2019: 285 – 290.

[8] GKVan, AH Fischer. Emotional collectives: How groups shape emotions and emtions shape groups [J]. *Cognition &Emotion*, 30 (2016).

[9] Science – Library Science; New Library Science Findings Reported from Louisiana State University [J]. *Computers Networks & Communications*, 2018.

[10] Keltie Haley. Lauren S. Berliner: Producing Queer Youth: The Paradox of Digital Media Empowerment [J]. *Journal of Youth and Adolescence*, 2018, (47).

[11] Magdalena Mạdra – Sawicka, Jeretta Horn Nord, Joanna Paliszkiewicz etc. Digital Media: Empowerment and Equality [J]. *Information*, 2020, (11).

[12] Aimee Rickman. Book Review: Producing Queer Youth: The Paradox of Digital Media Empowerment by Lauren S. Berliner [J]. *Journalism & Mass Communication Quarterly*, 2019 (96).

[13] Fernández – Guisuraga José Manuel, Verrelst Jochem, Calvo Leonor, etc. Hybrid inversion of radiative transfer models based on high spatial resolution

satellite reflectance data improves fractional vegetation cover retrieval in het-erogeneous ecological systems after fire ［J］. *Remote Sensing of Environ-ment*, 2021.

［14］ Kuo Janice, Zeifman Richard, Morrison Amanda, etc. The moderating effects of anger suppression and anger expression on cognitive behavioral group therapy and mindfulness – based stress reduction among individuals with social anxiety disorder ［J］. *Journal of Affective Disorders*, 2021.

附录1 关于青少年网络表达情况调查问卷

您好！我们是安徽工程大学"青少年网络表达情况"调查组，想请您填写一份问卷，问卷采取匿名形式，所有数据只用于统计分析，请您放心。谢谢您的参与！

填答说明：

（1）若您不在14—28周岁年龄段，请不要答卷。

（2）网络表达是指：网民通过网络（如论坛、BBS、微博等）来发表自己对时事或社会事件的看法和评论。注意：仅指发表对时事或社会事件的看法和评论，不包括日常生活、交往、兴趣等的看法或评论。

（3）请在符合您的选项序号上直接打"√"，如无特殊说明，每一题只能选择一个答案。

请开始作答：

1. 您的年龄是＿＿＿周岁。　　A. 14—18　　B. 19—23　　C. 24—28

2. 您的性别是?　　　　　　　A. 男　　　　B. 女

3. 您目前是在校学生吗?　　　A. 是　　　　B. 不是

4. 您若不是在校学生（若是在校生，请跳过此题），您的职业是?

A. 政府机关或事业单位　　B. 企业单位　　　　C. 个体户

D. 务农　　　　　　　　　E. 其他

5. 您目前最高学历是?

A. 初中及以下　　　　　　B. 高中或中专　　　C. 大专

D. 本科　　　　　　　　　E. 硕士及以上

6. 您在大中专（包括中专、大专、本科及本科以上）阶段所学的专业（注：不含辅修专业、自学专业）是?

A. 理工科

B. 文科

C. 两者都有（如本科学理工、硕士学文科等）

D. 您未上大中专

7. 正面事件和负面事件，哪个更能引起您在网络上发表看法或评论？

A. 正面事件　　　　　　　　B. 负面事件

8. 最容易引起您在网络上发表看法或评论的正面事件是？

A. 爱国典型正面事件　　　　B. 国家发展进步典型正面事件

C. 社会公德善举正面事件　　D. 职业道德善举正面事件

E. 家庭道德善举正面事件　　F. 个人成功成才典型正面事件

G. 其他正面事件

9. 什么群体的人发生负面事件最容易让您在网络上发表看法或评论？

A. 政府官员负面事件　　　　B. 娱乐明星负面事件

C. 教师负面事件　　　　　　D. 企业家负面事件

E. 大学生负面事件　　　　　F. 与自己身份一致的人负面事件

G. 除以上的其他人

10. 什么类型的负面事件最容易引起您在网络上发表看法或评论？

A. 教育不公平　　　　　　　B. 环境污染

C. 社会不平等　　　　　　　D. 腐败

E. 违法犯罪　　　　　　　　F. 家庭暴力

G. 婚恋负面事件（如包二奶、小三、外遇等）

H. 其他

11. 你进行网络表达使用最多的网络平台是？

A. 微信　　　　　　　B. 微博　　　　　　　C. 新闻客户端

D. 除以上的其他 App（如抖音，B 站，腾讯视频、爱奇艺、优酷等视频 App 等）

E. 论坛　　　　　　　F. 其他

12. 您是否会通过网络来发表对社会事件的看法或评论？

A. 经常　　　　B. 有时　　　　C. 偶尔　　　　D. 从不

13. 您看到关于事件的消息发表看法或评论的情况是？

A. 看到大多数事件的消息都会发表看法或评论

B. 看到一定类型的消息就发表看法或评论

C. 一看到特别事件的消息才会发表看法或评论

D. 从不

14. 您在网络上对事件发表看法或评论的原因是？［此题可多选］

A. 对事件感兴趣

B. 因为感动或憎恨

C. 现实生活中难以表达

D. 内容与个人利益有关

E. 想通过发表看法或评论引起他人注意到自己

F. 想推动事件进一步发展

G. 想动员其他人将线上讨论转为线下活动

H. 认为他人的观点是错误的

I. 因为无聊

J. 其他

15. 当您发表的观点受到他人质疑时，您会？

A. 再思考一下自己的观点是否正确，如果觉得正确会继续发言，以尽力让别人相信自己的观点。

B. 再思考一下自己的观点是否正确，如果觉得正确，也不再继续发言，随便他人相不相信。

C. 再思考一下自己的观点是否正确，如果觉得错误，会继续发言，纠正自己的错误。

D. 再思考一下自己的观点是否正确，如果觉得错误，也不再会继续发言，错了就错了。

E. 发表了就不管了，不再思考自己的观点对与不对。

16. 是否有人曾在网络里动员您针对某事件进行线下活动？

A. 是   B. 否

17. 您是否曾参与过别人在网络里动员的针对某事件进行线下活动？

A. 是 　　　　　　　　　　　B. 否

18. 您是否曾在网络里动员过其他人针对某事件进行线下活动？

A. 是 　　　　　　　　　　　B. 否

19. 您是否曾成功地在网络里动员到其他人针对某事件进行线下活动？

A. 是 　　　　　　　　　　　B. 否

附录2　网络社区中青少年追星行为调查问卷

您好，我是安徽工程大学社会工作专业的学生，正在进行一项关于青少年社区网络追星行为的调查。想邀请您用几分钟时间来填答这份问卷。本次调查采用匿名形式，请如实填写。在此对您在百忙之中对此问卷进行填答表示由衷的感谢！答案没有对错之分，请按照实际情况作答。

填答说明：

（1）若您不在14—28周岁年龄段，请不要答卷。

（2）请在符合您的选项序号上打"√"，如无特殊说明，每一题只能选择一个答案。

填答说明：若您不在14—28周岁年龄段，请不要作答。

请开始作答：

1. 您的年龄是____周岁。　　A. 15—18　　B. 19—23　　C. 24—28

2. 您的性别是？　　　　　　A. 男　　　　B. 女

3. 您目前是在校学生吗？　　A. 是　　　　B. 不是

4. 您若不是在校学生（若是在校生，请跳过此题），您的职业是？

A. 政府机关或事业单位　　　　　　B. 企业单位

C. 个体户　　　　　　　　　　　　D. 务农

E. 其他_____（请填写）

5. 您目前最高学历是？

A. 初中及以下　　　　　　　　　　B. 高中或中专

C. 大专　　　　　　　　　　　　　D. 本科

E. 硕士及以上

6. 您在大中专（包括中专、大专、本科及本科以上）阶段所学的专业（注：不含辅修专业、自学专业）是？

　　A. 理工科　　　　　　　　　　　B. 文科

　　C. 两者都有（如本科学理工、硕士学文科等）

　　D. 您未上大中专

7. 你是否有喜欢的偶像

　　是　　　否（选择否请停止作答，直接提交问卷）

8. 您的偶像数量是？

　　A. 1 个　　　　　　　　B. 2—3 个　　　　　　　C. 4—6 个

　　D. 7—10 个　　　　　　E. 10 个以上

9. 您的偶像性别是？

　　A. 全是男性　　　　　　B. 全是女性　　　　　　C. 男女都有

10. 您的偶像属于什么类型？［多选题］

　　A. 影视演艺界　　　　B. 政府官员　　　　　C. 体育界

　　D. 企业界　　　　　　E. 科技界　　　　　　F. 医疗卫生界

　　G. 教育界　　　　　　H. 国家或省级劳动模范

　　I. 电子游戏界　　　　J. 其他_____（请填写）

11. 您的该偶像吸引您的地方是该偶像的？［多选题］

　　A. 外形　　　　　　　B. 才华　　　　　　　C. 性格

　　D. 品德　　　　　　　E. 对社会的贡献　　　F. 说不清楚

　　G. 其他_____

12. 你最近一个月平均每天花费多少时间在网上了解自己偶像的资讯？（如，脸书、微博）

　　A. 半小时及以下　　B. 半小时—1 小时　　C. 1—2 小时

　　D. 2—4 小时　　　　E. 4—7 小时　　　　　F. 8 小时及以上

13. 您是否加入了您偶像的粉丝群？

　　A. 加入了我所有偶像的粉丝群（包括只有一个偶像的情况）

B. 加入了我部分偶像的粉丝群

C. 没有加入我任何偶像的粉丝群

D. 我的偶像均没有粉丝群（若选择 CD 请跳到第 15 题）

14. 若您加入了您偶像的粉丝群，您在群里发言或转发消息的频率？

A. 经常　　　　　B. 有时　　　　　C. 偶尔　　　　　D. 从不

E. 有的偶像粉丝群经常，有的偶像粉丝群很少或从不

15. 对于您偶像的网络直播，您观看的频率？

A. 他的直播我基本上都会观看　　B. 他的直播我偶尔会观看

C. 他的直播我从不观看　　　　　D. 我偶像从不进行网络直播

16. 您在互联网或粉丝群里曾为偶像做过以下哪些行为？［多选题］

A. 向朋友推荐自己的偶像

B. 发布或转发偶像的工作、生活、活动信息

C. 制作偶像绘画、视频、应援曲等在互联网上发布

D. 动员其他粉丝参加偶像的应援

E. 其他_____（请填写）

F. 什么行为都没做过

17. 如果您的偶像做了违反道德或法律的事，你还会将他（她）作为您的偶像吗？

A. 依然会

B. 不会

C. 看事情的严重性或事情的类型再做决定

D. 看是哪个偶像再做决定

18. 针对别人对你偶像的恶意言论你曾在互联网上或粉丝群里？［多选题］

A. 理性地发言纠正

B. 激烈争论

C. 不予理睬

D. 没有看到过对你偶像的恶意言论

E. 其他（请填写）_____

19. 您是否曾在互联网或粉丝群里动员过其他人参加过关于您偶像的线

下活动？

是　　否

20. 您在互联网或粉丝群里动员过其他人参加过关于您偶像的线下活动是？（多选题，如果没有动员过，请跳过此题）

A. 演唱会　　　B. 物资应援　　C. 接送机　　　D. 见面会

E. 其他_____（请填写）

21. 是否有其他人曾在互联网或粉丝群动员参加关于您偶像的线下活动？

是　　否

22. 您是否曾参加过其他人在互联网或粉丝群里动员的关于您偶像的线下活动？

是　　否

23. 其他人在互联网或粉丝群里动员您且您参加过的关于您偶像的线下活动是？［多选题，如果没有参加过，请跳过此题］

A. 演唱会　　　B. 物资应援　　C. 接送机　　　D. 见面会

E. 其他_____（请填写）

附录3 网络社区中青少年
使用弹幕调查问卷

您好，我是安徽工程大学社会工作专业的学生，正在进行一项关于网络社区中青少年使用弹幕的调查。想邀请您用几分钟时间来填答这份问卷。本次调查采用匿名形式，请如实填写。在此对您在百忙之中对此问卷进行填答表示由衷的感谢！答案没有对错之分，请按照实际情况作答。

填答说明：

（1）若您不在14—28周岁年龄段，请不要答卷。

（2）请在符合您的选项序号上直接打"√"，如无特殊说明，每一题只能选择一个答案。

请开始作答：

1. 您的年龄是____周岁。　　A. 14—18　　B. 19—23　　C. 24—28

2. 您的性别是?　　　　　　　A. 男　　　　B. 女

3. 您目前是在校学生吗?　　　A. 是　　　　B. 不是

4. 您若不是在校学生（若是在校生，请跳过此题），您的职业是?

A. 政府机关或事业单位　　B. 企业单位　　C. 个体户

D. 务农　　　　　　　　　E. 其他

5. 您目前最高学历是?

A. 初中及以下　　　　　　B. 高中或中专　　C. 大专

D. 本科　　　　　　　　　E. 硕士及以上

6. 您在大中专（包括中专、大专、本科及本科以上）阶段所学的专业（注：不含辅修专业、自学专业）是?

A. 理工科

B. 文科

C. 两者都有（如本科学理工、硕士学文科等）

D. 您未上过大中专

7. 您使用得最多的视频网站？

A. B 站（bilibili 弹幕网/ACfun）

B. 爱奇艺/优酷/腾讯视频/芒果 TV /百度

C. 其他视频网站

D. 从未使用过视频网站（选此请结束作答，直接提交）

8. 请问您是否在观看视频时打开弹幕功能？

A. 经常　　　　B. 有时　　　　C. 偶尔　　　　D. 从不

9. 您发弹幕吗？

A. 经常　　　　B. 很少　　　　C. 偶尔

D. 从未发过（若选此项，请结束作答，直接提交问卷）

10. 您会主动点赞或者回复他人的弹幕吗？

A. 经常　　　　B. 有时　　　　C. 偶尔　　　　D. 从不

11. 您一般观看哪些类型视频时会打开弹幕？［多选题］

A. 动漫　　　　B. VLOG　　　　C. 直播　　　　D. UP 主自制视频

E. 鬼畜　　　　F. 影视剧　　　　G. 综艺　　　　H. 纪录片

I. 电竞　　　　J. 其他

12. 您发弹幕，是因为？［多选题］

A. 视频中提及或出现自己喜欢的人或物

B. 要对您觉得语言低俗或不实等信息的弹幕进行提醒或纠正

C. 受视频中爱国主义正面故事情节感动

D. 受视频中爱国主义负面故事情节气愤

E. 受视频中婚恋家庭正面故事情节感动

F. 受视频中婚恋家庭负面故事情节所气愤

G. 受视频中社会公德正面故事情节感动

H. 受视频中社会公德负面故事情节所气愤

I. 受视频中某个社会正面真实事件所感动

J. 受视频中某个社会负面真实事件所气愤

K. 实属无聊

L. 调侃

M. 与他人互动，增加趣味

N. 与他人互动，以增进对视频内容的了解

O. 与他人互动，以回应别人的疑问

P. 日常打卡

Q. 宣泄情绪

R. 其他

13. 您发送过弹幕的话语类型有？［多选题］

A. 爱国主义话语　　　　　　　B 婚恋家庭伦理话语

C. 科普知识　　　　　　　　　D. 视频中社会真实事件评论

E. 情感宣泄　　　　　　　　　F. 个人疑惑求解

G. 对弹幕的回应　　　　　　　H. 其他

14. 您是否发送过不文明的弹幕话语？

A. 是　　　　　　　　　　　　B. 否

15. 如果看到恶意的弹幕，您通常会怎么做？［多选题］

A. 发弹幕抵制　　B. 举报　　　　C. 置之不理　　　D. 屏蔽相关词汇

E. 关闭弹幕　　　F. 其他

16. 弹幕对您日常生活的影响：［多选题］

A. 经常在生活中使用弹幕用语

B. 弹幕增加了与朋友聊天的话题

C. 看见其他人的高级弹幕（彩色，特殊位置弹幕）而乐意去充值使用

D. 在观看其他无弹幕视频时觉得不习惯

E. 其他

17. 对弹幕有什么建议？［多选题］

A. 对弹幕进一步加强监管，遏制恶意弹幕的存在，改善弹幕环境

B. 对弹幕的设置进行优化，提升智能化程度，改善观感

C. 遏制弹幕发展，将弹幕文化限制在 b 站等视频网站

D. 其他

附录4　关于青少年使用抖音 短视频情况的调查

您好，我正在进行一项关于青少年使用抖音短视频情况的调查。想邀请您用几分钟时间来填答这份问卷。本次调查采用匿名形式，请如实填写。在此对您在百忙之中对此问卷进行填答表示由衷的感谢！答案没有对错之分，请按照实际情况作答。

填答说明：若您不在14—28周岁年龄段，请不要作答。

1. 您的性别：［单选题］　*

□男

□女

2. 您的年龄：［单选题］　*

□14—18岁

□19—23岁

□24—28岁

3. 您目前是在校生吗？［单选题］　*

□是（请跳至第5题）

□不是

4. 若您不是在校生（若是在校生请跳过）您的职业是：［单选题］　*

□企业职员

□自由职业

□专业人士

□工人

□事业单位/公务员/政府人员

□其他

5. 您目前的最高学历是：［单选题］ *

□初中及以下

□高中或中专

□大专

□本科

□硕士及以上

6. 您在中大专（包括中专、大专、本科及本科以上）学习阶段所学的专业（不含辅修或自学专业）是?［单选题］ *

□理工科

□文科

□两者都有

□您未上中大专

7. 您使用抖音短视频的频率?［单选题］ *

□基本每天都使用

□平均2—3天会使用

□平均4—5天会使用

□平均6—7天会使用

□平均超过7天以上

□从不（请跳至第问卷末尾，提交答卷）

8. 在以下时间您使用短视频的频率? 请勾选［矩阵单选题］ *

	经常	有时	比较少	从不
在下课或下班时间	○	○	○	○
夜里11点后	○	○	○	○
在等待（如吃饭、排队等）时间	○	○	○	○
躺在床上准备睡觉时	○	○	○	○
与朋友聚会时	○	○	○	○

9. 您对哪一类型的短视频较为感兴趣：[多选题] *

□生活类（如购物、美食、美妆护肤）

□时政新闻或社会突发事件类

□兴趣类（如游戏、影视、综艺等）

□某个明星或主播的视频

□日常生活帅哥视频（非影视明星）

□日常生活美女视频（非影视明星）

□日常朋友、家人、同事发的视频

□其他

10. 您观看抖音短视频的原因：[多选题] *

□打发无聊时间

□内容丰富有趣

□学习或工作性质需要

□缓解生活压力

□探索新鲜事物

□看自己喜欢的明星或关注的人的视频

□认识新朋友，扩大社交圈

□其他

11. 您目前在抖音 App 发出的作品数量？[单选题] *

□0 个（请跳至第 13 题）

□1—50 个

□51—100 个

□101—200 个

□200 以上

12. 您在抖音 App 发出作品的类型有？[多选题] *

□转发时政新闻或转发社会突发事件类

□转发生活类（如购物、美食、美妆护肤等）

□转发兴趣类（如游戏、影视、综艺等）

□转发某个明星或主播的视频

□转发帅哥或美女视频（非影视明星）

□转发朋友、家人、同事发的视频

□自己制作的分享生活动态的视频

□其他

13. 您目前在抖音 App 关注的作品数量？［单选题］ *

□0 个

□1—50 个

□51—100 个

□101—200 个

□200 以上

14. 你在抖音 App 评论区发表评论的总数量？［单选题］ *

□0 条

□1—50 条

□51—100 条

□101—200 条

□200 条以上

15. 抖音 App 里最易起您发表评论的视频内容是？［多选题］ *

□时政新闻或社会突发事件类

□生活类（如购物、美食、美妆护肤等）

□兴趣类（如游戏、影视、综艺等）

□某个明星或主播的视频

□朋友、家人、同事发的视频

□日常生活帅哥视频（非影视明星）

□日常生活美女视频（非影视明星）

□其他

16. 你在抖音 App 评论区发表评论的类型？［多选题］ *

□从未发表过评论

□评价商品质量

□评论社会突发事件

□评论时政新闻

□日常生活调侃

□动员对某事件进行关注

□动员对某事件进行线下行动

□其他

17. 是否有人曾在抖音 App 评论区动员您针对某事件进行线下活动？ [单选题] ＊

□是

□否

18. 您是否曾参与过别人在曾在抖音 App 评论区动员的针对某事件进行线下活动？ [单选题] ＊

□是

□否

19. 您是否曾在抖音 App 评论区动员过其他人针对某事件进行线下活动？ [单选题] ＊

□是

□否

20. 您是否曾成功地在抖音 App 评论区动员到其他人针对某事件进行线下活动？ [单选题] ＊

□是

□否

附录5 关于青少年打赏行为调查问卷

本调查目的在于了解不同群体在网络直播打赏的社会现象，本次调查采用匿名的方式，调查结果仅作为统计分分析使用，不会外传泄露或另作他用。答案没有对错之分。请选择最切合你想法的答案，希望你能根据真实情况作答，感谢你的支持与配合。

1. 您的年龄是＿＿＿周岁。

A. 12—15 　　　 B. 16—20 　　　 C. 21—25 　　　 D. 25—30

2. 您的性别是？ 　　　　　　　　 A. 男 　　　　　 B. 女

3. 您目前是在校学生吗？ 　　　　　 A. 是 　　　　　 B. 不是

4. 若不是在校学生，您的职业是？

A. 学生 　　　　 B. 企事业单位 　　 C. 全职妈妈 　　 D. 个体户

E. 其他

5. 您目前的最高学历是？

A. 初中及以下 　　 B. 高中或中专 　　 C. 大专 　　　 D. 本科

E. 研究生及以上

6. 您使用网络的目的？

A. 缓解学习压力 　　　　　　 B. 利用网络学习

C. 聊天娱乐 　　　　　　　　 D. 其他同学看，我也想看

E. 其他

7. 是否看过直播？

A. 是 　　　　　 B. 不是

8. 您一般在哪个平台观看直播？

A. 抖音　　　　　B. 虎牙　　　　　C. 斗鱼　　　　　D. 快手

E. 哔哩哔哩　　　F. 其他

9. 观看直播的类型？

A. 舞蹈类直播　　B. 购物类直播　　C. 健身类直播　　D. 搞笑类直播

E. 美女帅哥直播　F. 美食类直播　　G. 美妆　　　　　H. 其他

10. 您每次观看直播时长？

A. 半小时以内　　B. 一小时左右　　C. 两小时左右　　D. 两小时以上

11. 您观看直播的频率？

A. 每天都看　　　B. 每周 2—5 次　C. 每月一次　　　D. 其他

12. 观看直播时，有无打赏过？

A. 有　　　　　　B. 无

13. 打赏的金额类型：

A. 大额打赏

B. 小额打赏（以打赏金额有无超过 5000 元人民币作为区分）

14. 您打赏主播的原因：

A. 长得好看　　　B. 有才艺　　　　C. 直播内容好　　D. 一时冲动

E. 想得到主播的关注　　　　　　　F. 其他

15. 您对看直播的态度：

A. 看直播是一种浪费实践的行为

B. 网络直播内容低俗，不知道看有什么用

C. 观看直播让我了解更多的事物

D. 观看直播让我的能力得提升

附录6 "227事件"访谈提纲

（一）肖战粉丝访谈提纲

1. 你是从什么时候喜欢肖战的呢？为什么？

2. 你了解"227事件"吗？

3. 你参与了"227事件"吗？如何参与的？

4. 你怎么看同人文？你认为那篇文章应该被举报吗？

5. 你平时活跃的网络圈群有哪些？会参与群里的活动吗？

6. 你怎么看抵制肖战代言和给肖战影视作品打低分的行为？

（二）肖战与王一博CP粉访谈提纲

1. 你是从什么时候开始喜欢肖战与王一博CP的呢？为什么？

2. 你了解"227事件"吗？

3. 你参与了"227事件"吗？如何参与的？

4. 你怎么看同人文？你认为那篇文章应该被举报吗？

5. 你平时活跃的网络圈群有哪些？会参与群里的活动吗？

6. 你怎么看抵制肖战代言和给肖战影视作品打低分的行为？

（三）同人文/耽美文爱好者访谈提纲

1. 你是从什么时候开始喜欢同人文/耽美文的呢？为什么？

2. 平常阅读文章的平台有哪些？

3. 你了解"227事件"吗？

4. 你参与了"227事件"吗？如何参与的？

5. 你怎么看同人文？你认为那篇文章应该被举报吗？

6. 你平时活跃的网络圈群有哪些？会参与群里的活动吗？

7. 你怎么看抵制肖战代言和给肖战影视作品打低分的行为？

（四）肖战黑粉访谈提纲

1. 你是从什么时候开始讨厌肖战的？为什么？

2. 你了解"227 事件"吗？

3. 你参与了"227 事件"吗？如何参与的？

4. 你怎么看同人文？你认为那篇文章应该被举报吗？

5. 你平时活跃的网络圈群有哪些？会参与群里的活动吗？

6. 你怎么看抵制肖战代言和给肖战影视作品打低分的行为？

（五）"227 事件"关注者访谈提纲

1. 你是从什么时候开始关注"227 事件"的？为什么？

2. 你怎么看"227 事件"？

3. 你参与了"227 事件"吗？如何参与的？

4. 你怎么看同人文？你认为那篇文章应该被举报吗？

5. 你平时活跃的网络圈群有哪些？会参与群里的活动吗？

6. 你怎么看抵制肖战代言和给肖战影视作品打低分的行为？

附录7 大学生使用利益诉求型
微信群情况调查问卷

亲爱的同学：

您好！

为了了解大学生使用利益诉求型与兴趣爱好型微信群情况，我们设计了此问卷，问卷采取匿名方式，问题没有对错，请您按照您的实际情况在每个问题的答案前打"√"，除特别注明多选外，其他均为单选或填空。对您的回答我们将予以保密，请您放心。非常感谢您的支持，谢谢！

大学生微信群使用情况调查组

1. 您的性别？　　A. 男　　B. 女

2. 您的年龄（周岁）：_____。

3. 您所在的学校是：_____。

4. 您所就读的专业学科类别？

A. 理工类（包括工学、理学、农学、医学）

B. 人文社科类（包括文学、法学、经济学、管理学、教育学、历史学、哲学、艺术）

5. 您的年级？

A. 本科一年级　　B. 本科二年级　　C. 本科三年级　　D. 本科四年级

E. 本科五年级（五年制）　　　F. 专科　　　　　G. 研究生

6. 您是否是独生子女？

A. 是　　　　　B. 否

7. 您大学入学前的户口？

A. 农业户口　　　 B. 非农业户口

8. 您的性格：

A. 非常外向　　 B. 比较外向　　 C. 中性　　　　 D. 比较内向

E. 非常内向

9. 您目前拥有的各类微信群数量有多少个？

A. 10 个及以下　 B. 11—20 个　 C. 21—30 个　 D. 31—40 个

E. 41—50 个　　 F. 51—60 个　 G. 61—70 个　 H. 71 个以上

特别提示：

我们把微信群分为三类：事务型、兴趣型和利益诉求型。

★利益诉求型微信群指：为了争取某种利益而组建的微信群，一般有以下两种，第一种为了自己的利益诉求：比如，部分学生因学校评选奖学金感到不公而聚集起来组建的微信群；第二种为了他人的利益诉求：社会热点事件为了某一方利益而组建的微信群，如，留学生江歌被害，网民为请愿而组建的微信群。

10. 您目前拥有的利益诉求型微信群数量有多少个？（　　　　）

A. 无（则跳过第 11 题至第 22 题）B. 3 个及以下

C. 4—6 个　　　　　　　　　　　 D. 7—9 个

E. 10—12 个　　　　　　　　　　 F. 13 个以上

11. 您加入利益诉求型微信群的动机：［可多选］

A. 宣泄情绪

B. 扩大事件影响力，推动事件朝着自己期望的方向发展

C. 想在群内获得更多的信息

D. 看热闹

E. 获得本群成员的专属机会或福利

F. 有需求或困难可以在群里寻求支持帮助

G. 周围的大部分人都有利益诉求型微信群，我不加入就落伍了

H. 其他

12. 您是如何加入利益诉求型微信群的？［可多选］

A. 通过线下活动认识，面对面建群（例如，江歌案中线下发起请愿书认识并组建的微信群）

B. 有熟人在群里，拉您入群

C. 从其他平台群聊引流到微信群（比如，在微博参加超话社区，参与超话社区群讨论，然后有人拉您加入微信群）

D. 自己通过搜索功能主动加入微信群

E. 从大群中分离出来的群（例如，在班级群中部分同学为奖学金评比感到不公，这些同学再组建的群）

F. 其他

13. 您在利益诉求型微信群中的活跃程度。

	总是	经常	偶尔	很少	从不
利益诉求群里一有消息就发言互动					
在利益诉求群里看到自己感兴趣的才发言互动					
在其他平台看到与利益诉求群内讨论的内容相似，就转发到利益诉求型群里					
与自己利益相关的，在利益诉求群里主动发起讨论					
与他人利益相关的，在利益诉求群里主动发起讨论					
与他人利益相关的，当看到利益诉求型群里好多人发言您就发言					

14. 在利益诉求型微信群中，您发言受意见领袖影响，使用不文明用语，发表言论，动员其他成员的情况。

	总是	经常	偶尔	很少	从不
利益诉求群内意见领袖（指能左右多数人态度倾向的，发言积极的，在群里有动员能力的少数人）说的话影响您发言的内容吗					
您在利益诉求型群中使用过不文明用语吗					
您在利益诉求型群里积极发表言论吗					
动员利益诉求型群内其他成员借助其他网络平台（微博，抖音等）加大事情的影响范围吗					

15. 在利益诉求群里，关于别人发的消息，您的态度：

A. 完全相信，不会从其他渠道验证话语的真实性

B. 比较相信，也会从其他渠道看其他人的发言

C. 不清楚

D. 比较不相信，从其他渠道验证话语的真实性

E. 完全不相信

16. 在利益诉求群讨论的基础上，您有组织发起过线下活动吗？

A. 有过　　　　　B. 没有过

17. 您组织发起过线下活动的目的是？（第16题选A回答）

A. 想事情朝着自己希望的方向发展

B. 看别人参加就参加，没有别的想法

C. 因为群内其他人参加，自己不参加觉得会脱离群组织

D. 其他

18. 您有参加过利益诉求群内其他成员发起的线下活动吗？

A. 有过　　　　　　B. 没有过

19. 您参加利益诉求群内其他成员发起的线下活动的目的是？（第18题选A回答）

A. 想事情朝着自己希望的方向发展

B. 看别人参加就参加，没有别的想法

C. 因为群其他人参加，自己不参加觉得会脱离群组织

D. 其他

20. 若你参加线下活动，对相关方给出的回应不满意，您会：

A. 放弃，希望别人也不要再施压

B. 放弃，但希望别人再继续讨论参加活动，施压

C. 继续在网络上施压，要求重新给予回复

D. 继续参加或组织线下活动，要求重新给予回复

E. 其他

21. 在利益诉求群内，关于他人利益，涉及以下社会问题时我更积极发言。[可多选]

A. 社会不公　　B. 贪污腐败　　C. 贫富差距　　D. 就业困难

E. 学业压力　　F. 其他

22. 在利益诉求型微信群中，您发言积极情况，参与讨论的情感及与周围人讨论的情况。

	总是	经常	偶尔	很少	从不
在利益诉求群内，关于他人利益，有煽情的部分我更积极发言					
在利益诉求群内，关于他人利益，与我曾关注过或者参与过的事件类似，我更积极发言					
在利益诉求群内，关于他人利益，愤怒不满的情绪使我更积极发言					
在利益诉求群内参与话题讨论，我很有参与感，感到很满足					
在利益诉求群内讨论的内容，同我周围的人进行讨论					

|后　记|

　　本书受到安徽省高校人文社科研究重大项目"微社群中的青少年集群行为研究"（SK2018ZD009）的资助。

　　本书董金权撰写约20.1万字，高娇娇撰写约3.1万字。我的学生缪仲燕、朱一帆、潘昕、卓皓洁等参与了部分章节的撰写。另外，本书还参考了诸多学术界同行的观点，绝大多数已在书中进行了标注，但出于疏忽，也可能存在遗漏，在此一并致谢。

　　由于学识水平有限，书中难免存在不足和错误，一些观点也可能存在值得质疑的地方，恳请各位同行及读者共同商榷，并给予批评、指正，提供改进意见和建议。

董金权

2022 年 11 月